창작의 길을 걷다

국학자료원

팔순기념문선 발간에 즈음해

    나는 다작하는 타입이 아니다. 다작하는 것보다 정치(精緻)한 작품 하나를 완성하는데 보다 심혈을 쏟았다고 할까.
    팔순에 들어섰는데도 마음만은

    내가 언제쯤 이런 마음에서 벗어날지 알 수 없다. 소설이라는 요술방망이를 팽개치는 날이 언제쯤이 될는지…
    내게 있어서 요술방망이라는 것은 별개 아니다.
    오직 인간이 되기 위해 글을 써야 한다는, 글은 쓰기에 앞서 좋은 글을 쓰겠다는 욕심부터 버리라는, 저속한 글을 쓴다는 것은 문적(文賊)이며 명성이나 인기를 바래 글을 쓴다는 것은 문기(文妓)의 노리개에 지나지 않는다는 요술방망이였으니. 이런 요술방망이 없이는 절대로 좋은 글은 잉태될 수 없으며 속기(俗氣)를 떠나 전아한 품성을 기르고 문정(文情)과 문사(文思)의 길에서 잠시도 벗어나지 않아야 좋은 글이 씌어 질 수 있다는 마음가짐이 무엇보다도 필요했는지 모른다.
                                                  —『조용한 눈물』의「작가의 변」

는 초심을 잃지 않으려고 평생을 아등바등 발버둥 쳤다 할까.
    따라서 원고를 출판사에 넘기기 전까지 시간이 닿는 대로 깁고 고치면서 개작은 물론 개제까지 서슴지 않았다. 사람은 만족을 모르는 동물인지

내겐 그렇게 고치고 깁고 개작하고 개제해도 작품에 대해 한번도 흡족한 적이 없었다. 욕심이 너무 많아서일까.

우습게 들리겠지만 나는 돈에 대한 욕심을 낸 적이 거의 없다. 어쩌면 돈에 대해 초월했다고 할까. 그것이 집사람에게 바가지의 대상이 되곤 했다. 이 세상에서 가장 큰 욕심, 작품에 대한 욕심 이외는.

이제 마지막 원고를 출판사에 넘겼으니 전집이 나온 뒤에는 어떠한 탈자나 오자 등 오류를 발견해도 만시지탄(晩時之歎), 다시 수정하고 정정해서 전집을 낼 수도 없는 나이이니 나로서는 그것이 너무 아쉽다.

팔순을 살아도
인생을 잘 살았는지 모르겠고
문학이 뭔지는
더 더욱 모르겠다.

글을 쓸 때는 사춘기 소년
글을 쓰지 않을 때는
구순 할아버지.

하늘에 덩그렇게 걸어둘
시 한 줄 썼으면
하는 바람이
팔순을 산 버팀목이려니…

―시 「버팀목」
2022년, 신록의 5월에

고희기념 미국여행, 뉴욕 타임스퀘어 광장에서

나이아가라폭포를 배경으로 집사람을 스냅하다(2012년)

저자의 친필 학위논문 원고

창작의 여정을 마련하면서

근래에 들어 문학 강좌 붐이 인 것은 반가운 일이 아닐 수 없다.

주민 센터에서는 다름 아닌 문학 강좌 붐이라도 인 듯 문화 강좌가 개설되어 문학을 좋아하는 나로서는 반갑기 그지없다.

그런데 문학 강좌에 대한 텍스트를 막상 찾다 하면 적당한 교재를 찾기가 쉽지가 않다. 아니, 아예 없다시피 한 실정이다.

따라서 필자는 강좌에 적합한 교재를 개발했으면 하는, 문학에 관심을 기울이는 사람에게 도움이 되는 책자를 마련해 줬으면 하고.

문학에 관심이 있었는데도 배우지 못했거나 기회를 갖지 못한, 그리고 시나 소설, 수필에 대한 창작은 물론 문학 일반에 대한 관심 있는 사람들을 대상으로 자료를 수집해서 편집했다.

『창작의 길을 걷다』는 『문학 강좌 27강』을 개편과정에서 창작은 이론보다 실제가 중요하다, 게다가 관심과 흥미를 끌 수 있으며 한편으로는 재미있어야 하고 감동적이어야 한다는 생각으로 바꾼 타이틀이다.

이런 점을 고려해 관심을 끌 수 있고 흥미를 유발시킬 수 있는 작품으로 시, 소설, 수필 등을 수록했는데 감상하고 나도 이런 좋은 작품을 썼으면 하는 의욕을 진작시키고자 하는 바램에서다.

또한 문학 전반에 걸쳐 보편적인 지식을 습득할 수 있도록 선인들의 멋과 맛을 음미할 수 있는 글도 다수 수록했는데 보다 좋은 자기 작품을 완성하는데 도움을 주고 싶어서였다. 그리고 창작에 도움이 될 수 있는 작가의 창작 비화나 숨은 이야기를 소개했으며 좋은 작품으로 알려진 시나 수필, 소설도 한두 편씩 수록했다.

이런 의도는 작품을 읽고 어째서 좋은 작품인지를 스스로 깨닫게 하는 기회를 제공해서 문학의 안목 키우기에 도움을 주려는 데 있다.

특별히 배려한 것이라면 단원마다 도입부를 마련했는데 주로 내용과 관련이 있는 에피소드도 소개했다. 그렇게 마련한 것은 흥미 유발이나 관심을 불러일으키려는 의도에서였다.

시의 창작은 소재를 선택해서 시를 짓는 실제를 다룬 것은 이론의 습득이나 감상도 물론 중요하지만 실제로 시를 지어 보는 것이 보다 시를 잘 이해할 수 있다고 믿기 때문이다.

수필 또한 감동적인 글을 감상할 수 있도록 일화를 곁들여 재창작하는 과정을 거쳐 몇 편을 수록했다.

소설은 고전의 현대화 작업의 일환으로 『삼국유사(三國遺事)』의 기사(紀事)를 제재로 동원했는데 두 편을 수록했다.

『창작의 길을 걷다』는 좋은 작품을 보다 많은 예로 들지 못한 아쉬움도 있으나 필자의 의도에 의해 편집했기 때문에 필자의 글이 중심이 될 수밖에 없었음을 독자에게 양해를 구한다.

끝으로 좋은 작품을 많이 읽고 감상하며 때로는 평가하면서 자기 작품을 창작하는 데도 도움이 되었으면 더 바랄 것이 없겠다.

2021년 입춘을 바라보며, 분당 우거에서 지은이 적다.

『팔순기념문선』은 마지막 원고를 출판사에 넘기기 전까지 낙을 삼아 틈틈이 수정하고 보완하다 보니, 앞서 세상에 나온 책과는 제목이나 차례, 내용이 다르거나 많이 달라지기도 했다.

이런 작업은 생각하고 생각한 끝에 고심한 결과다.

해서 앞서 세상에 나온 책과는 다소 혼란이 있을 수 있겠지만 달라진 이유야 작품에 대한 불만, 아쉬움, 만족할 수 없는 것을 보다 완결에 가까운 작품을 만들겠다는 허욕(虛慾) 때문이며 그런 허욕이 없다면 문선을 준비하는 의미가 반감될 수밖에 없을 것이다.

2022년, 신록의 5월에

차례

팔순기념문선 발간에 즈음해 _ 2
창작의 여정을 마련하면서 _ 7

1부 시와 시조

시작 과정의 실제 ‖ 17
시의 소재, 제재, 짓기 ‖ 29
시우지화(時雨之化)란 ‖ 52
그리움과 사랑, 열병의 아포리즘(aphorism) ‖ 58
세계 유일의 시형 ‖ 74
멋과 맛의 옹달샘 ‖ 80

2부 수필이란

수필이란 ‖ 95
나, 감동 먹었어 ‖ 98
특급품 ‖ 104
마음을 움직이는 배려 ‖ 112
링컨의 금언 ‖ 118
어느 신자의 죽음 ‖ 126

흉악범일지라도 ‖ 135
마음에 인(印)을 찍은 여인 ‖ 142

3부 소설

글을 쓰는 데도 ‖ 151
전단지와 필화(筆禍) ‖ 158
창작의 제반 요건 ‖ 165
작가와 체험과의 함수 ‖ 177
수로부인의 기사 ‖ 188
소설화 과정의 실제 ‖ 193
저 자줏빛 바윗가에 ‖ 215
찬기파랑가의 기사 ‖ 244
아아, 잣 가지도 높아라 ‖ 255
메나리 ‖ 276
시적이며 수필 같은 소설 ‖ 301
극적 반전의 소설 ‖ 313

4부 선인들의 멋과 맛

해동 육룡이 ‖ 323

「최고운전」 ‖ 335

진이의 삶과 문학 ‖ 348

여성예찬 ‖ 354

김시습의 생애와 문학 ‖ 365

민담은 재치 있게 ‖ 374

이삭은 주어야 보배 ‖ 388

1부
시와 시조

시작 과정의 실제

시의 소재, 제재, 짓기

시우지화란

그리움과 사랑, 열병의 아포리즘

세계유일의 시형

멋과 맛의 옹달샘

시작 과정의 실제

프롤로그

성 베드로 대성당은 세계 최대 규모의 성당으로 베드로가 묻힌 공동묘지에 터를 잡아 1503년 교황 율리우스 2세부터 짓기 시작해서 120년이란 오랜 공사 끝에 완성했다. 규모는 187m의 거대 건물로 39인의 성인과 창설자의 인물상을 조각했다.

그리스도가 십자가에 못 박히기 전 베드로에게, "넌 닭이 울기 전에 나를 세 번이나 부정할 것이다."고 예언한 것이 적중해서 베드로를 부인과 배반의 운명을 타고 난 사람이라고 회자되기도 했다.

그런 베드로를 초대 교황으로 선임했으며 그가 묻힌 곳에 성당을 지어 베드로 대성당이라고 명명까지 했으니, 아이러니도 이만저만이 아니다.

사람의 운명이란 예측 불가능한 것은 아닐까.

요한복음 18장을 인용하기로 한다.

16-다른 제자가 나와서 문지기 하녀에게 말하여 베드로를 데리고 들어갔다. 17-그때 그 문지기 하녀가 "당신도 저 사람의 제자 가운데 하나가 아닌가요?" 하자, 18-"나는 아니오," 하고 말하였다.

25-시몬 베드로는 서서 불을 쬐고 있었다. 사람들이 그에게 "당신도 저 사람의 제자 가운데 하나가 아니오?" 하고 물었다. 베드로는 "나는 아니오." 하며 부인하였다. 26-베드로가 귀를 잘라 버린 자의 친척이 말하였다. "당신이 정원에서 저 사람과 함께 있는 것을 내가 보지 않았소?" 27-베드로가 다시 아니라고 부인하자 곧 닭이 울었다.

출전-『성서』, 2005. 12. 25일 한국천주교중앙협의회간

김춘수 시인은 성서에 기록된 베드로의 세 번 부인(否認)을 원용해서 「부다페스트 소녀의 죽음」이란 시를 남기기도 했다.

시의 소재는 무한하다. 이를 취사선택해서 시의 창작에 활용 여부는 전적으로 시인의 재능과 노력에 달렸다.

시의 비밀
-시작 과정에 대하여-

한 편의 시가 이루어지기까지에는 어떠한 과정을 밟는가?

그건 사람에 따라 다르다. 이제 졸시(拙詩) 「승무(僧舞)」의 작시 체험을 말함으로써 내 시의 비밀을 토로하기로 하자.

내가 「승무」를 시화(詩化)해 보겠다는 생각을 가진 것은 열아홉 살 때의 일이다. 그런데 나는 이 「승무」로써 나의 시 세계의 처녀지를 개척하려고 무척 고심하였으나 이보다 늦게 구상한 「고풍의상(古風衣裳)」에게 그 자리를 양보하지 않을 수 없었다.

이 난산의 시를 회잉(懷孕)하기까지 세 가지 승무를 사랑했다.

첫 번은 한성준(韓成俊)의 춤, 두 번째는 최승희(崔承喜)의 춤, 세 번째는 어떤 이름 모를 승려의 춤이 그것이다.

나는 무용 비평가가 아니므로 우열을 논할 수 없으나 앞의 두 분 춤은 해석 상 나의 시심에 큰 파문을 던지지 못했다. 그러나 나로 하여금 승무에의 호기심을 일으키게 해 기녀가 추는 승무에까지 몇 번이나 이끌려갔던 것이니, 승무를 시화케 한 최초의 모멘트가 된 것은 사실이다.

내가 참 승무를 보기는 열아홉 살 적 가을이다.

그 가을 어느 날, 수원 용주사(龍珠寺)에는 큰 재(齋)가 있어 승무밖에 몇 가지 불교 전래의 고전 음악이 베풀어지리라는 소식을 거리에서 들은 나는 그 자리에서 곧 수원으로 내려가지 않을 수 없었다.

그 밤, 나의 정신은 온전한 예술 정서에 싸여 승무 속에 몰입되고 말았다. 재가 파한 다음에도 밤늦게까지 절 뒷마당 감나무 아래에서 넋 없이 서 있는 나를 깨닫지 못했던 것이다.

지금도 그렇지만 나는 시정(詩情)을 느낄 때, 뜻 모를 선율이 먼저 심금에 부딪침을 깨닫는다. 이리하여 그 밤의 승무가 준 불가사의한 선율을 안고 서울로 돌아온 나는 이듬해 늦은 봄까지 붓을 들지 못하고 지내왔다. 춤을 묘사한 우리 시가로 본보기가 될 만한 것이 아직 없을 때이라 나에게는 오직 우울밖에 가중되는 것이 없었다.

이와 같이 한 마디의 언어, 한 줄의 구상도 찾지 못한 채 막연히 괴로움에 싸여 있던 내가 승무를 비로소 종이 위에 올리게 된 것은 스무 살 되던 해의 첫 여름의 일이다.

미술전람회에 갔다가 김은호(金殷鎬)의 「승무도(僧舞圖)」 앞에 두 시간을 서 있는 보람으로 나는 비로소 7, 8매의 스케치를 가질 수 있었다. 움직임을 미묘하게 정지태(停止態)로 포착한 이 한 폭의 동양화에서 리듬을 찾을 수 있었던 것은 당연한 발견이었으나 이 그림은 아마 기녀의 승무를 모델로 한 상 싶어 내가 찾는 인간의 애욕, 갈등 또는 생활고의 종교적 승화 내지 신앙적 표현이 결여되어 그때의 초고는 겨우 춤의 외면적 양자

(樣姿)를 형상하는 정도의 산만한 언어의 나열에 지나지 않았다.

그러나 이 그림을 통해서 내가 잡지 못해 애쓰던 어떤 윤곽을 잡을 수 있었던 것만은 사실이다.

나는 이 초고를 몇 날을 두고 만지다가 그대로 책상 위에 버려둔 채 환상이 가져온 소위 시유(詩瘦)에 빠지게 되었으니 이 승무로 인하여 떠오르는 몇 개의 사상을 아낌없이 희생하기까지 하였으나 종시 뜻을 이루지 못했던 것이다.

그러면 나는 용주사의 춤과 김은호의 그림을 연결시키고도 왜 시를 형성하지 못했던가? 이는 오직 춤을 세밀히 묘사하면 혼(魂)의 흐름에 표현이 부족하고 혼의 흐름에 치중하면 춤의 묘사가 죽는, 말하자면 내용과 형식, 정신과 육체, 무용과 회화의 양면성을 초극하지 못하기 때문이다.

내가 이것을 초극하고 한 편 시를 만들기는 또다시 몇 달이 지난 그 해 10월이다. 구왕궁 아악부에서 「영산회상(靈山會相)」의 한 가락을 듣고 그곳을 나서면서 나는 몇 개의 플랜을 세우게 되었으니 이것이 곧 이 시를 이루는 골자가 된다.

먼저 초고에 있는 서두의 무대 묘사를 뒤로 미루고 직입적(直入的)으로 춤추려는 찰나의 모습을 그릴 것. 그 다음은 무대를 약간 보이고 다시 이어서 휘도는 춤의 곡절로 들어갈 것. 그 다음, 움직이는 듯 정지하는 찰나, 명상(冥想)의 정서를 그릴 것.

관능(官能)의 샘솟는 노출을 정화(淨化)시킬 것. 그 다음, 유장한 취타(吹打)에 따르는 의상의 선을 그리고 마지막 춤과 음악이 그친 뒤 교교(皎皎)한 달빛과 동터 오는 빛으로 끝막을 것.

이것이 그때의 플랜이었으나 이 플랜으로 나는 사흘 동안 추고(推敲)를 거듭하여 스무 줄로 된 한 편의 시를 겨우 만들게 되었다.

추고하는 데도 가장 괴로웠던 것은 장삼의 미묘한 움직임이었다.

나는 마침내 여덟 줄이나 되는 묘사를 지워 버리고 단 두 줄로
'소매는 길어서 하늘은 넓고,
돌아설 듯 날아가며 사뿐이 접어올린 외씨 보선이여.'
라 하고 말았던 것이다.
이리하여 나는 전편 15행의 다음과 같은 시 하나를 이루었다.

얇은 紗 하이얀 고깔은 고이 접어서 나빌레라.

파르라니 깎은 머리 박사薄紗 고깔에 감추오고
두 볼에 흐르는 빛이 정작으로 고와서 서러워라.

빈 臺에 黃燭불이 말없이 녹는 밤에
오동잎 잎새마다 달이 지는데,

소매는 길어서 하늘은 넓고,
돌아설 듯 날아가며 사뿐이 접어올린 외씨 보선이여.

까만 눈동자 살포시 들어
먼 하늘 한 개 별빛에 모두우고,

복사꽃 고운 뺨에 아롱질 듯 두 방울이야
세사에 시달려도 煩惱는 별빛이라.

휘어져 감기우고 다시 뻗은 손이
깊은 마음 속 거룩한 합장인 양 하고,

이 밤사 귀뚜리도 지새우는 三更인데,
얇은 紗 하이얀 고깔은 고이 접어서 나빌레라.

　오래 앓던 작품을 완성하였을 때의 즐거움은 컸다 하지 않을 수 없었으나 처음 의도에 비해 너무나 모자라는 자신의 기법에 서글픈 생각이 그에 못지않게 컸던 것도 사실이다.
　어떻든 구성한 지 11달, 집필한 지 7달 만에 겨우 이루어졌다는 이야기로서 나의 「승무」의 비밀은 끝난다.
　써놓고 보니 이름 모를 승려의 춤, 김은호의 그림과 같으면서도 다른 또 하나의 「승무」를 만들게 되었던 것이다.
　말하자면 이 춤은 내가 춘 승무에 지나지 않는다. 춤추는 승려는 남성이었더랬는데 나는 이승(尼僧)으로, 그림의 여성은 장삼 입은 속녀(俗女)였으나 나는 생활과 예술이 둘 아닌 상징(象徵)으로서의 어떤 탈속(脫俗)한 여인을 꿈꾸었던 것이다.
　이것이 곧 이 「승무」가 나의 춤이 되는 까닭이 된다.
　그때 어떤 선배는 나의 시에서 언어의 생략을 충고했으나 유장한 선을 표현함에 짧고 가벼운 언어만으로는 도저히 뜻할 수 없어 오히려 리듬을 위해서는 부질없는 듯한 말까지 넣지 않을 수 없었다. 자연한 해조(諧調)를 이루는 빈틈없는 부연(敷衍)은 생략(省略)보다도 어렵다는 것을 나는 여기서 절실히 느꼈다.

―조지훈

＊ 원문은 국한문혼용체이나 필자가 독자를 위해 한글로 바꿨으며 꼭 필요한 한자는 ( )로 묶었다.

이를 다음과 같이 요약할 수 있다.

최초 구상은 19세 때가 된다. 처음은 한성준의 춤에 관심을 두었고 두 번째는 최승희의 춤, 세 번째는 어떤 이름 모를 승려가 춘 승무가 소재라고 할 수 있다. 그는 승무를 관람하기 위해 수원 용주사를 찾아가기도 했다. 「승무」의 직접적인 시작(詩作) 동기는 김은호 화백의 「승무도」에 감동한 것이 계기라고 할 수 있다.

승무의 원형은 보살 찬양의 음악(영상화상)이다.

그는 이를 승무의 정(靜)과 동(動), 춤사위, 선의 아름다움을 시로 재현하기 위해 18개월의 각고 끝에 「승무」를 완성했다.

「승무」의 연을 보면 1 2 3연은 춤추려는 찰나의 묘사, 4연은 무대를 묘사했으며 5 6연은 움직이듯 정지하는 명상을 표현했다.

1 2 3 4 5 6연은 절정을 향한 준비과정이라면, 7연은 관능이 샘솟는 노출과 절정을 향한 순간을 묘사했다고 할 수 있다.

8 9연은 의상과 선과 춤이 끝난 뒤, 동터 오르는 빛을 묘사한 것으로 곧 절정이자 주제연에 해당된다.

「승무」의 주제는 인간의 번뇌를 종교적으로 승화하려는 열망.

시 감상 몇 편

청포도

내 고장 7월은
청포도가 익어가는 시절

이 마을 전설이 주절이 주절이 열리고

먼 데 하늘이 꿈꾸며 알알이 들어와 박혀
하늘 밑 푸른 바다가 가슴을 열고
흰 돛단배가 곱게 밀려서 오면

내가 바라는 손님은 고달픈 몸으로
청포를 입고 찾아온다고 했으니

내 그를 맞아 이 포도를 따 먹으면
두 손을 흠뿍 적셔도 좋으련

아이야 우리 식탁엔 은쟁반에
하이얀 모시 수건을 마련해 두렴.

―이육사

　1939년 『문장』 8월호 게재, 1946년 『육사시집』에 수록.
　구성은 6연, 내용상 1~3연은 청포도가 익어가는 자연적인 배경이고 4~6연은 청포를 입고 오는 손님을 기다리는 정서다.
　맑고 밝은 음조는 청포도, 하늘, 푸른 바다, 흰 돛단배, 은쟁반, 하이얀 모시, 모시 수건 등 소재 때문이다. 청포도가 익어가는 계절이라 함은 청포도는 익지 않은 풋 포도가 나날이 익어가는 과정을 상징한다.
　이런 분석으로 주제는 다가올 조국 광복에의 준비로 '포도를 따 먹어도 좋으련.'은 조국광복을 기다리는 자세를 상징한다.
　주제는 고국에 대한 향수, 기다림에 대한 염원.

서시

죽는 날까지 하늘을 우러러
한 점 부끄럼이 없기를
잎새에 이는 바람에도
나는 괴로워했다.
별을 노래하는 마음으로
모든 죽어가는 것을 사랑해야지.
그리고 나한테 주어진 길을
걸어가야겠다.

오늘 밤에도 별이 바람에 스치운다.

—윤동주

 이 「서시」는 1941. 11. 20일 창작했으며, 1948년 작고한 8년 뒤, 1948년 유고집으로 『하늘과 바람과 별과 시』란 시집을 발간할 때 수록되었다. 부제로는 순결한 영혼의 시대적 고뇌다.
 「서시」는 윤동주의 생애와 시의 전반을 아우르는 상징적인 시다.
 이유는 하늘과 바람과 별이라는 세 유형의 천체적인 심상(心像)이 상호 조응하면서 서정의 한 정점을 이루기 때문이다.
 내용상으로 3연으로 나눌 수 있는데 1연은 하늘 곧 부끄러움, 순결한 의지, 부끄러움의 정조(情調), 2연은 바람 곧 괴로움, 삶의 고뇌, 섬세한 감수성, 3연은 별 곧 사랑으로 진실하고 착하며 아름다운 마음이 된다.
 주제는 별이 바람에 스치듯 운명에 대한 긍정과 따뜻한 사랑.

완화삼(玩化衫)

차운산 바위 위에 하늘은 멀어
산새가 구슬피 울음 운다.
구름 흘러가는
물길은 七百里.

나그네 긴 소매 꽃잎에 젖어
술 익는 강마을의 저녁놀이여.

이 밤 자면 저 마을에
꽃은 지리라.

다정하고 한 많음도 병인 양하여
달빛아래 고요히 흔들리며 가노니.

―조지훈

1946년 4월 『상아탑』 5호에 게재, 1946년 『청록집』에 수록.
 '완화삼'이란 꽃무늬를 감상하는 선비의 적삼이라고 해서 선비가 꽃을 보고 즐긴다는 뜻이고, '차운산'은 산의 이름이기보다는 그저 차갑게만 느껴지는 산이라는 의미다.
 1연은 일제 말기의 참담한 현실, 2연은 끝없이 흘러가는 나그네의 여정, 3연은 자연과 하나 되는 나그네의 향토적 서정, 4연은 꽃이 지는 상실감, 5연은 다정다감한 나그네의 한없는 우수.
 주제는 나그네에 빗대어 달랠 길 없는 민족의 정한.

나그네

강나루 건너서
밀밭 길을

구름에 달 가듯이
가는 나그네.

길은 외줄기
남도 삼백리

술 익는 마을마다
타는 저녁놀.

구름에 달 가듯이
가는 나그네.

―박목월

1946년 4월 『상아탑』 5호에 게재, 1946년 『청록집』에 수록.
박목월의 「나그네」는 「완화삼」에 화답한 시로 알려졌다. 그렇게 알려진 이유는 조지훈이 포항에 임시로 거처하고 있을 때였다.
당시 경주에 살고 있던 박목월과는 의기투합해서 자주 만나 포항과 경주를 오가면서 술집마다 들려 술이 거나해지면 시와 시국을 논한 시절에 지은 민족의 애환 담긴 시이기 때문이리라.
각운과 반복법을 구사했는데 2연에다 유유자적한 체념과 달관의 경지를 압축적으로 표현했다.

따라서 자연스럽게 주제는 자연에 동화된 체념과 달관의 경지를 표현 것이 될 수밖에.

개화

꽃이 피네, 한 잎 두 잎,
한 하늘이 열리네.

마침내 남은 한 잎이
마지막 떨고 있는 고비.

바람도 햇볕도 숨을 죽이네.
나도 가만 눈을 감네.

—이호우

전통적인 시조인 동시에 현대적인 감각이 매우 뛰어난 작품이며 꽃이 피어나는 절체절명의 순간을 군더더기 하나 없이 단아하게 표현했다.
주제는 새 생명 탄생의 신비와 긴장감이라고 할 수 있다.

시의 소재, 제재, 짓기

- 소재를 선택해서 시를 창작하기까지의 과정

시작 과정 1 – 한 편의 시를 짓기까지

　1998년 경북 안동시 낙동강 남쪽 기슭 정상동 일대의 나지막한 야산에 대단위 택지조성을 위해 이장을 시행하고 있었다.
　1998년 4월 7일이다. 고성 이씨 15세 손인 이명정(李命貞)과 그의 처인 일선 문 씨와의 합장묘를 이장을 하기 위해 묘를 해체했다.
　묘를 해체해 관을 드러내어 시신을 수습하던 중이었다.
　이 무슨 이적(異蹟)인지 모르겠으나 무덤의 주인인 일선 문씨가 450년 만에 미라로 모습을 드러내어 세상 사람들을 놀라게 했다.
　합장묘이기 때문에 당연히 이명정의 관과 문 씨의 관은 같은 장소에 묻혔으며 그것도 불과 20센티미터도 떨어지지 않았다.
　그런데도 이 씨의 관은 흔적조차 찾을 수 없었으나 유독 문 씨의 목관만은 450여 년의 세월이 흐른 오늘에 이르러서도 썩거나 훼손되지 않은 채 당시 염습(殮襲)한 상태 그대로였던 것이다.
　그 뒤를 이어 보름쯤 뒤인 4월 24일이다.
　일선 문 씨의 묘로부터 얼마 떨어지지 않은 장소에서 무연묘를 해체하고 시신을 수습하던 중이었다.
　우연의 일치인지는 모르겠으나 또한 412년 만에 염습 당시 그대로의 모습인 생생한 미라가 또 모습을 드러냈다.

뒤늦게 무연묘의 주인은 일선 문 씨의 손자인 이응태(李應台)로 밝혀졌는데 그도 그네처럼 생생한 미라로 모습을 드러냈던 것이다.

할머니와 손자가 약속이라도 한 듯이 미라로 모습을 드러내다니…

할머니와 손자가 밀레니엄을 앞두고 서로 약속이라도 한 듯이 미라로 모습을 드러낸 것은 우연치고 희한한 우연이 아닐 수 없다. 더욱이 412년 동안 이름 없는 무덤으로 남아 있었다.

그런데 관속 시신의 가슴 부위에서 출토된 한글편지로 인해 뒤늦게 무덤의 주인이 언제 태어나서 몇 살에 죽었는지를 알 수 있게 해 주어 사람들의 이목을 끌었고 감동까지 자아내게 했다.

부장된 편지 중 이름을 알 수 없는, 1586년 6월 초하루에 쓴 것이 분명한 여성의 한글편지만은 훼손되거나 피지 않은 채 온전하게 남아 있어 전문을 해독할 수 있을 뿐 아니라 사연이 너무나도 애틋해서 읽는 사람들로 하여금 눈시울을 붉히게 했다.

고성 이 씨 족보에는 응태가 태어난 연대나 무덤의 위치마저 기재되어 있지 않아 후손들이 전혀 할 수 없었다.

그런데 출토된 한글편지에 의해 31세가 되던 1586년에 요절한 것을 알 수 있었으며 부장품 50여 점과 만시(輓詩)하며 형이 동생을 애도해서 부채에 쓴 한시까지 출토되었으니 놀라운 일이 아닐 수 없었다.

이런 부장품보다도 사람들의 마음을 사로잡은 것은 애절한 내용이 담긴 원이 엄마의 한글편지와 머리카락과 삼을 섞어서 삼은 미투리였다.

지금으로부터 412년 전에 쓴 편지, 세상에 알려질 것을 예상하고 쓴 듯한 편지는 말할 나위도 없거니와 이 세상에서 여인의 머리카락으로, 그것도 여성이 손수 삼은 것으로는 유일한 미투리에 숨겨진 내막이 무엇인지 궁금증을 자아내기에 충분했다.

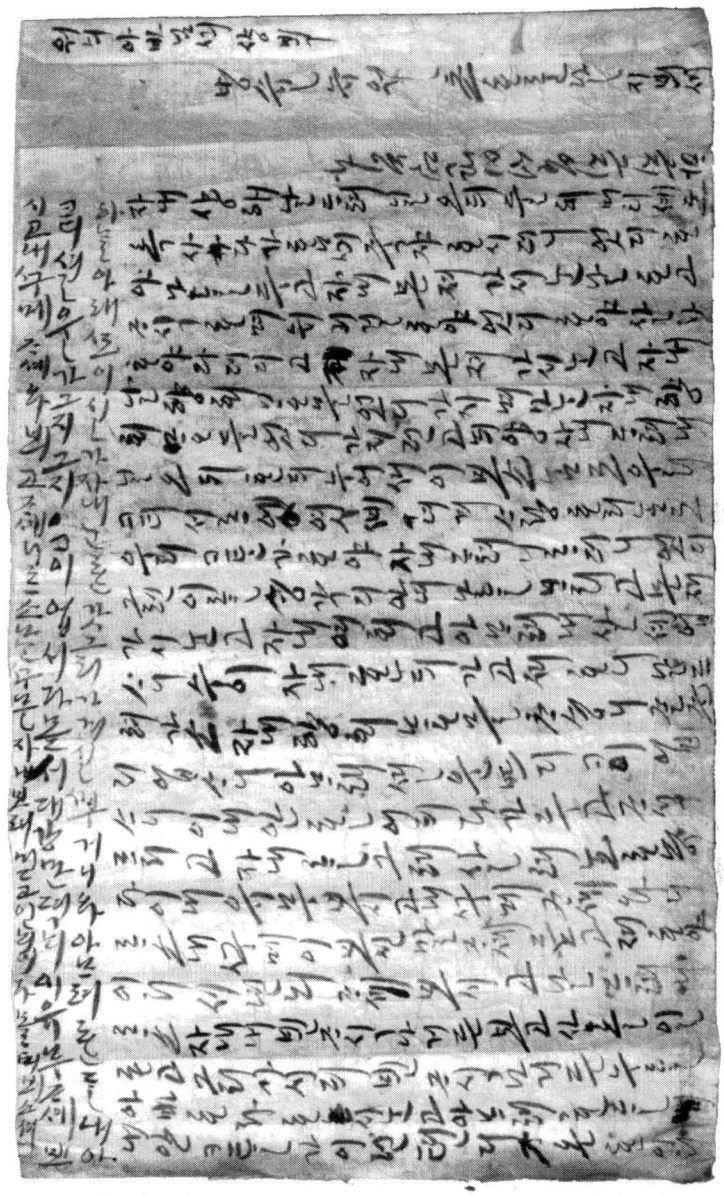

경북 안동시 정상동 무연묘에서 출토된 원이 엄마의 한글편지

나는 미투리를 살피다가 뒤늦게 보통 미투리가 아닌 것을 알게 되었으며 편지를 해독하는 과정에서 기존의 생각을 바꿀 수 있는 안복(安福)을 누릴 수 있어 얼마나 행복했는지 모른다.

먼저 원이 엄마의 한글편지부터 정서했다.

워니아버님쯰샹빅
병슐뉴월초ᄒᆞᄅᆫ날지븨셔

자내샹해날ᄃᆞ려닐오듸둘히머리셰도록사다가홈ᄭᅴ죽쟈ᄒᆞ시더니엇디ᄒᆞ야나를두고자내몬져가시ᄂᆞᆫ날ᄒᆞ고ᄌᆞ식ᄒᆞ며뉘긔걸ᄒᆞ야엇디ᄒᆞ야살라ᄒᆞ야다더디고자내몬져가시ᄂᆞᆫ고자내날향히ᄆᆞᄋᆞ믈엇디가지며나ᄂᆞᆫ자내향히ᄆᆞᄋᆞ믈엇디가지던고양자내ᄃᆞ려내닐오듸ᄒᆞᆫ듸누어셔이보소ᄂᆞᆷ도우리ᄀᆞ티셔ᄅᆞ에엿쎄녀겨ᄉᆞ랑ᄒᆞ리ᄂᆞᆷ도우리ᄀᆞᄐᆞᆫ가ᄒᆞ야자내ᄃᆞ려니ᄅᆞ더니엇디그런이를싱각디아녀나를ᄇᆞ리고몬져가시ᄂᆞᆫ고자내여히고아ᄆᆞ여내살셰업ᄉᆞ니수이자내ᄒᆞᆫ듸가고져ᄒᆞ니날ᄃᆞ려가소자내향히ᄆᆞᄋᆞ믈ᄎᆞ싱니ᄌᆞᆯ줄리업ᄉᆞ니아ᄆᆞ려셜운ᄠᅳ디ᄀᆞ이업ᄉᆞ니이내안ᄒᆞ어듸다가두고ᄌᆞ식ᄃᆞ리고자내를그려살려뇨ᄒᆞ노이다이내유무보시고내ᄭᅮ메ᄌᆞ셰와니ᄅᆞ소내ᄭᅮ메이보신말ᄌᆞ셰듣고져ᄒᆞ야이리서년뇌ᄌᆞ셰보시고날ᄃᆞ려니ᄅᆞ소자내내ᄇᆡᆫᄌᆞ식나거든보고사롤일ᄒᆞ고그리가시듸ᄇᆡᆫᄌᆞ식나거든누를아바ᄒᆞ라ᄒᆞ시ᄂᆞᆫ고아ᄆᆞ려ᄒᆞᆫ들내안ᄀᆞ톨가이런텬디ᄌᆞ온ᄒᆞᆫ이리하놀아래쏘이실가자내ᄂᆞᆫᄒᆞᆫ갓그리가겨실ᄲᅮ거니와아ᄆᆞ려ᄒᆞᆫ들내안ᄀᆞ티셜울가그지그지ᄀᆞ이업서다서대강만뇌이유무ᄌᆞ셰보시고내ᄭᅮ메ᄌᆞ셰와뵈고ᄌᆞ셰니ᄅᆞ소나ᄂᆞᆫᄭᅮ믈자내보려밋고인뇌이다몰래뵈쇼셔

하그지그지업서이만뇌이다.

나는 정서한 한글편지를 현재 표기로 바꾸면서 다소 윤문도 했다.

원이 아버님께 상백
병술 유월 초하룻날 집에서

자네 늘 나더러 둘이 머리 세도록 살다가 함께 죽자고 늘 말씀하시더니 어찌하여 저를 두고 자네 먼저 가셨는가요. 저하고 어린 자식은 누구에게 의지하며 어떻게 살라 하고 다 버려두고 자네 먼저 가셨는가요. 자네 저를 향한 마음이 어떠했는지, 저 또한 자네 향한 마음이 어떠했는지 너무나도 잘 아시면서요, 네. 한데 눕기만 하면 늘 자네더러 '여보, 남도 우리같이 서로 어여삐 여겨 사랑했을까. 남도 우리 같을까'하고 하나 같이 속삭였는데 그런 일은 생각지 아니하시고 저만 버려두고 먼저 가셨는가요. 자네 여의고는 저는 도저히 살 수 없답니다. 지금 당장이라도 자네한테 가고자 하니 절 속히 데려가 주셔요. 자네 향한 마음이야 이생에서 어찌 잊을 수 있겠으며 기가 막히도록 서러운 마음이야 한도 없고 끝도 없답니다. 이런 제 마음 어디에 의지하라고, 어린 자식 데리고 자네 그리워하며 어떻게 살라 하고 먼저 가셨는지 걱정이 태산 같습니다. 편지 속히 보시고 제 꿈에 와서 자세히 말씀해 주셔요. 편지보고 하시려는 말, 꿈에서나마 자세히 듣고자 해서 이렇게 급히 써서 관에 넣습니다. 자세히 보시고 꼭 제게 와 말씀해 주셔요. 자네는 뱃속에 든 아이를 낳게 되면 아이에게 살길이라도 말씀하시고 저 세상으로 가셨어야 했는데, 뱃속에 든 아이를 낳게 되면 누구를 아비라고 부르게 해야 합니까. 아무런들 제 마음 같이 서러울 수 있을까요. 이렇게 세상 천지에 아득한 일이 하늘 아래 또 있을까요. 자네는 단지 저승으로 갔을 뿐인데 제 마음 같이 서럽기야 할까요. 끝도 없고 한도 없어 다 못 쓰고 대강만 적습니다. 거듭거듭 편지 자세히 보시고 제 꿈에 와서 저한데 자세히 말씀해 주세요. 저는 꿈에서나마 자네 볼 것을 굳게 믿고 있답니다. 자주 자주 꿈에 나타나 생전의 모습 제게 보여 주세요.

하 그지 그지없으나 이만 놓습니다.

* 필자는 원이 엄마의 '한글편지'를 제재로 해서 장편소설 『450년만의 외출』을 창작해 2000년 10월 출판했다.

이런 과정을 거쳐 한글편지를 소재로 해서 한 편의 시를 완성했다.

하늘 아래

하늘 아래 이렇게 아득한 일이 또 있을까요.
당신, 머리 세도록 살다 함께 죽자 하시더니, 꽃보다 아름다운 서른 나이에 저만 남겨두고 어떻게 먼저 가실 수 있답니까. 저를 향한 당신의 마음, 저 또한 당신 향한 마음이 어땠는지 너무나 잘 아시면서. 늘 한데 눕기만 하면, "여보, 남도 우리같이 어여삐 여겨 사랑했을까." 하고 속삭이곤 했었는데. 아이 낳으면 누구를 아비라 부르게 해야 합니까. 지금 당장이라도 당신에게 달려가고자 하니 속히 절 데려가 주세요. 기가 막히도록 서러운 이 마음, 한도 없고 끝도 없어 꿈에서나마 당신 말 듣고자 해서 급히 써 관에 넣습니다. 거듭거듭 보고 제 꿈에 와 말씀해 주세요. 꿈이라도 좋으니 자주자주 나타나 얼굴 보여 주시고요.
당신은 그렇게 하리라 저는 굳게 믿고 있답니다.

시작 과정 2 – 한 편의 시를 짓기까지

시 한 편을 짓기 위한 사전 작업의 일환으로, 팔만대장경 한 장을 번역하는데 얼마나 어려운 일인지 확인하기 위해 먼저 판경「반야바라밀다심경」의 인쇄본부터 한자로 옮겼다.

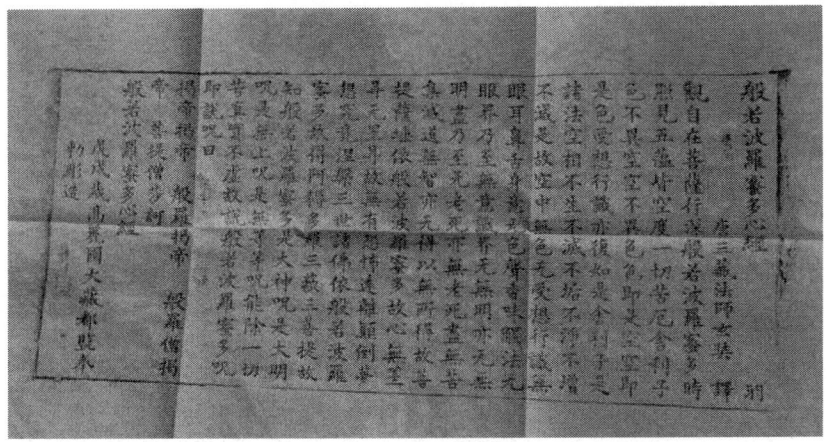

반야바라밀다심경 경판에 먹물을 발라 눌러서 인쇄한 판본
(해인사 성보박물관)

「般若波羅蜜多心經」

般若波羅蜜多心經 羽
唐三藏法師 玄奘 譯

觀自在菩薩行深般若波羅蜜多時
照見五蘊皆空度一切苦厄舍利子
色不異空空不異色色卽是空空卽

是色受想行識亦復如是舍利子是
諸法空相不生不滅不垢不淨不增
不減是故空中無色無受想行識無
眼耳鼻舌身意無色聲香味觸法無
眼界乃至無意識界無無明亦無無
明盡乃至無老死亦無老死盡無苦
集滅道無智亦無得以無所得故菩
提薩陀依般若波羅蜜多故心無罣
礙無罣礙故畝有恐怖遠離顛倒夢
想究竟涅槃三世諸佛依般若波羅
蜜多故得阿縟多羅三藐三菩提故
知般若波羅蜜多是大神呪是大明
呪是無上呪是無等等呪能除一切
苦眞實不虛故說般若波羅蜜多呪
卽說呪曰
揭諦揭諦 波羅揭諦 波羅僧揭
諦 菩提薩波訶
般若波羅蜜多心經
戊戌歲高麗國大藏都監奉
勅彫造

이어 옮긴 한문을 윤문을 겸해 한글로 번역해서 아래에 놓았다.

반야바라밀다심경 우
당나라 삼장법사 현장이 번역하다.

관자재보살(觀自在菩薩)이 깊이 반야바라밀다를 수행할 즈음, 오온을 조견하니, 모두 공이며 일체가 고액임을 헤아림이라. 사리자여, 색은 공과 다르지 않으며, 공 또한 색과 다르지 않으니, 공은 곧 색이오, 색 또한 공으로, 수·상·행·식도 이와 같으니. 사리자여, 이처럼 갖가지 법은 공 상마저 생기지도 더럽지도 깨끗하지도 늘지도 줄지도 않느니. 이런 까닭으로 공 가운데는 색·수·상·행·식도 없고, 안·이·비·설·신(身)·의(意)도 없으며, 색(色)·성(聲)·향·미(味)·촉(觸)·법 또한 없고 안계(眼界)나 의식계도 없느니. 또한 무명(無明)도 없고 무명이 다함도 없으며, 노사(老死)도 없고 노사가 다함도 없으며, 고·집·멸·도 또한 없고 지(智) 또한 없으며 얻음도 없느니. 이로써 보리살타가 반야바라밀다에 의지하는 까닭은 마음에 거리낌이 없고 거리낌이 없는 까닭에 공포도 없으며 전도(顚倒)된다는 생각마저 멀리 해서 마침내 열반에 들었느니. 삼세의 여러 부처마저도 반야바라밀다에 의지한 탓으로 아뇩다라삼먁 삼보리를 얻었음이니. 이런 연유로 반야바라밀다를 깨쳐 신이함을 주문하며 밝음을 주문하고 위(上)도 없음을 주문하며 이 밖에도 없음을 주문함을 알리니. 더욱이 일체의 고를 없애서 진실되고 신실해져 허황됨이 없으므로 반야바라밀다를 주문으로 설법하니라.

설법을 주문하되,

*아제 아제 바라아제 바라승아

제 보리사바하.

무술년 고려국 대장도감을 칙명을 받들어 조조하다.

주석

觀自在菩薩 - 자비로 중생을 구제해서 왕생의 길로 인도하는 보살.

般若婆羅密多 - 고해를 헤쳐 열반의 세계에 도달하는 큰 지혜.

五蘊-물질과 정신을 다섯으로 나눈 것. 오음(五陰), 오중(五衆) 곧 색(色) 수(受) 상(想) 행(行) 식(識)은 일체로 공(空)의 재앙.
舍利子-부처의 10대 제자 중 지혜가 제일인 사리불.
空相-만물은 실체가 없음.
菩提薩埵-큰 깨달음을 얻은 사람.
阿耨多羅三藐-부처의 지혜, 부처가 얻은 법.
三菩提-진성, 실지, 방편 등 세 가지 불과로 바르고 원만한 깨달음.
* 가니, 가니 건너가니, 건너편으로 건너가니 깨달음 있네. 기쁘도다!

이런 과정을 거쳐 한편의 시를 완성했다.

반야바라밀다심경

한때 법보 종찰 해인사에서는
반야바라밀다심경(般若波羅蜜多心經)
판경을 전통적인 방법인
먹물을 발라 눌러 찍어
탐방객에게 판매한 적이 있음이니.

반야바라밀다심경의 핵심은
불경의 팔만사천의 법문을
260자로 함축한 오온(五蘊)과 삼과(三科),
사제(四諦), 십팔계(十八界),
십이연기(十二緣起) 등이니.

이는 세상 어떤 물상이든

고정적인 형체 없음을 밝혀 놓은 진리

곧 색즉시공, 공즉시색이니.

불보살뿐 아니라 일반 대중이라도

반야바라밀(般若波羅蜜)을 외며 생활화한다면

반야의 지혜를 얻을 수 있고

반야바라밀을 공부하고 실천한다면

성불(成佛)할 수도 있음이니.

그 이치 너무나 신묘해 주문을 외나니…

* 삼과 : 삼라만상을 세 종류로 나눈 오온(五蘊), 십이터(十二處), 십팔계(十八界).
  십이 연기 : 진리에 대해 무지(無知), 무명(無明)의 근본 원인
  사제 : 고(苦) 집(集) 멸(滅) 도(道).
  색 : 만상의 물상. 보이는 것, 보이지 않는 것, 마음에서 우러나는 가지가지의 상념
  공 : 무념무상(無念無想)의 상태, 곧 보아도 보이지 않고 들어도 들리지 않으며 생각하려고 해도 아무런 생각이 나지 않는 상태
  주문 : 아제 아제 바라아제 바라승아제 보제사바하

소재와 제재

　소재는 글을 쓰는데 동원되는 다양한 재료를 말하며 제재는 글을 쓰는데 결정적인 재료를 말한다. 따라서 소재는 여럿이 있을 수 있으나 제재는 오직 하나, 많아 봐야 두엇 정도나 될까.
　예를 들어 소월의 「진달래꽃」의 소재는 향토색이 짙은 영변과 약산이며 보편적인 것으로는 임과 진달래꽃이다.
　그런데 제재는 겉으로 드러나 있지 않으나 내면에 숨어 있는 별리(別離)고 주제는 가장 핵심적인 내용으로 차원 높은 이별의 정한이다.

창작은 가장 친근한 소재로부터

　가장 친근한 소재를 선정해 쓴 필자의 시를 몇 수 옮긴다.
　시를 읽고 감상하는 데는 큰 부담을 가질 필요가 없다. 그저 읽고 가슴이 뭉클하거나 마음에 뭔가가 와 닿는 것이 있으면 그 이상의 감상법은 없다. 그리고 '그 시 좋은데.', '마음에 들어.', '당기는 데가 있는 시야.' 하면 최상의 감상법이라고 할 수 있지 않을까 싶기도 하다.

● 가장 그리운 단어를 재제로 쓴 시의 예

어머니

인륜의 멍에에 매이어 홀로
앉다가 서다가 끓는 속 무던히 태우고
태우다 못해 씻어버려도
서러운 정 붙일 데 없어

무지개 허리를 감은 노을같은 무게로
한평생 사셨던 어머니.

봄여름 지나 이 가을에 이슬
머금은 국화꽃처럼 외롭고 괴로운
밤마다 주고 줬는데도
준 것이 없다고 오월의
화사한 햇살 안고 아스라한 은빛 길을
고이도 달리신 어머니.

닭이 새벽을 향해 홰를 치듯
여인의 지고한 생애가 수많은 밤을
하얗게 사위고 사위어
아들의 가슴에 샛별과
같은 구원한 꿈과 희망을 심어주시고
생을 마감하신 어머니.

그대 창가

창가에 스며든 달빛에 취해
가을걷이 한창인
구안* 이백리
그대 창가 다다라
하마 머물렀던고
사모한다는 말 한 마디
전하지도 못한 채

밤새워 서성이며

그대 체취 훔쳐 맡나니, 훔쳐 맡나니…

들창에 스며든 별빛에 끌려

겨울채비 분주한

구안 이백리

그대 창가 머물며

하마 설레었던고

사랑한다는 말 한 마디

건네지도 못한 채

밤새워 서성이다

여명 안고 돌아오나니, 돌아오나니…

* 구안(邱安) - 대구와 안동

• 단어를 재미있게 연결해 쓴 시의 예

이슬비

너와 나 만나면

이슬비 내린다.

있으라고

이슬비 내리는데

너는 술잔에

사랑을 동동 띄워 두고

어서 가라네.

너와 나 만나면
가랑비 내린다.
가라고
가랑비 내린다고
너는 밧줄로
두 다리 꽁꽁 묶어 둔 채
어서 가라네.

그대 내게
그대 내게 소원이 뭐냐고 묻는다면
그대의 속눈썹이 되고 싶다고.
그대의 속눈썹 되어
그대의 세상 들여다보고
그대가 슬퍼할 때
그 슬픔 달래주고
그대가 즐거워할 때
그 즐거움 남보다 먼저 알며
그대가 잠 잘 때
그 단잠을 지켜주기 위해
그대의 속눈썹이 되고 싶다고…

• 지역성을 살려서 쓴 시의 예

을숙도
강물이 마지막 흐름을 끝내고

바다의 품에 안기는 지점.
물길이 미로처럼 나 있고
사람 키보다 큰 갈대가
지천으로 늘린 곳.
소슬바람이 소금기 바람 만나
달빛 아래 깃털 날리며
사랑의 몸짓으로 살아가는 곳.

깃털 끼리 서로 부딪쳐서
저 세상 떼어내고
이 세상 어디론가 날아가면
한 편의 시로는 부족해
동화와 소설을 낳는
꿈이 서린 곳이다, 을숙도는.

두물머리

하루 일과를 정리할 즈음쯤
사계(四季)가 서로 다른
두물머리에 간다.

봄이면 파르스름한 물빛이
황포돛배 돛빛 짙게 하는
두물머리 이름처럼
하얀 물보라가 조용하게
역동적인 삶을 연출하면

살 의욕이 솟아.

살 의욕이 솟으면 기지개 한껏 켜
지친 몸 물속에 가두고
또 돛빛 같은 삶을 일구어 간다.

• 일화를 소재로 쓴 시의 예

서른 여인이
열일곱 꽃다운 아가씨는*
아미도 아리따워.
폭우 속 얇은 사
하얀 세모시 흠뻑 젖은 채
서재로 찾아와 춥다며
이불을 끌어안더니
사랑을 잘도 속삭이네.

느닷없이 묻기는 왜 물어
나이가 몇이냐고,
불혹의 나이가 되기 전
스물셋 시절이 있긴 있었지…

지천명의 나이가 된
신록이 눈부신 5월 하루
갓 서른 여인이**

뜻밖에 찾아와
눈웃음 살살 치며
과거를 잘도 추성이네.

문득 화담이 생각나***
미소 지으면서
한때는 스물 시절이
있긴 있었는데
지금부터 서른 해 전…

* 진이. 진이(眞伊)는 서경덕(徐敬德) 화담(花潭) 선생, 박연폭포(朴淵瀑布)와 함께 개경 삼절(三絶)의 하나로 유명. 소리꾼 이시종을 만나 지은 "동짓달 기나 긴 밤 한 허리를 베어내어"라는 시조와 소세양과의 만남에서 "어져 내 일이여 그릴 줄을 모르든가"라는 시조의 절창을 남겼다.
** 기다림과 그리움의 여인 누군가는 꼭 집어 말할 수 없으나 내 시의 주인공.
*** 화담(花潭)—조선조 도학자인 서경덕(徐敬德)의 아호. 진이와의 일화로 유명하다.

백제의 미소

천년 전 백제 사람 세 분을 만나 뵈러
서산 운산 용현리를 찾으니
찡한 여운이 가슴에서 솟아나.
좌에는 반가사유상,
우에는 보상입상
중앙에는 본존상을 조각한 것이
마애여래삼존불상 아니겠어.

온화하고 고졸한 미소는
부처님 아닌 우리 이웃집 아저씨 같아
천년을 뛰어넘어 현재에도 살아
싱긋 웃는 미소로
현대인에게 각인되나니…

마애여래삼존불상이야말로
천년의 얼굴을 가진 부처님 아닐까 싶으이.

• 일상의 언어를 시로 쓴 예

당신

알뜰히 설레어 부푼 가슴은
도도록 통통한
아람일래.
길고도 오랜 뒤안길에서
이제는 돌아와
삼보리로 둥지를 튼
긴긴 메아리의
땅과 같은 당신이시여.

깊고도 은은한 그리움이야
연륜이 태질하는
소리일래.
살찐 추억의 뒤안길에서

지금은 열두 길
열반의 무상주이신
둥근 메아리의
하늘 같은 당신이시여.

인연

전생에 그대는 빛으로
난 그림자로
두 몸 하나 되어
도리천 거닐며
빛이 나면
그림자로 따랐는데…

이생에서 만난 인연
얄궂게도
서로 뚝 떨어져
그리움 키우고 있는가.

한 잔 달빛

초승달이 꿈길을 밟고 오면
한 잔 달빛을
채운 술잔을 기울여
비워 내듯이
내게는 헛먹은 나이를

집어내고픈
곱디고운 여인이 있었음이니…

새벽달이 꿈길을 밟고 오면
한 잔 여명을
따른 술잔을 기울여
비워 내듯이
내게는 살아온 나이를
덜어내고픈
곱디고운 여인이 있었음이니…

난 모릅니다
내 너를 안 뒤로부터는
눈동자에 희망이
얼마나 화려하게 자랐는지
난 모릅니다.

내 너를 안 앞으로도
네가 준 사랑에
얼마나 달콤하게 길들어질는지
난 모릅니다.

이제 끝물 열매 하나가 남았습니다.
타는 이 가슴 어떻게 하라고.

그리워한 죄

가을 산이 붉은 빛으로
단풍 든다는 이유
하나만으로
골골이 깃든 산 빛을
그리워한 죄.

그 산 빛이 고운 빛으로 영글어
그리움으로 익으면
그 그리움
가슴 속에 숨겨두고
죄인으로 살아가도 좋으련만…

속눈썹

너의 짙은 속눈썹으로
켜켜이 묵은
현을 퉁기어
고운 화음 초승달에 걸어둡니다.

세상 살아가다
생의 앙금 생기어
그리움 식으면
속눈썹을 불쏘시개로
이 가슴을 다시 타오르게 하렵니다.

작은 맛 큰 맛

산에 씨 뿌려 키운 도라지 몇 뿌리 캐
고추장 두어 스푼 넣고
손으로 버물기만 해도
자연의 맛이 우러난다고 할까.
공양할 때는 주변 산과
골짜기가 그려준
풍광 한번 둘러보고
맛 한번 보며
태양이 주는 따사함의 찬에다
저 앞의 큰 산과
작은 산의 맛까지 곁들이면
참맛일 테지.

공양은 작은 맛
앞뒤 산이 내어준 것은 큰 맛.

시우지화(時雨之化)란

세 살 버릇, 여든까지 간다는 속담이 있듯이 어릴 적에 들은 적이 있는, 또는 배운 것이 일생을 좌우한다는 예를 하나 든다.

이는 스승과 제자 사이의 좋은 사례도 된다.

「일리아드」와 「오디세이」는 그리스 최대 서사시로 호메르스 작이다.

줄거리는 오스만 터키의 파리스가 그리스 메넬라우스의 아내 헬레네를 납치하면서 그리스와 트로이와의 10년 전쟁이 시작된다.

그리스는 아가멤논의 지휘로 1천의 배를 몰고 가 트로이를 공격한다.

그러나 그리스 왕 아가멤논과 장군 아킬레우스와의 사이가 틀어짐으로써 그리스 군은 계속 패하거나 수세에 몰린다.

이를 보다 못한 아킬레우스의 친구 파트로글로스가 아킬레우스의 옷을 입고 출전해 헥토르와 싸우다 죽임을 당한다.

이에 화가 난 아킬레우스는 출전해서 승승장구하며 헥토르와 결투를 해 그를 죽이면서 전쟁은 그리스의 승리로 끝난다.

아킬레스의 약점은 바로 아킬레스건에 있다. 사람의 약점을 지적할 때 아킬레스건이라는 용어가 여기서 유래되었다고 한다.

오디세우스는 10년 전쟁이 끝나자 고향으로 돌아온다.

그는 고향 아카다로 가다가 포세이돈의 아들 외눈박이 거인 폴리페모스를 만나 그의 공격으로 곤경에 처한다. 포세이돈마저 아들과 함께 오디세우스를 공격한다. 그러나 오디세우스는 그들의 공격을 벗어나 마침내 고향 아카다로 돌아온다. 돌아온 오디세우스는 자신의 아들을 괴롭히던 구혼자를 물리치고 페넬로페와 재회해서 행복한 여생을 보낸다는 해피엔딩으로 끝나는 신화 이야기다.

우리는 단테의 「신곡」에 비유할 만한 이규보의 대서사시 「동명왕」이 있으나 이를 세상이 알지도 못할 뿐 아니라 영화나 뮤지컬로 각색할 의향이 전혀 없는 것 같다.

왜 우리는 우리 것을 소홀히 하는지 모르겠다.

지금은 한류의 열풍이 세계 곳곳에서 일어나고 있으니 이 기회를 틈타 재창조했으면 오죽이나 좋으련만…

하인리히 슐리만은 고고학의 원조다. 그는 독일 메클렌부르크에서 태어났다. 가난한 목사의 아들로 태어나 스승 같은 아버지로부터 「일리아드와 오디세이」에 관한 이야기를 자주 들으면서 꿈을 키웠다고 한다. 그는 키운 꿈을 실현하기 위해 무역업에 종사해 많은 돈을 벌면서 유럽과 소아시아의 10개 언어까지 터득한다.

슐리만은 이런 철저한 준비 끝에 터키의 아티카성과 트로이지역을 답사하고 1870~73년에 걸쳐 히사르힐크 언덕을 대대적으로 발굴하기 시작한다. 그 결과, 수많은 유물을 발굴했으며 트로이 목마가 신화가 아닌 역사적으로 실재 있었던 전쟁임을 입증했다.

그렇게 해서 하인리히 슐리만은 '꿈은 꿈꾸는 자만의 것이다.'를 몸소 증명한 사람이 되었다.

발굴 당시 트로이 유적 밑에 5천년 된 유적이 있음을 확인했다.

그런데 그는 이를 고고학자를 배제하고 발굴하다 5천년 유적을 훼손해서 비난을 받기도 했다. 그로 말미암아 고고학계에서는 고고학자로 인정하지 않다가 뒤늦게 그의 업적을 고려해 고고학의 원조로 추인했다.

발굴한 유물은 몰래 독일로 빼돌려 베르린 박물관에 소장했다.

그런데 2차 대전 말, 소련이 베르린을 점령하면서 박물관 소장품을 약탈해 조각은 모스크바 박물관, 그림은 상트페테르부르그 박물관으로 옮겨 지금에 이르고 있다.

군사부일체(君師父一體)라는 말이 있듯이 하인리히 슐리만의 스승은 다른 사람 아닌 바로 아버지다. 슐리만의 아버지는 아들에게 좋은 스승 이상의 꿈을 키워 주어 대성시켰던 것이다.

저 중국의 사서 중 하나인 『맹자(孟子)』에는 '시우지화(時雨之化)'란 어구가 수록되어 있다. 이를 풀이해 보면, 때맞춰 비가 알맞게 내려줘야 초목도 쑥쑥 자라듯이 스승이 제자의 갈 길을 제때 바로잡아 줘야 훌륭한 사람이 된다는 뜻일 게다.

『맹자』의 이런 어구가 아니더라도 스승과 제자의 만남은 잘 짜여 진 한 편의 드라마인지도 모른다.

그 예로 김상옥 선생께서는 학교라곤 초등학교만 다녔는데도 주옥같은 시, 「옥저」「백자부」「다보탑」 등을 남긴 시조시인이다.

찬 서리 눈보라에 절개 외려 푸르르고
바람이 절로 이는 소나무 굽은 가지
이제 막 백학 한 쌍이 앉아 깃을 접는다.

드높은 附椽 끝에 풍경소리 들리던 날
몹사리 기다리던 그린 임이 오셨을 제

꽃 아래 빚은 그 술은 여기 담아 오도다.

갸우숙 바위틈에 불로초 돋아나고
채운 비껴 날고 시냇물도 흐르는데
아직도 사슴 한 마리 숲을 뛰어 드노다.

불속에 구워내도 얼음같이 하얀 살결
티 하나 내려와도 그대로 흠이 지다.
흙속에 잃은 그날은 이리 순박하도다.

— 김상옥의 「백자부」

1연에서는 백자 무늬를 통해 선조들의 고결한 정신을 노래, 2연에서는 님에 대한 그리움을 4연은 주제연으로 백자의 순결함을 예찬했다.
주제- 티 없이 맑고 깨끗한 백자 예찬.
김상옥 선생이 박재삼이라는 시인 지망생이 찾아와 시 짓는 방법에 대해 한 수 가르쳐 달라고 청했다. 그러자 김상옥 선생께서는 말하기를 "말은 최대한 아껴야 하되 리듬이 우러나야 하네. 앞으로 시를 지을 때는 이 점을 명심하도록 하게나."하고 조언(助言)해 주었다.
그런 조언 때문인지는 모르겠으나 박재삼은 선생의 조언을 평생 지표로 삼아 시작을 해서 유명한 시인이 되었다.

한 송이 국화꽃을 피우기 위해
봄부터 소쩍새는
그렇게 울었나 보다.

한 송이 국화꽃을 피우기 위해
천둥은 먹구름 속에서
또 그렇게 울었나 보다.

그립고 아쉬움에 가슴 조이던
머언 먼 젊음의 뒤안길에서
인제는 돌아와 거울 앞에 선
내 누님같이 생긴 꽃이여.

노오란 네 꽃잎이 피려고
간밤엔 무서리가 저리 내리고
내게는 잠도 오지 않았나 보다.

—서정주의 「국화 옆에서」

 위 시는 교과서에 실린 「국화 옆에서」라는 시다.
 누가 지었는지 알겠지요? 미당 서정주 선생이다. 우리나라의 많은 시인 가운데 한(恨)을 가장 아름답게 승화시킨 서정주 선생 또한 자작시에서 '나를 키운 것은 8할이 바람이었다.'고 밝혔다.
 그러나 알고 보면, 미당 선생도 삶의 큰 고비마다 방향을 틀어준 스승 한 분 계셨다고 한다.
 그런데 지금 우리의 현실은 어떠한가. 흔히 '선생은 많아도 참 스승은 드물다'고 한다. 왜 그렇게 되었을까?
 모르긴 몰라도 선생 스스로 성실하게 보듬지 않았거나 자부심을 키우지 않은 탓은 아닐까. 선생으로서 어려운 고비에 처한 제자 하나 방향을 올바르게 잡아주지 못했다면 참 스승의 보람을 느낄 수 있을까.

이와는 반대로 대학까지 다닌 사람으로서 가슴에 갈무리해 두고 평생 존경할 만한 스승 한 분을 모시지 못했다면 그것은 더 큰 인생의 불행인지도 모른다.

미당 선생은 '작가 노트'에서 이 시의 주제를 3연의 '내 누님 같이 생긴 꽃이여.'에 초점을 맞췄다고 했기 때문에 한때는 40대 여인의 원숙미를 주제로 이해했으나 4연의 '무서리'와 '내게는'에서 보듯이 새로운 생명 탄생의 엄숙성이나 경건함이 주제다. 시인의 의도했던 주제와는 다른 시, 시인으로 보면 실패작인데도 명시로 대접받는다.

1960년 초 한국의 현대시 열 몇 편을 프랑스어로 번역해 프랑스 시지에 소개된 적이 있었다. 그런데 이 「국화 옆에서」란 시를 두고 유독 혹평을 했다고 한다. 한국의 현대시는 아직도 19세기, 세기말적인 시가 한국의 현대시라면 C. 보들레르의 「악의 꽃」 수준의 퇴폐를 벗어나지 못한 그것이 한국의 현대시냐고.

서구에서는 국화를 두고 죽음을 상징한다. 봄에서 가을까지 죽음을 예찬했으니 퇴폐적이라는 데 이해가 간다.

관습과 인습 차이 때문에 그런 대접을 받다니…

우리는 국화꽃을 오상계절에 피어나는 선비의 절개나 지조에 비유한 정통성과는 전혀 다르니.

그리움과 사랑, 열병의 아포리즘(aphorism)

1

초겨울의 여행지로 양양의 남대천만한 곳이 있을 성싶지 않다.

겨울을 예감케 하는 찬바람이 불기 시작하는 11월 중순부터 12월 초순 사이, 남대천에 가면 슬프고도 아름다운 죽음을 맞으러 찾아오는 연어떼를 만날 수 있다. 연어는 산란기가 되면 자신이 태어난 강을 찾아 되돌아오는 습성을 가지고 있다.

남대천으로 돌아온 연어는 암수가 어울려 강바닥을 파서 산란장을 만들고, 알을 낳고 수정을 한 뒤 모래를 덮어두고는 죽음을 맞는다. 암수 모두 먹이를 먹지 않기 때문에 체력의 소모를 이기지 못해서이다.

아니, 그보다는 자신이 해야 할 일을 모두 마친 자의 조용한 떠남이라는 것이 옳겠다. 찬바람이 부는 남대천 변에 서서 연어의 회향과 죽음을 바라보노라면, 인간의 이성으로는 도저히 이해할 수 없는 위대한 섭리 앞에 겸손해지지 않을 수 없다.

북태평양의 거친 물결을 헤치고 모천(母川)을 향해 달려오는 연어의 귀향을 어떻게 설명할 수 있단 말인가. 모천(母川)에 대한 기억이 남아 있으리라는 기대조차 하기 어려운 머나먼 그곳에서 연어를 다시 돌아오게 하는 힘은 무엇일까? 과학자들은 여러 가지 가설로 모천회귀(母川回歸)를 설명하려 애쓰고 있지만, 남대천 변에 서서 그들의 행렬을 바라본 사람이라면 누구나 그 이유를 쉽게 알 수 있을 것이다.

험하고도 험한 연어의 장엄한 여로(旅路)를 이끌고 지켜준 힘은 다름 아닌 '고향에 대한 그리움'이라는 사실을… 그리움은 험난한 인생살이를 지켜주는 또 하나의 보이지 않는 힘의 원천이다.

나름대로 최선을 다했음에도 불구하고 나타난 참담한 결과 앞에 때로는 좌절하기도 하고, 뜻하지 않게 오해를 불러일으키기도 하며 그 오해가 오해를 낳아 회복불능의 상태에 빠져 버리기도 하는…

누구나 한번쯤은 경험했을 그러한 상황에서 우리는 늘 고향을 떠올리지 않는가? 고향은 여러 가지 의미로 우리에게 다가온다.

그 대상은 물리적 공간으로서의 고향일 수도 있겠고, 사랑하는 연인이거나 인자한 어머니일 수도 있겠으며, 혹은 자신이 바라는 어떤 사회체제의 한 단면일 수도 있겠다. 어쨌든 그 대상이야 무엇이든 상관없이 그리움을 불러일으키는 대상을 가지고 있다는 사실 자체만으로도 그 사람의 일생은 충분히 아름답다고 할 수 있지 않을까 싶다.

김장동 교수의 두 번째 시집 『오늘 같은 먼 그날』을 반갑게 읽게 되는 것도 그러한 맥락에서다. 첫 번째 시집 『내 마음에 내리는 하얀 실비』를 상재한 지 얼마 되지 않아 이만한 분량의 시집을 내어놓을 수 있는 시인의 열정도 대단하지만은, 그 시편들이 한결같이 절대적 대상에 대한 그리움을 노래하고 있음에 감탄하지 않을 수 없다.

그리움이야 시의 단골 소재여서 어디서든 손쉽게 구해 읽을 수 있으나 애상조를 벗어나지 못함으로써 오히려 독자들의 심성을 피폐하게 만들고 마는 경우가 허다한 실정이다.

그에 비해 이번 시집에 담겨 있는 시들이 표출해내는 그리움은, 절대적 존재를 향해 한 걸음 한 걸음 나아가게 하는 자기다짐의 힘을 안고 있다는 점에서 다른 시들과는 자리를 달리한다고 말해도 좋겠다.

2

시인에게 있어 절대적 가치를 지닌 그리움의 대상은 '너'로 나타난다. 전체가 8부로 이루어진 시집에는, 시인의 시적 변용이라고 할 '나'가 고향이라고 불러도 좋을 '너'에게 바치는 그리움과 사랑, 열병의 아포리즘(aphorism)이 그득 차 있다.

한없는 그리움을 불러일으키고 있는 대상 즉, 모천(母川)을 향해 거친 파도를 헤치고 나아가면서 이루어지는 낱낱이 '나'의 끊임없는 사색의 시편(詩篇)들인 셈이다. 때로는 자신이 그리워해 마지않는 '너'의 정체를 궁금해 하기도 하고, 내가 그리워하는 만큼이나 '나'를 사랑해 줄 것인가를 자신에게 되물어 보기도 하며(「목 길어진 하루」「무지개」), 보이지 않는 '너'에 대한 그리움을 주체하지 못해 마구 소리 질러 보기도 한다(「산의 푸념」「고운 얼굴」).

이처럼 '너'와 '나' 사이의 긴장관계가 『가슴에 숨기고』는 사뭇 울렁거리게 한다. 그 긴장은 '너'와 '나'의 관계가 대등하지 못함에서 온다.

'나'는 '너'에 대해 끊임없는 관심을 표하고 사랑을 하소연하지만 '너'는 '나'에게 화답을 하지 않는다.

'나'가 '너'의 관심을 끌지 못할 만큼 못나서가 아니다.

생활이 '나'를 '너'와 떨어져 있게 만들었고 오랜 시간이 흘러간 후에야 비로소 '너'의 존재를 깨달았기 때문이다.

망망대해를 자유롭게 헤엄치면서도 간간이 모천(母川)의 기억을 떠올렸을 연어처럼 '나'는 일상사의 시달림 속에서도 자신이 돌아가야 할 고향을 잊지 않고 있었던 것이다. 고향의 기억을 되살린 연어가 북태평양의 넓고 넓은 바다를 두고 모천(母川)을 찾아 긴 여행을 떠나는 것처럼 시인도 일상사를 버리고 '너'를 향한 여행을 시작한다.

    무 장다리 찔레꽃 핀
    고향 어디 두고
    도시로 흘러왔는가.
    스모그로 뿌연 하늘
    공해로 찌든 거리
    철근 콘크리트
    숲으로 흘러들었는가.
    순수가 머물 곳은
    정녕 아닐 텐데도…

    나비야 가자구나.
    순수가 머물 곳으로.

                                ―「나비」전문

  1연에는 생활 때문에 훼손된 공간에 머물러야만 하는 시인의 갑갑한 마음이 잘 나타나 있다.
  시인의 기억 속에 자리한 고향은 "무 장다리 찔레꽃 핀" 곳이지만 그가 현재 머물러 있는 곳은 "공해로 찌든 거리"다. 원초적인 질서가 그대로 보존된 자연과 인공물에 의해 질서가 훼손된 공간인 도시를 대비시켜 '너'와 '나'의 부조화를 함축적으로 드러내고 있다.
  마침내 '나'는 나비와 더불어 "순수가 머물 곳"으로 떠난다. 뒤늦게 찾은 사랑을 위해 길을 떠나는 것이다.

그 여행이 고통을 수반하는 것임을 알고 있지만 '너'에 대한 그리움을 이겨낼 재간이 없기 때문이다.

　전생에 너는 빛으로
　나는 그림자로
　두 몸 하나 되어
　도리천* 거닐며
　빛이 나면
　그림자로 따랐는데…

　이생에서 만난 인연,
　얄궂게도
　서로 뚝 떨어져
　그리움 키우고 있는가.

　　　　　　　　　　　　　　―「인연」 전문

　이 얼마나 안타까운 사연이며 슬프디 슬픈 깨달음인가.
　'너'에 대한 '나'의 마음은 늘 열려 있지만 '너'는 그것을 알지 못한다. '너'를 만날 수 없었을 때, 무수히 떠오르던 말들도 막상 기회가 되면 입안을 뱅뱅 맴돌 뿐이다.
　"전생의 업보"(「정」)인가도 생각해 보지만 그럴수록 '너'에 대한 '나'의 마음은 더욱 더 간절해져만 간다.

　지난밤에 까불대던 바람이
　너를 나에게로

데려오는 줄 알고
창문 열고 보니
낙엽만이 어지러워.

낙엽 하나 주워 들고
내 마음을 적어
날려 보낸다.
이리저리 흩날리다
안타까운 내 마음
혹시라도 전해 줄까 해서.

―「낙엽」 전문

 '너'를 만나고자 하는 '나'의 마음이 간절해지면서 뜰에 부는 바람 소리에도 창문을 열고 내다보게 된다. 창 밖에 아무도 없음을 확인하고는 나의 의지로만 '너'를 만날 수 있는 것이 아님을 깨닫는다. 그렇다고 해서 '너'에 대한 '나'의 사랑을 포기할 수 없는 일, 임인 양 여겼던 낙엽을 주워 자신의 마음을 적어 날려 보낸다. 바람에 날려 떠돌다 행여 '너'의 발밑에 떨어져 '나'의 마음을 전해 줄 수 있기를 기대하면서.
 '너'와 '나'의 인연이 필연이 아니라면 우연에 기대어 만나보고 싶은 '나'의 간절한 마음이 뼈아프게 다가온다.
 "내게는 너를 생각하며/ 살아가는 긴긴 세월 있다."(「긴 긴 세월」)의 와중에서 "난 숙명 같은/ 만남의 장"(「외출」)을 마련되기도 한다.
 그때의 그 기쁨을 어디다 비기랴. '나'의 그러한 마음을.

가고 오는 세월을 지켜본

목련꽃만이 안다네.
손바닥에 이슬 포개다
너와의 만남이
이렇게도 좋은 걸.

애를 태우다 못해
키우고 가꾼 것을
주고 또 주어도
밀려오는 아련한 그리움.

그런 그리움은
하수분임이 분명한 데야…

—「화수분」전문

그러다가도

너와 헤어져 있을 때는
나는 언제나 시인.

너를 만난 순간부터
가슴에 불이 붙어
사랑한다는 말은
백지 태운 재가 되고.
너무너무 좋아
가슴 속 깊이 숨겨두고

실어중 환자가 된다.

—「너를 만나면」 전문

는 '너'와의 만남을 운명이라 생각하고 기쁨에 들뜨지만 그 순간, '나'는 "실어중 환자"가 된다. 얼마나 애달픈 일인가.

마음속에 넣어두고 그리던 임을 만나게 되는 순간의 복잡 미묘한 상황을 간결하면서도 생동감 있게 포착해낸 시인의 솜씨가 놀랍다.

평생토록 그리던 임을 만났을 때, 그 동안의 사연들을 모두 풀어 이야기했다면, 기쁨에 겨워 얼싸안고 밤새워 춤이라도 췄다면 그것은 모두 거짓말일 것이다.「너를 만나면」처럼 말이 얼어붙고, 손발도 얼어붙어 그저 바라보면서 온밤을 꼬박 새우게 되지 않을까.

여기서 영화「서편제」의 마지막 장면을 떠올리는 독자들도 있을 것이다. 그토록 그리던 오뉘가 만났음에도 말 한마디 나누지 못하고 동생의 북에 소리를 실어 그 모든 이야기들을 떠나보내는 장면이…

3

중용(中庸)은 모든 일에 있어 지나치지도 모자라지도 않는, 기울거나 치우치지 않는 도리(덕)의 최고 지표다.

중용의 의미에 대해 많은 학자들이 주석을 달아두고 있지만 필자는 '인간이 추해지지 않는 상태'라고 해석하고 싶다.

이 세상을 살아가면서 추해지지 않기가 얼마나 어려운가.

최근의 정국은 그것을 우리에게 생생하게 보여주었다.

조국을 위해서 한 일이라고 되지도 않은 변명을 늘어놓는 인물과 그들을 둘러싸고 있는 탐욕의 무리들.

과거에 침이 마르도록 그들을 찬미했으면서도 정세가 바뀌자 태도가 돌변해서 입에 거품을 물고 있는 무리들. 인간사 모든 일에 도가 지나치면 추해지는 법이다. 그리움도 마찬가지리라.

'너'에 대한 그리움이 지나치게 되면 역작용을 일으켜 임을 포기하도록 강요함으로써 오히려 자신을 해치게 되는 경우가 있다.

『오늘 같은 먼 그날』의 미덕은 바로 여기에 있다. 그리움의 극단에서 자신을 절제하는 중용의 아름다움을 보여주고 있다. '너'에 대한 열망을 추스릴 줄 아는 시인의 마음은 오랜 세월의 고통을 겪어 이겨낸 자만이 가질 수 있는 '허심(虛心)의 상태'라고 해도 좋겠다.

네가 그리운 날이면 가을 하늘,
파란 하늘, 하늘 한 조각
곱게, 곱게 베어 하늘 편지 쓴다.

뒤 안 감나무 감이 발갛게
익은 사연일랑
눈부신 달빛 받고
까르르 까르르
미소 짓는 국화꽃 고절도
담아 하늘 편지 쓴다.

그래도 못다 한
사연은 공(空)으로 비워둘래요.

―「하늘 편지」 전문

'나'는 '너'에게 해줄 수 있는 모든 노력을 다한다. 그리움을 참을 수 없을 때, "하늘 편지" 속에 '나'의 마음을 실어 보낸다.

그러나 어찌 몇 장의 편지 속에 '너'에 대한 '나'의 마음을 모두 담아 보낼 수 있으리. '나'는 그것이 아쉬워 몸부림치지 않고 "못 다한 사연은 공(空)으로 비워" 두는 넉넉함을 보여준다.

그리움이 낳은 열병을 적절한 선에서 제어할 줄 아는 넉넉함이 '나'를 추함에서 구원해준 것이다. 『가슴에 숨기고』는 유아적 감정을 토로한 시와 질적으로 다른 차원에 이를 수 있었던 것도 이러한 넉넉함 때문이다. 중용의 덕이라 할 그런 넉넉함이 손쉽게 얻어지는 것은 아니다.

'너'를 '나'에게로 끌어들여 강제로 '나'의 욕망을 채워 보려는 정복욕으로는 결코 도달할 수 없는 경지이다. 자신을 돌아보고 반성하며 '나'의 이기적 욕망을 잠재우려 하는 피나는 노력의 결과라고 해야 할 것이다.

'너'에게로 향하는 가없는 그리움과 한없는 열병을

세상은 오아시스도 없는 사막일지라도
버림을 받지 않으려면
마음 주지 말아야 하고,
마음 주지 않는 데야
상처받을 일도
없을 것이거늘…

가슴의 이 상처는
스스로가 입힌 자해
마음을 헤프게
내 보인 탓으로

마신 독약이며 죄 값이려니…

—「상처」부분

하고 정리할 수 있는 자만이 가질 수 있는 세계다.
  "사랑도 미움도 순간의 꿈."(「숨소리」부분)이라고 담담하게 말하는 배경에는 이성과 욕망의 양극에서 균형을 잡으려는 노력(「제비꽃」)이 담겨 있다. 그런가 하면 담담하게 대상을 대하고 그리움을 삭이고자 하는 뼈를 깎는 아픔도 배여 있다.

이 생명 다해
여울이 되리.
여울 되어 흐르면서
사랑과 미움
씻은 그쯤해서
사랑했다고,
가슴에 인이 박혔다고 고백할까.

—「그쯤 해서」부분

하얀 봄날 저녁이면
한 줌 그리움을
네게 주고
가을 뜰에 내린
넉넉한 사랑도 주고 싶다.

그런데 얼음에 베인 가슴

그 아픔만은
차마 줄 수 없어
백리 밖 바다에 버렸더니
해일 되어
찾아와 빈 가슴을 마구 찢는다.

―「해일」 전문

'너'를 위해 모든 것을 준비하고, '나'가 가진 모든 것을 '너'에게 주고 싶은 아름다움이 우리의 가슴을 촉촉이 적셔온다.

그러나 연어가 모천(母川)에 돌아와 죽음을 맞는 것을 보고 어처구니없어 하는 사람은 이해할 수 없으리라.

기껏해야 죽으려고 그 먼 길을 달려왔느냐고 되묻는 사람들은 이해할 수 없을 것이다.

결과만 두고 인생의 승패를 가리는 속물적 근성으로는 그리움의 대상 앞에서 겸허해지고 자기를 낮추는 아름다움을 받아들이지 못할 테니까.

특정한 대상을 소유하는 것만을 최종 목표로 치닫는 사람들은 그리움이 없다. 언제나 쉽게 손에 넣을 수 있는 대상만을 목표로 삼기 때문이고 혹 그 대상을 소유하지 못할 경우에는 실패했다고 단정하고 목표를 바꿔버리는 까닭이다. 그런 이유에서 한 평생을 그리워하는 대상이 있고 그를 향해 한 발자국 한 발자국 나아가기 위해 늘 자신을 가다듬으며 준비하고 있는 시인은 얼마나 행복한가.

빛나는 작은 별을 보기 위해
몸을 낮추고 낮춰서
바람 몰아쳐

쓰러진 들풀에 누워
밤하늘을 바라봤었지.

마음 속 고운 네가
떠나 버리면
나는 허허벌판으로 가
그리움으로
병들지 않는 들풀 되리.
들풀 되어 살아가리.

―「들풀」 전문

언젠가 '너'를 만나게 될 때, 그에게 "넉넉한 사랑"을 줄 수 있기를 간절히 바라는 시인은 "들풀 되어 살아가리."(「들풀」), 혹은 "이름 없는 산새"가 되어도 마냥 행복하리니.

너를 만나고 돌아오는데
바람도 덩달아 따라오고
사내의 슬픈
사랑도 뒤따라온다.

너의 안녕이라는 한 마디에
꽃잎은 떨어질 때
아무런 불평 없이
땅으로 내려앉듯
나는 이름 없는 산새 되어

창공을 향해 훨훨 날아가리.

―「산새 되어」 전문

4

 박경리의 『토지』 제1부가 간행되었을 때 자서(自序)를 읽고 전율을 느꼈던 적이 있다. 암을 수술한 지 보름 만에 가슴에 붕대를 감은 채 『토지』의 원고 100매를 쓰고 나서 악착스런 자신에게 무서움을 느꼈다는 고백이 가슴을 아프게 헤집었다.
 문학이 어떠한 존재이기에 이토록 처절한 몸부림을 필요로 하는가.
 그의 표현처럼 작가들은 "주술에 걸린 죄인"이란 말인가. 박경리는 그러한 물음에 대해 간결하고도 함축적으로 답했다.
 "글을 쓰지 않는 내 삶의 터전은 아무 곳에도 없다."고.
 90년대의 중반을 넘어서면서 새삼스럽게 박경리를 떠올리는 것은 경조부박(輕佻浮薄)한 문학현상에 대한 우려 때문이다.
 시류에 추종하는 무책임한 언사들이 난무하고 철학 부재의 기교주의가 실험정신으로 칭송받는 가벼운 분위기를 벗어나지 못한다면 우리 문학의 미래는 결코 낙관적일 수 없겠다.
 그러기 위해서는 마땅히 '문학이란 무엇인가'라는 고전적 물음에서 새로운 출발을 다짐해야 할 필요가 있다.
 김장동 교수의 두 번째 시집인 『오늘 같은 먼 그날』도 그러한 물음에 대한 답을 성실하게 찾으려 애쓴 흔적이라는 점에서 또 다른 의미를 부여할 수 있겠다. 그의 시편에 나타나는 절대적 존재인 '너'를 연인이라 보아도 좋겠고 다른 무엇으로 보아도 좋지만 그가 평생토록 사랑해 마지않는 '문학' 그 자체라고 보아도 좋으리라.

이 시인 역시 문학에 대한 자신의 애정을 숨기지 않고 있다.

온몸으로 시 같지 않은
시 한 편 지어 놓고
마냥 통곡했다.
내 시는 어디가 못나
네 여린 마음 하나
감동시키지 못해
매양 겉돌고 있는지.

네게로부터 돌아서려는데
달랠 길 없는
그리움이 하늘 무게로 짓누른다.

—「자화상」 전문

    문학에 대한 자기 애정을 노래한 시편들도 상당수 있지만 「자화상」만큼 솔직 담백하게 자신의 감정을 드러낸 시는 없을 것이다.
    "문학에 매인 마음을 숙명으로 받아들"(「여로」)이는 마음가짐이 아니고는 불가능한 경지이며 문학에 대한 그리움으로, 열정으로 몇 밤을 세워 본 자만이 말할 수 있는 당당함이라 하겠다.
    형편없이 가볍고 들뜨기 좋아하는 이 시대에 문학 소년시절에나 어울린다면서 모두가 팽개쳐 버린 화두(話頭)를 끌어안고 끙끙거리고 있는 시인의 모습이 의외로우면서도 그만큼 더 신선하게 느껴진다.
    더욱이 『오늘 같은 먼 그날』을 읽어 나가노라면 글을 쓰는 행위, 그것이야말로 자신이 살아 있음을 확인시켜 주는 유일한 길이며 자신의 삶을 지탱시켜 주는 힘의 원천이라는 믿음이 곳곳에 배여 있어 우리를 숙연하게 만들기도 한다. 오직 지명의 나이에도 불구하고 문학에 대한 외경심으로 자신의 삶을 이끌어가는 시인의 태도에 감복할 따름이다.

문학에 대한 그리움 하나만으로 이 세상의 온갖 잡사(雜事)를 담담하게 바라볼 수 있는 시인이기에 「환청」과 같은 절창(絶唱)을 남길 수 있지 않았을까 싶기도 하다.

한 마디만 덧붙여도 군더더기가 되는 이 시는 우리 시대의 문인들에게 혹은 독자들에게 던지는 시인의 잠언이다.

그리움이란 짐을 지고는
잠잘 수 없어
헛꿈 꾸다가
환청에 놀라 벌떡 일어나
창 열어젖힌다.

그 꼴이 하 방정맞았던지
무심코 지나던
바람마저 멈춰 서서
허허, 허참
코웃음치고 도망을 간다.

―「환청」 전문
―김재석―

세계 유일의 시형

인태발 붓으로 썼는지도 모를 김천택(金天澤)의 『청구영언(靑丘永言)』은 최초의 필사본 시조집으로 값이 매우 차지다.

시조의 형식

시조의 형식에 대해 많은 학자들이 나름대로 자기들의 주장을 밝히기도 했다. 이런 주장을 종합해 보면, 시조의 정형은 3장, 각 장의 음보율은 4음보격이며 45자 내외로 된 비연시인 3행시다.

각 장의 음수율을 제시하면 다음과 같다.

구수 \ 장수	제1구	제2구	제3구	제4구
초장	3	4	4(3)	4
중장	3	4	4(3)	4
종장	3	5	4	3

시조는 초장·중장·종장을 가진 3행시임이 분명하다. 기본 율격은 3·4·3·4조 또는 3·4·4·4조다. 이런 율격이 우리말의 음절과 호흡에 알

맞은 음수율이다. 초장은 시상을 일으키고 중장은 초장의 시상을 부연 또는 계승하면서 고조시키며 종장은 절정으로 시상을 끝맺는다.

초장과 중장의 율격은 거의 동일하며 종장 첫 구에 해당하는 3자는 반드시 지켜져야 시조라고 할 수 있다.

그런데 종장 첫 구를 제외하고 경우에 따라서는 어느 정도 자수의 융통성을 가지는 것이 시조 형식의 특징이다.

이러한 형식에 가장 잘 맞게 쓴 시조를 다음에 소개한다.

봉선화

비 오자 장독간에 봉선화 반만 벌어
해마다 피는 꽃을 나만 두고 볼 것인가
세세한 사연을 적어 누님께로 보내다.

누님이 편지 보고 하마 울까 웃으실까
눈앞에 삼삼이는 고향집을 그리시고
손톱에 꽃물 드리던 그날 생각 하시리.

양지에 마주 앉아 실로 찬찬 매어 주던
하얀 손가락마다 연붉은 그 손톱은
지금은 꿈속에 본 듯 힘줄만이 서누나.

― 김상옥

혈육의 정을 매우 소박하게 표현했다.
남성이 화자인데도 여성처럼 섬세한 정서를 표현한 것이 돋보인다.

발표 때 내용보다 형식을 중히 여겨 지은 시조라고 해서 문단의 주목을 받았으며 군정 때 교과서에 실린 적도 있다.

개화
꽃이 피네 한 잎 두 잎 한 하늘이 열리고 있네.
마침내 남은 한 잎이 마지막 떨고 있는 고비
바람도 햇볕도 숨을 죽이네, 나도 눈을 감네.

—이호우

초장에서는 꽃이 피어나는 순간의 엄숙성을 우주 창조의 신비로 연결시켰고 중장에서는 꽃이 피어나는 마지막 고비로 긴장과 전율감을 극대화시켰으며 종장에서는 새로운 생명 탄생의 엄숙성과 경건함을, 그것도 신비주의에 가깝도록 아주 섬세하게 표현했다.
이처럼 시조는 평범한 시어를 사용해 표현하면서도 심오한 주제를 깊이 있게 다룰 수 있다.

조국
행여나 다칠세라 너를 안고 줄 고르면
떨리는 열 손 가락 마디마디 애인 사랑
손닿자 애절히 우는 서러운 내 가얏고여

둥기둥 줄이 울면 초가삼간 달이 뜨고
흐느껴 목 메이면 꽃잎도 떨리는데
푸른 물 흐르는 정에 눈물 비친 옷자락

통곡도 다 못하여 하늘은 멍들어도
피맺힌 열두 줄은 굽이굽이 애정인데
청산아 왜 말이 없느냐 학처럼만 여위느냐

—정완영

옥저

지그시 눈을 감고 입술을 축이시며
뚫린 구멍마다 임의 손이 움직일 때
그 소리 은하 흐르듯 서라벌에 퍼지다.

끝없이 맑은 소리 천년을 먹음은 채
따스히 서린 입김 상기도 남았거니
차라리 외로울망정 뜻을 달리 하리오.

—김상옥

생명일래

야생화도 산을 타기
영겁의 맥박 잇고
한 여름 오랜 방황 온 하늘을 마심이다
이맘때 피어나는
가냘플 손 한 송이 꽃.

설레어 부푼 마음
고운 자태 지님 있고

그 마음 헤아리니 메아리도 숨결 높아
길고도 오랜 날을
미소로만 벙글었다.

한 줌 혼을 녹여
타고도 뜨거움에
하늘로 비상해 마시고 또 마시니
자연의 섭리일래,
한 하늘의 생명일래.

여윈 혼
타오르는 불길은
어쩌지도 못하면서
이제야 풀려버린 마음을 벌하자니
우짖는 방황마다
조각난 목숨이다.

마음은 모질다 못해
광란을 떨어대면
단 한 줌의 혼으로 사몰랑 산화할래
저미던 그 맘결은
창백한 몰골로 남아.

벗기어진 눈으로
한 밤을 드새도

길고도 오랜 여울 못내 그려 지지 못해
한 마디 말도 못하는
그저 여윈 혼인 데야.

가섭의 법열

소쩍새 피를 토한
길고도 오랜 여름
한 줌 혼을 녹여 정일랑 엮어두다
비로소 벙그는 미소,
온 누릴 마심이다.

질경질경 씹다 못해
별이 만난 외로움
한 세상 타고 태운 지순한 그 불덩이
가으내 하늘 마시고
가섭*의 법열에 들다.

* 석가모니의 10대 제자 중 1인. 욕심이 적고 계율을 엄격히 지켜 교단의 존숭을 받은 스님.

멋과 맛의 옹달샘

　조선조 3대왕 태종이 된 이방원(李芳遠)은 이성계의 문병을 온 포은 정몽주의 내심을 떠보기 위해 「하여가(何如歌)」를 짓고 포은은 「단심가(丹心歌)」로 화답한 것이 사실처럼 전해 오고 있다.

　　이런들 엇더ᄒ며 저런들 엇더ᄒ리
　　萬壽山 드렁츩이 얼거진들 엇더하리
　　우리도 이ᄀᆺ치 얼거져 百年ᄭ지 누리이라
　　　　　　　　　　　　　　　　ー『악학습령』

　포은(圃隱) 정몽주(鄭夢周) 또한 단심가(丹心歌)로 화답했다.
　그는 이 시조를 지으면서 죽음을 예감했을까. 돌아올 때 말을 거꾸로 타고 선죽교를 지나다 죽음을 맞이한다.

　　이 몸이 주거 주거 一百番 고쳐 주거
　　白骨이 塵土되여 넉시라도 잇고 업고
　　님 向ᄒ 一片丹心이야 가쉴 줄이 이시랴
　　　　　　　　　　　　　　　　ー『악학습령』

이를 『해동악부(海東樂府)』에는 다음과 같이 옮겨놓았다.

此身死了死了/ 一百番更死了/ 白骨爲塵土/ 魂魄有也無
向主一片丹心/ 寧有改理也歟

구전시조

여말의 시조는 거의 입에서 입으로 전해지다가 영·정조에 이르러 가집이 편찬되면서 비로소 문자로 정착되었다. 그렇기 때문에 작자에 대한 이의가 있을 수 있으며 진위(眞僞) 여부를 가리기가 쉽지 않다.
먼저 우탁(禹倬)의 시조를 예로 든다.
우탁의 호는 역동(易東), 단양 사람이다. 그는 시조 두 수를 남겼는데 늙음을 한탄한 내용으로 흔히 백발가(白髮歌)라고 한다.

혼 손에 가시 들고 쏘 혼 손에 막디 들고
늙는 길 가시로 막고 오는 白髮 막디로 티랴 터니
白髮이 제 몬져 알고 즈럼길로 오더라
—『악학습령』

이조년(李兆年)도 시조 한 수를 남겼다. 저 유명한 다정가(多情歌)로 봄을 맞아 지향할 수 없는 마음을 감상적으로 절창했으며 가히 이 방면의 백미(白眉)라고 하지 않을 수 없다.

梨花에 月白 호고 銀漢은 三更인 제
一枝 春心을 子規야 알냐마는

多情도 病인 양호여 줌 못 드러 호노라

　　　　　　　　　　　　　　　　　― 『악학습령』

이 다정가는 만인의 심금을 얼마나 울렸는지 모른다.

그런 탓인지 고지식한 신위(申緯) 자하(紫霞)마저도 『소악부』에 7언절구로 옮겼으며 되경(退耕) 권상로(權相老)마저 한시로 번역했다.

梨花月白三更天
啼血聲聲怨杜鵑
儘覺多情原是病
不關人事不成眠

　　　　　　　　　　　　　　　　　― 신위, 『소악부』

月白梨花銀漢傾
春心惱然子規聲
多情自是無何症
轉輾深更眠不成

　　　　　　　　　　　　　　　　　― 『퇴경역시집』

다음은 황금을 보기를 돌 같이 여기라고 속언이 전해지는 고려 말의 명장 최영(崔瑩)의 시조를 옮긴다.

그의 시조는 무인다운 기백과 나라에 대한 충성이 넘쳐흐른다.

綠駬 霜蹄) 슬지게 먹여 시닛물에 씻겨 타고
龍泉 雪鍔 들게 그라 다시 샌혀 두러 메고

丈夫의 爲國忠節을 세워 볼가 하노라

-『악학습령』

최영이 지은 시조라는 데 의구심이 들지 않는 것은 아니지만 그는 장군다운 면모와는 전혀 다른 풍자적인 시조까지 남겼다.

눈마쟈 揮엿노라 구분 솔을 웃지 마라
春風에 피온 곳지 每樣에 고와쓰랴
風飄飄 雪紛紛 홀 제 네야 나를 부려ᄒ리라

-『악학습령』

삼은(三隱)의 한 사람인 이색(李穡) 목은(牧隱)도 시조 한 수를 남겼다. 그의 시조는 고려에 대한 충성심과 신흥 조선조에 대한 경외의 갈림길에서 고민하는 심정을 토로하고 있다.

白雪이 ᄌ자진 골에 구루미 머흐레라
반가운 梅花ᄂ 어니 곳이 퓌엿는고
夕陽에 홀로 셔 이셔 갈 곳 몰나 ᄒ노라

-『악학습령』

야은(冶隱) 길재(吉再) 또한 시조 한 수가 전해지고 있다. 고려에 대한 회고의 정을 노래한 회고가(懷古歌)가 그것이다.

五百年 都邑地를 匹馬로 도라드니
山川은 依舊ᄒ되 人傑은 간 딕 업다

어즈버 太平烟月이 쑴이런가 ᄒ노라

─『악학습령』

태종의 스승으로 널리 알려졌으며 오리 선생이란 별명을 가진 운곡(耘谷) 원천석(元天錫)의 시조도 한 수 전해지고 있다.

興亡이 有數ᄒ니 滿月臺도 秋草로다
五百年 王業이 牧笛에 부쳐시니
夕陽에 지나는 客이 눈물 계워 ᄒ노라

─『악학습령』

조선조 시조

옥란에 꽃이 피니 십년이 어느 덧고
중야 비가에 눈물겨워 앉았으니
살뜰히 설운 마음은 나 혼잔가 하노라

─조한영

인조 때 조한영이 읊은 애잔한 내용의 노래다.

누구나 세월이 흐르면 모든 것은 잊혀 지기 마련인 것이 인지상정인 데도 유독 세월이 흐를수록 깊어만 가는 슬픈 마음 때문에 잠을 이루지 못하고 전전반측하는 심리를 잘 표현했다.

'옥란'은 왕이 정사를 보는 대궐을 의미하며 '어느 덧고'는 어느 덧 세월이 흘렀다는 것을 의미한다. '중야'는 한밤, 깊은 밤을, '비가'는 슬픈 노래

곧 한과 슬픔의 마음을 있는 그대로 표현하고 있다.

 천만리 머나 먼 길에 고운 님 여의옵고
 내 마음 둘 데 없어 냇가에 앉았으니
 저 물도 내 안 같아야 울어 밤길 예놋다

              —왕방연

 세조 때 금부도사 왕방연(王邦衍)이 세조의 명으로 단종을 강원도 영월 오지인 청령포에 유폐시켜놓고 돌아오다 강가에 이르러 어린 단종을 생각하는 연민의 정을 흘러가는 강물에 비유해서 신하가 유폐된 임금을 생각하는 애틋한 정을 읊은 뛰어난 작품이다. '내 안'은 내 마음의 뜻, '예놋다'는 소리 내며 흘러 가도다의 뜻이다.

 있으렴 부디 갈다 아니 가든 못할손가
 무단히 슬터냐 남의 말을 들었느냐
 그래도 하 애닯구나 가는 뜻을 일러라

              —성종

 성종이 믿고 의지하던 신하 유호인(兪好仁)이 뒤늦게나마 고향에 있는 늙은 어머님을 봉양하기 위해 벼슬을 사직하고 고향인 선산으로 돌아가려고 하자 이를 간곡히 만류하는 자신의 마음을 토로한 작품으로 임금이 신하를 생각하는 마음이 잘 나타나 있다.
 제왕의 시조로는 유일무이하다. '슬터냐'는 서럽느냐의 뜻이다.

 꿈에 다니는 길이 자취 곧 날작시면

임의 집 창밖에 석로라도 닳으리
꿈길에 자취 없으니 그를 슬퍼하노라

— 이명한

임을 생각하고 그리워하며 사랑하는 마음은 옛날이나 지금이나, 그리고 남성이나 여성이나 한결같다고 할까.
남성으로서 여성 못잖게 사랑하는 마음을 꿈에 비유하고 꿈길에 임의 집을 찾다 보니 돌길이라도 다 닳을 정도인데도 무심한 임이 알아주지 않은 마음을 읊었다. '석로'는 돌길이다.

임 그린 상사몽이 슬솔의 넋이 되어
추야장 깊은 밤에 임의 방에 들렀다가
날 잊고 깊이 든 잠을 깨워볼까 하노라

— 박효관

가을이면 처량하게 울어대는 귀뚜라미에 비유해서 사랑하는 마음을 표현했다. 죽도록 사랑하는 임인데 그 임은 그런 마음을 알아주지 않는 심정이야 오죽 안타깝고 답답할까. 가을 긴긴 밤에 무정하게도 임이 깊이 든 잠을 귀뚜라미로 변해 우는 소리로 잠자는 임을 깨워 보겠다는 표현이 앙증맞다. '상사몽'은 잠에서 임 생각으로 꾸는 꿈, '슬솔(蝨蟀)'은 귀뚜라미. '추야장'은 가을의 긴 긴 밤을 의미한다.

어버이 살아실 제 섬기기란 다하여라
지나 간 후에야 애닯다 어이 하리

평생에 고쳐 못할 일은 이뿐인가 하노라

—정철

송강 정철이 강원도 관찰사로 부임해서 도민들에게 가르쳐주기 위해 지은 훈민가의 한 수다. 살아서 부모에게 효도해야지 돌아가신 다음에야 효도하고 싶어도 효도할 수 없음을 깨우쳐준다.

한 몸을 둘로 나눠서 부부로 삼기실 제
있을 제 함께 늙고 죽으면 한데 간다
어디서 망령의 것이 눈 흘기려 하느냐

—박인로

노계 박인로가 지은 훈민가의 한 수이다. 부부 사이의 애정은 천륜인데도 두 사람 사이를 갈라놓으려고 소홀한 틈을 비집고 들어오는 자를 경계한 내용으로 부부애의 중요성을 일깨워주고 있다.

공명도 잊었노라 부귀도 잊었노라
세상 근심걱정 다 주어 잊었노라
나마저 내 몸 잊으니 남이 아니 잊으랴

—김광옥

효종 때 김광옥의 작품으로 부귀와 공명은 물론 세상 일 잊어버리고 자연에 귀의해서 살다 보면 내가 누군지조차 잊을 지경인데 남인들 자기를 아니 잊겠는가. 그러니 남이 나를 알아주거나 기억해 주지 않는다고 한탄할 것이 아님을 읊었다.

책 덮고 창을 여니 강호에 배 떠 있다
오가는 백로는 무슨 뜻 품었는고
뒤늦게 공명이 아닌 너를 좇아 놀리라

― 정온

인조 때 동계 정온의 작품으로 속세의 부귀와 공명일랑 다 떨쳐 버리고 한가하고 적막한 강호로 돌아가 청렴과 결백의 상징인 백로를 벗 삼아 살아가겠다는 삶을 노래했다.

'강호'는 강과 호수 곧 자연, '백로'는 새 자체가 희기 때문에 선비의 청렴과 결백에 곧잘 비유한다.

꽃이 진다고 해서 새들아 슬허마라
바람에 흩날리니 꽃의 탓 아니로다
가노라 휘젓는 봄을 새와 무엇하리오

― 미상

을사사화 때 윤원형 일파를 풍자한 시조다. 원형 일파가 젊은 선비를 살육하고 유배시키는 것에 대해 비판하는 것은 부질없다는 내용을 담았다. 그런 권세도 얼마 가지 못해 다른 사람에게 넘겨갈 것이며 자기가 한 그대로 보복을 당하니까 시기하고 질투하지 말라는 풍자적이다.

'꽃'은 촉망받는 젊은 선비. '새들'은 젊은 선비들이 죽임을 당하는 것을 보고 안타깝게 여기는 사람들, '바람'은 윤원형 일파가 일으킨 을사사화, '휘젓는 봄'은 사화를 일으켜 반대파를 숙청하는 짓거리다.

백설이 잦아진 골에 구름이 머물레라

반가운 매화는 어느 곳에 피었는고
석양에 홀로 서 있어 갈 곳 몰라 하노라
― 이색

이색 목은의 작으로 고려에 대한 충성심과 신흥 조선조에 대한 경외의 갈림길에서 고민하는 심경을 넘어가는 태양에 비유했다.

'백설'이나 '석양'은 망하기 직전의 고려, '구름'은 이성계 일파의 역성혁명의 기운, '매화'는 망하기 직전의 고려를 일으킬 기운을 상징한다.

내해 좋다 하고 남 슬픈 일 하지 말며
남이 한다고 의 아니면 좇지 마라
우리야 천성을 지키며 삼긴 대로 살리라
― 박인로

인간관계의 처신을 어떻게 해야 하는지를 읊은 시조다. 내가 좋다고 해서 남에게 해가 되는 짓은 하거나 남이 한다고 해서 무조건 따라 하지 말 것이며 옳고 그름을 판단해 행동해야 한다는 교훈적인 내용과 타고 난 천성이 착해 착한 대로 살아가겠다는 순박한 내용을 표현했다.

'삼긴'은 태어나다의 순수 고유어다.

선으로 패한 일을 본가 악으로 인한 일 본가
이 두 즈음해 취사 분명 아니한가
진실로 악한 일 안하면 자연위선하리라
― 엄흔

악하고 선한 것을 분명히 알고 행동하라는 교훈적인 시조로 착하고 악한 일을 보며 그 선택을 올바르게 해야 한다, 착한 일을 하게 되면 자연스레 인품도 선하게 된다는 내용을 표현했다.

진이의 무덤을 찾아 시 한 수를 읊은 임제의 시조도 소개한다.

청초 욱어진 골에 자는다 누었는다
홍안은 어디 두고 백골만 묻혔나니
잔 잡아 권할 이 없으니 그를 슬허하노라 임제

자네 집에 술 익거든 부디 날 부르소
초당에 꽃 피거든 내 자넬 청하옵세
만나서 시름없을 일 의논이나 해 보세나 정육

오백년 도읍지를 필마로 돌아드니
산천은 의구하되 인걸은 간 데 없네
어즈버 태평연월이 꿈이런가 하노라

— 길재

사설시조

시조가 문학의 어떤 갈래보다도 오랫동안 우리 민족과 함께 성장해 온 이유가 여럿이 있을 수 있다. 그 중 하나는 지극히 간결한 형태를 가지고 우리의 사상 감정을 표현하기에 적합했기 때문일 것이다.

그런 이유로 해서 명맥을 이어온 시조도 실학사상이 등장하게 되자 새로운 변화를 맞이하게 된다. 그것이 사설시조다.

사설시조는 1천여 년 명맥을 이어온 시조 자체의 특성을 살리면서 새로운 시대상의 추이에 맞춰 갈래의 총아로 등장했다.

형식면에서는 3장체의 형태적 특성을 살리고 초장과 종장 또한 큰 변화를 가져오지 않으면서 내용상 종래의 영탄이나 서경의 경지를 벗어나 노골적인 묘사나 상징적인 비유로서 주제를 다루었다.

그러면 사설시조의 단면을 살피기로 하겠다.

귀ᄯᅩ리 져 귀ᄯᅩ리 어엿부다 져 귀ᄯᅩ리
어인 귀ᄯᅩ리 지ᄂᆞᆫ 둘 새ᄂᆞᆫ 밤의 긴 소ᄅᆡ 쟈른 소ᄅᆡ 時節이 슬픈 소ᄅᆡ
제 혼자 우러 녜여 紗窓 여원 ᄌᆞᆷ을 슬ᄯᅳ리도 ᄭᅢ오ᄂᆞᆫ고야
두어라 제 비록 微物이나 無人洞房에 내 ᄯᅳᆺ 알리 너ᄲᅮᆫ인가 ᄒᆞ노라
— 『병와가곡집』

귀뚜라미를 통해 외로움을 표현했는데 슬픈 소리를 두고 절절한 연모의 정으로 형상화했으며 동병상련임도 담아냈다.

붉가버슨 兒孩 들리 거믜줄 테를 들고 기천으로 往來ᄒᆞ며
붉가숭아 붉가숭아 져리 가면 죽ᄂᆞ니 이리 오면 ᄉᆞᄂᆞ니라 부로나니 붉가숭이로다
아마도 世上 일이 다 이러ᄒᆞᆫ가 ᄒᆞ노라
— 『청구영언』

발가벗은 아이를 모해자로 비유해서 인간들이 서로 모해(謀害)하고 모해를 받는 세태를 은근히 빗대어 풍자하고 있다.

싀어머님 며느리가 낫바 벽바흘 구르지 마오

빗에 바든 며느리가 갑새 쳐온 며느린가 밤나모 서 근 등걸에 휘초리 나 ᄀᆞ치 알살픠선 쉬아바님 볏뵌 쇳뎡 ᄀᆞ치 되죵고신 쉬어머님 三年 겨론 망태에 새 송곳 부리 ᄀᆞ치 쑛족ᄒᆞ신 싀누이님 당피 가론 밧틔 돌피나니 ᄀᆞ치 싀노란 읫곳 ᄀᆞ튼 핏똥 누는 아들 ᄒᆞ나 두고

건밧틔 멋곳 ᄀᆞ튼 며ᄂᆞ리를 어듸를 낫바 ᄒᆞ시는고

— 『청구영언』

시집 와서 고생하며 시집살이하는 며느리의 딱한 사정을 진솔하게 표현했으며 그런 며느리가 어디가 나쁘냐고 힐난한다.

나모도 돌도 바히 업슨 뫼헤 매게 조친 가토리 안과

대쳔 바다 한가온듸 一千 石 시른 빅에 노도 일코 닷도 일코 뇽총도 근코 덧대도 것고 치도 빠지고 브람 부러 물결치고 안긔 뒤셧겨 ᄌᆞᄌᆞ진 날에 갈 길은 千里萬里 남고 四面이 거머 어득 져믓 天地 寂寞 가치노을 썻는듸 水賊 만난 都沙工의 안과

엇그제 님 여흰 내 안이야 엇다가 ᄀᆞ을 ᄒᆞ리오

— 『병와가곡집』

2부
수필이란

수필이란
나, 감동 먹었어
특급품
마음을 움직이는 배려
링컨의 금언
어느 신자의 죽음
흉악범일지라도
마음에 인(印)을 찍다

수필이란

충남 서산시 가야산 박암사에는 전설이 많이 전해진다. 그 중 하나가 바로 마애삼존불상과 관련된 전설이다.

그런데 전설로만 전해졌지 불상이 발견되지 않았다.

이 불상을 찾기 위해 홍사준 박사가 답사팀을 대동하고 전설을 좇아 현장을 찾아다니며 조사했으나 끝내 발견하지 못했다.

홍 박사 일행은 삼존불 수색을 포기하고 산을 내려왔다.

산을 내려오다 우연히 나무꾼과 부딪쳤다.

홍 박사는 헛일 삼아 나무꾼에게 짐짓 물었다.

"어르신, 이 부근에 불상이 있다는데 들은 적이 있으신지요?"

"첩을 거느린 산신령 말이유?"

"뭐든 좋습니다."

그러자 나무꾼이 전설을 들려줬다.

"저 인바위 뒤쪽으로 돌아가면 바위 속에서 환하게 웃는 산신령이 한 분 있으니께유. 그것도 양 옆에는 큰 마누라와 작은 마누라까지 끼고 있지 뭐유. 작은 마누라가 의자에 다리를 꼬고 앉아 손가락으로 볼을 살짝살짝 찌르면서 슬슬 웃는데, 밉살스럽게도 용용 죽겠지 하고 큰 마누라를 놀려대는 데유. 이를 본 큰 마누라가 돌을 들어서 쥐어박으려고 하는구

먼. 그런데 말이유. 산신령 양반이 가운데 서 있어서 작은 마누라에게 돌을 던지지도 못한 채 지금까지 들고만 있구만유."

이 나무꾼의 말처럼 수필은 유머가 넘쳐나야 좋은 수필일 수 있다.

수필

수필(隨筆)은 청자(靑瓷)요 연적(硯滴)이다. 수필은 (蘭)이요 학(鶴)이요 청초하고 몸맵시 날렵한 여인(女人)이다.

수필은 그 여인이 걸어가는 숲속으로 난 평탄하고 고요한 길이다. 수필은 가로수 늘어진 페이브먼트가 될 수도 있다.

그러나 그 길은 깨끗하고 사람이 적게 다니는 주택가에 있다.

수필은 청춘의 글은 아니요, 서른다섯 살 중년 고개를 넘어선 사람의 글이며 정열이나 심오한 지식을 내포한 문학이 아니요 그저 수필가가 쓴 단순한 글이다. 수필은 흥미는 주지만 읽는 사람을 흥분시키지는 아니한다. 수필은 마음의 산책이다. 그 속에는 인생의 향취(香趣)와 여운(餘韻)이 숨어 있는 것이다.

수필의 색깔은 황홀·찬란하거나 진하지 아니하며 검거나 희지 않으며 퇴락하여 추하지 않고 언제나 온화(溫雅)하고 우미(優美)하다.

수필의 빛은 비둘기 빛이거나 진주 빛이다.

수필이 비단이라면 번쩍거리지 않는 바탕에 약간의 무늬가 있는 것이다. 그 무늬는 읽는 사람 얼굴에 미소를 띠게 한다.

수필은 한가하면서도 나태하지 아니하고 속박을 벗어나고서도 산만하지 않으며 찬란하지 않고 우아하며 날카롭지 않으나 산뜻한 문학이다.

수필의 재료는 생활 경험, 자연 관찰 또는 사회 현상에 대한 새로운 발견 등 무엇이나 다 좋을 것이다. 그 제재(題材)가 무엇이든지 간에 쓰는 이의 독특한 개성과 그 때의 무드 기분에 따라 누에의 입에서 나오는 액(液)이 고치를 만들 듯이 수필은 써지는 것이다.

  수필은 플로트나 클라이맥스를 필요로 하지 않는다. 가고 싶은 대로 가는 것이 수필(隨筆)의 행로(行路)다.

  그러나 차를 마시는 것과 같이 이 문학은 그 차가 방향을 갖지 아니할 때에는 수돗물 같이 무미한 것이 되어 버리는 것이다.

  수필은 독백(獨白)이다. 소설가나 극작가는 때로 여러 가지 성격을 가져 보아야 한다. 셰익스피어는 햄릿도 되고 폴로니아스 노릇도 한다. 그러나 수필가 램은 차일즈 램이면 되는 것이다.

  수필은 그 쓰는 사람의 가장 솔직히 나타내는 문학 형식이다.

  그러므로 수필은 독자에게 친밀감을 주며 친구에게서 받은 편지와도 같은 것이다. 덕수궁 박물관에는 청자연적이 하나 있었다. 내가 본 그 연적은 연꽃 모양으로 된 것으로 똑같이 생긴 꽃잎들이 정연히 달려 있었는데 다만 그 중에 꽃잎 하나만이 약간 옆으로 꼬부라졌었다.

  이 균형 속에 있는 눈에 거슬리지 않는 파격(破格)이 수필인가 한다.

  한 조각 연꽃잎을 꼬부라지게 하기에는 마음의 여유가 필요하다. 이 마음의 여유가 없어 수필을 못 쓰는 것은 슬픈 일이다.

  때로는 억지로 마음의 여유를 가지려다가는 그런 여유를 갖는 것이 죄스러운 것 같기도 하여 나의 마지막 십분의 일까지도 숫제 초조와 번잡에다 주어 버리는 것이다.

―피천득

나, 감동 먹었어

인간이 사는 세상에서 배려보다 소중한 것은 아마 없을 것이다.

배려(配慮)에 대한 사전적 의미는 관심을 가지고 생각해 주거나 걱정해 주며 늘 마음을 써 주는 것을 말한다. 곧 도와주거나 보살펴 주려는 인간의 따뜻한 마음 씀씀이를 일컫는다.

상대방을 지극히 생각해 주면서 행동하되 겉만 아니라 마음 속속들이 생각해 주는 것이 진정한 배려라고 할 수 있다.

이런 배려의 바탕에는 어떤 심리가 잠재되어 있을까? 그것에는 관심의 노련한 발로가 잠재되어 있지 않을까 싶다.

이런 관심(關心)은 배려의 또 다른 아류(亞流)라 할 수 있다. 그렇게 생각하면 세상에 배려 아닌 것이 없을 정도다.

항우처럼 '역발산 기개세(力拔山 氣蓋世)'의 힘만이 산을 옮길 수 있는 것은 아니다. 진정한 배려야말로 사람의 마음을 움직일 뿐 아니라 태산을 옮기고도 남음이 있지 않을까.

이런 배려에 대한 사례를 하나 들겠다.

진정한 배려는 금은보화보다 몇 배나 더 값지지 않을 수 없으며 사람의 마음을 움직이고도 남음이 있지 않을까 싶다.

우리 사회는 고부간의 갈등이 매우 심각한 시대로 접어들었다고 한다.

어떤 며느리는 시댁 식구라면 꼴도 보기 싫어하며 무슨 원수가 졌는지 아예 시가와는 발길을 뚝 끊고 살아가고 있다.

서로 서로 조금만 이해해 주고 배려해 주기만 하면 보다 쉽게 풀릴 수도 있을 텐데, 왜 그리 골이 깊은 지 이해할 수 없다.

남의 며느리가 된 입장에서도 그렇다.

남편과 몸을 섞어 태어난 아이들과 살아가는데 시가와 완전히 등지고 산다는 것은 사람이 얼마나 독하고 모질면 그렇게 할 수 있을까.

그래 봐야 인생에 도움이 되지 않을 텐데.

시집과 발을 끊고 일체 생신이나 대소 명절이며 기일에도 가지 않는다면 그 자체만으로도 이혼 사유가 된다. 이혼 사유가 될 뿐 아니라 이혼을 당할 때는 위자료도 한 푼 받지 못하고 알몸으로 쫓겨날 수도 있는데, 왜 그렇게 고집을 피우면서 끝까지 버티는지.

그렇게 고집 피우는 이유라도 있을까?

핑계 없는 무덤은 없다고 물론 나름대로 이유야 있을 수 있다.

그러나 일단 한 발 뒤로 물러서서 반성하면서 내 탓으로 돌리면 해결의 실마리가 없는 것도 아닐 텐데.

어리석은 인간만이 그런 평범한 진리를 깨닫지 못하고 있으니 참으로 한심하고 답답한 노릇이 아닐 수 없다.

일단 고개를 숙이고 굽어드는 것은 어떨까.

한 발 물러서서 헛말이라도 배려 비슷한 말이라도 한 마디 할 수는 없을까. 그렇게 할 수만 있다면 해결되고도 남을 텐데.

아래에 수록한 내용은 필자가 소운 선생의 수필을 읽고 감동을 받은 여러 편의 수필 중에서도 고르고 골라 소개한다.

소운 선생의 수필집인 『천 냥으로 못 사는 보배』에서 「아름다운 女人들」편, '어느 시어머니'를 참조했다.

비록 참조하긴 했지만 선생의 좋은 수필에 누가 되지 않을까. 해서 매우 걱정이 앞서는 것을 감수하면서 싣는다.

내(소운 선생)게 시를 쓰는 어릴 적 친구가 한 사람 있다.
그 친구를 길에서 참으로 우연히 만났다. 너무나 반가운 나머지 그를 찻집으로 데리고 들어가 저간의 소식을 들었다.
그는 대화 끝에 친구의 딸과 시어머니에 관한 이야기를 들려주었다. 내게는 그의 이야기가 한 여름 밤의 청량제가 아닐 수 없었다.

발자국을 떼어놓을 어린 시절부터 알고 지낸 분이 계셨다고 한다.
그 분의 따님이 40이 넘은 중년 부인의 모습으로 20여년 만에 나(친구)와 조우(遭遇)한 것이 바로 달포 전쯤이었다.
이런 저런 이야기 끝에 지금은 고인이 되신 아버지의 숨겨진 이야기하며 연구에만 몰두하는 남편은 물론이고 초등학교에 다니는 어린 두 남매에 관계되는 것이며 그런 시시콜콜한 이야기를 했다.
이야기 끝에 그네의 시어머니가 화재로 등장했다.
"저희 시어머님 같이 인자한 분이 세상에 어디 또 있겠어요. 제가 복이 많아서 시집을 잘 간 탓도 있기야 했겠지만…"
"어떤 분이시기에 그렇게 칭찬을 아끼지 않지?"
나는 뒤가 궁금해 다그쳐 물었다.
"우리 시어머님 같이 좋은 분은 아마도 세상에 단 한 분도 계시지 않을 것입니다. 저는 항상 그렇게 생각하고 있답니다."
흔히 시부모하면 진작부터 호감보다는 흉을 보거나 흠을 늘어놓으며 동네방네 떠들어대는 며느리는 많아도 최상의 찬사를 아끼지 않으면서 시어머니를 칭송하는 며느리는 세상에 매우 드물 것이다.

듣고 있는 나까지도 흐뭇한 미소가 지어졌으니까.

나는 친구의 딸에게 구체적인 설명을 거듭거듭 부탁했다.

"그런데 어떻게 드문 시어머니시기에 칭찬 일변도야?"

친구의 딸은 망설임 없이 들려주었다.

"시댁으로 갔다가 서울로 돌아오려는 아침이었답니다. 초저녁에 섬돌 위에 벗어놓은 신발이 보이지 않아 한참이나 이리저리 찾았답니다. 그런데 신발이 아랫목 이불 밑에서 발견되지 않았겠어요. 나중에 알고 보니 시어머님께서 신을 신을 때 며느리의 발이 시릴까 해서 고무신을 뽀동뽀동 씻어 이불 밑에 묻어두지 않았겠어요.

…며느리가 넷이나 되는데도 시어머님은 어느 며느리에게나 똑같이 대해 주셨답니다. 언제나 변함없이 어질고 인자하며 고운 시어머니의 마음씨에 저로서는 오히려 두려울 때가 더러 있었습니다."

생각이 다른 사람이 보고 들어도 시어머니의 이런 사소한 행위야말로 너무너무 아름다운 배려가 아닐 수 없으리라.

며느리의 입장을 이해하고 생각해 주며 배려하는 시어머니의 마음이 얼마나 아름다운가.

이런 것이 참다운 배려가 아닐까 싶다.

필자도 초등학교 다닐 때, 엄마가 추운 날이면 부엌 아궁이에 신발을 가져다놓았다가 따스해진 신을 신고 가라고 내주던 기억이 지금도 생생한 탓인지 감동이 물컹 하고 가슴에 와 닿는다.

대체 그런 시어머니라면 어떤 여인일까?

세상에 한 며느리로서 아니지, 한 시어머니로서의 이야기로만 결코 돌려버릴 수 없는 보석보다 값진 아름다움이 듬뿍 담겨 있지 않은가.

지금 세상은 며느리로서 미움과 갈등이 얽히고설킨 시집과의 불화, 고부간의 알력, 시누이와의 마찰에 관한 크고 작은 사례는 흔하게 우리 주변에서 너무 많이 보아 오지 아니하였던가.

　그런 탓인지 모르겠으나 이 시어머니가 살아가는 깍듯한 법도와 향기로운 마음씨야말로 새삼 감동을 주고 듣는 이에게 옷깃을 여미게 하며 속좁은 가슴을 뭉클하게 하고도 남음이 있겠다.

　성격이나 기질은 물론이고 살아온 환경도 각각 다른 남남끼리 인연이 닿아 시어머니와 며느리로 맺어진 것인데도.

　이처럼 인간관계가 하나에서 열까지 부합되고 일치된다는 것은 요즘 세상에 좀체 바라기 어려운 기적에 가까운 일이다.

　지금 세상에 그런 기막힌 기적을 몸소 구현한 이가 있다고 한다면, 그 분이야말로 인생의 진정한 승리자가 아닐까.

　그 분은 많이 배워서 대단한 학식을 지닌 분도 아닐 것이다. 눈에 띄게 용모가 빼어나거나 아름다운 분도 아닐 것이다.

　다만 타고 난 천성(天性)이 인자한 분일 것만은 분명하다.

　"우리 시어머님 같은 분은 제가 다시 세상에 태어난다고 해도 그런 인자하신 분은 더는 볼 수 없을 것 같습니다."

　세상에 며느리 입에서 이런 극찬이 자연스럽게 나오다니.

　이와 같은 말이 나오게 한 시어머니라면 어떤 불협화음도, 이런 시어머니의 콘택트 앞에서는 아름답고 고요한 다뉴브 강의 선율마저 바꿔놓지 않고는 견디지 못할 것이라는 생각이 들었다.

　시어머니로서 며느리의 신발 하나라도 깨끗이 씻어 아랫목에 넣어뒀다가 신을 때 발이 시리지 않도록 배려해 주겠다는 작은 마음씨, 돈이 많이 드는 것도 아니고 그렇다고 죽자 사자 하고 일을 해서 얻은 것도 아닌, 이런 사소한 배려야말로 그 분의 참다움이, 너그러움이, 무한의 사랑이, 인자함이, 그리고 정성이 흠씬 배어 있지 아니한가.

　그 분은 상대방으로부터 섬김을 받기 전에 스스로의 몸을 낮춰 먼저 상대방을 섬기려고 하는, 진실로 겸허하며 인상 좋은 인간상이 거울 속에 그대로 비치면서 환하게 미소를 짓고 있는 듯 선명하다.

이는 아름다운 관심이 낳은 배려가 아닐까 싶다.

하물며 이 시어머니는 넷이나 있는 며느리 중에 누구에게도 똑같이 대하면서 사랑을 나누어 준다니, 이것은 결코 우연에서 생겨난 것은 아니리라. 그렇다고 해서 하찮은 일화는 더구나 아닐 것이다.

선비의 전통이 뿌리 깊은 유교 집안에서만 경험할 수 있는 진한 감동의 이야기도 아닐 것이다.

다만 이런 예는 우리 주변에서 극히 드문 일이면서 일상생활의 아주 사소한 것에 지나지 않지만 너무너무 아름다운 배려이기 때문에 이보다 '나 감동 먹었어.' 하게 하는 것은 이 세상에 없을 것이다.

특급품

　미켈란젤로의 「천정화」는 전체를 9개의 틀로 나눈 뒤, 이를 또 34개의 면으로 분류했다. 중앙에는 천지창조, 중앙 주변에는 12인의 무녀와 예언자를 그렸으며 삼각형과 반원형의 벽면에는 그리스도의 초상, 천정의 네 모퉁이에는 이스라엘의 역사를 그렸다.
　「천정화」의 내용으로는 천지창조, 인간의 타락, 노아의 홍수 등 인간의 탄생과 죽음에 따른 340인의 인물상으로 구현했다.
　이 그림으로 미켈란젤로는 37세인데도 당대 최고의 예술가란 칭송을 받고 세계적인 거장으로 우뚝 서게 되는 계기가 된다.
　「천정화」의 숨은 일화는 수필의 제재가 되기에 부족함이 없다.

　사람이 사회생활을 하다 보면 누구를 막론하고 본의 아니게도 잘못을 저지르거나 과실을 범할 수 있다. 그렇기 때문에 타인의 과실에 대해 지나치게 왈가왈부하거나 개입할 것이 못된다.
　이유는 자기도 잘못을 저지르거나 과실을 범할 수도 있기 때문이다.
　그렇다고 남의 과실에 대해 지나치게 관용할 것까지야 없다.
　과실에 대해 김소운 선생의 수필집, 『붓 한 루』(범우사, 1976)에 수록되어 있는 「특급품(特級品)」의 내용을 참조해 아래에 싣는다.

특급품의 바둑판이라면 어떤 나무를 사용해서 만드는 걸까.

내(소운 선생)가 알기로는 일본어로 가야라는 나무, 자전에서는 비(榧)라고 했으니 우리말로는 비자나무가 아닐까 싶다.

이 가야라는 나무로 두께 여섯 치, 연륜(나이테)이 고르기만 하면 바둑판으로는 제격이 아닐 수 없다.

오동나무 가지로 사방을 짠 안에다 판을 만들어 바둑돌을 놓을 때마다 떵떵 하고 소리를 내는 우리의 바둑판이 아니라 일본식 가야의 바둑판을 두고 하는 이야기다.

가야로 만든 바둑판은 연하고 탄력이 있어 2,3국을 두고 나면 바둑돌을 놓은 반면이 곰보처럼 군데군데 들어간다.

그랬다가도 얼마 동안만 그대로 두면 곰보처럼 들어갔던 반면이 본래의 제자리로 돌아오는 유연성을 발휘한다.

이것이 가야반-비반(榧盤)-의 특징이라고 할 수 있다.

가야를 바둑판 재료로 중히 여기는 이유가 바로 여기에 있는 것이다. 오로지 유연성을 취함에 있다 할까.

반면에 돌이 닿을 때마다 연한 감촉은 그야말로 진국이다.

가야반이면 바둑을 오래 두더라도 그 어떤 바둑판보다도 어깨가 마치지 않는다고 한다. 아무리 흑단이나 자단이 귀한 나무라고 해도 이런 나무로 바둑판을 만들지 않는다.

바둑판에 대해 이야기를 하니까 내가 숫제 바둑이나 둘 줄 아는 사람 같다. 실토하거니와 내 바둑 솜씨는 7,8급 정도, 바둑이라기보다는 꼰 놀이에 지나지 않는다.

내 바둑 실력이 비록 7,8급 정도라고 하더라도 바둑판이며 바둑돌에 대한 식견만은 그렇게 호락호락하지 않다.

흰 돌을 손으로 만져 보아 그 산지와 등급을 맞출 수 있을 정도라면 그

수준을 알 만한 사람은 다 알고 있지 않을까 싶다.

멕시코의 1급품이라고 하더라도 휴우가의 2급 품보다 값이 눅다는 것까지 알고 있으니까 하는 말이다.

이런 재주나 기능을 습득하게 된 것을 두고 책을 읽어서나 뭇 사람들로부터 들은 지식 정도로 여긴다면 매우 섭섭하다.

가야반 1급품이 한 급 올라가면 특급품(特級品)이라는 것이 있다.

용재며 치수며 연륜이며 어느 점으로 따져 보이도 1급품과 다른 것이 하나도 없는데 특급품으로 대접받는 것이 희한하다고 하겠다.

보일 듯 말 듯한 흉터, 비록 머리카락만한 가는 흉터가 있는 것에 지나지 않는다고 하더라도 이를 특급품으로 치부하니 하는 말이다.

보다 알기 쉽게 값으로 따지자면, 태평양전쟁 전의 시세로 따져 1급품이 8, 9백 원에서 천원(이때 바둑돌은 계산에서 제외시켰다) 정도 나간다고 하면, 특급품은 천2, 3백 원 이상이나 나간다.

상처가 있어 값이 내려가는 것이 아니라 되레 상처 때문에 값이 올라간다니 흥미로운 일이 아닐 수 없다.

사고라 하는 것은 언제 어디서나 환영할 것이 못된다.

이 가야반의 예만 들더라도 그렇다.

반면(盤面)이 갈라진다는 것은 전혀 예측불허의 사고, 곧 사람으로 치면 과실이라고 할 수 있다. 갈라진 성질 여하에 따라서는 특급품의 바둑판이 되기도 하고 목침으로 전락해 버릴 수도 있으니까.

그러나 그렇게 큰 균열이 아니고 회생할 여지가 보일 정도라면 갈라진 균열 사이에 먼지나 이물질이 들어가지 못하게끔 단속하기 위해 헝겊으로 싸고 뚜껑으로 덮어 잘 보관해 둔다.

1년이나 이태, 때로는 3년까지, 아니 그 이상도 그냥 내버려둔다. 내버려둔 채 계절이 바뀌고 더위와 추위가 여러 번 바뀐다.

그 사이 상처 났던 바둑판은 제 스스로의 힘으로 제 상처를 추슬러 본래 모습으로 유착해 버리고 나면, 균열된 자리에는 머리카락 같은 아주 가는 흔적만이 남게 된다. 가야반의 생명은 바로 머리카락 같은 아주 가는 흔적, 이 유연성(柔軟性)이란 특질에 있다.

한번 균열이 생겼다가 스스로의 힘으로 유착되어 원래 모습대로 결합되었다는 것은 유연성이란 특질을 실제로 증명해 보인 셈이다.

말하자면 졸업증서라고 해야 할까.

자칫 잘못했다가는 목침으로 전락할 수도 있었고 그보다 못한 부엌 아궁이의 땔감이 되어 순간의 재로 변할 수도 있었는데도.

마침내 이 가야반은 불구라는, 아니 병신이라는 치명적인 시련을 이겨낸 탓으로 한 급이 올라 특급품으로 대접을 후하게 받게 되었으니…

나는 이 특급품을 인생의 과실(過失)과 결부시켜 생각해 본다.

사람은 언제 어디서나 과실을 저지를 수 있다는 잠재성, 그런 잠재성을 꽁무니에 달고 다니는 것이 인간사 아니겠는가.

과실에 대해 관대해야 할 아무런 까닭은 없다. 과실에 대해 예찬하거나 장려할 것도 아니다. 그렇다고 어느 누가 '나는 절대로 과실을 범하지 않는다.'고 큰소리치며 장담할 수 있을까.

공인된 어느 인격, 어떤 학식, 지위 여하를 막론하고 그 어디에 있어서도 이를 보장할 어떤 근거도 찾을 수 없다.

인간의 일생을 두고 생각해 보면, 인생살이는 과실의 연속이라고 볼 수 있을 것이다. 이 세상에는 접시 하나, 화분 하나를 깨뜨리는 작은 실수로부터 일생을 진흙탕에 파묻혀 버리는 돌이킬 수 없는 큰 과실에 이르기까지 이루 헤일 수 없이 과실은 존재한다.

이처럼 과실에도 천차만별(千差萬別)의 구별이 있을 수 있다.

직책상 어쩔 수 없이 저지르는 과실도 있다.

명리와 관련된 과실은 보상할 방법이나 기회가 있을 수 있겠으나 세상에는 그렇지 못한 과실이 너무나도 많다.

교통사고로 인해 육체를 절단하거나, 잘못으로 사람을 죽이거나 할 수도 있는 경우는 어떤 보상으로도 해결이 불가능하다.

내 이야기는 그런 과실을 두고 하는 말이 아니다.

그런데 애정 윤리의 일탈(逸脫)은 물론이고 애정의 불규칙 동사하며 애정이 저지른 과실로 말미암아 뉘우침과 쓰라림의 십자가를 일생 동안 짊어지고 살아가는 이가 우리 주변에는 한둘이 아니다.

어느 생활, 어느 환경 속에서도 카추샤가 있기 마련이고 나다니엘 호손의 소설 『주홍글씨』의 주인공이 있을 수 있다.

다만 다른 것은 그들 하나하나의 인품과 교양, 기질에 따라 십자가의 경중에 차이가 있음은 상기해 볼 일이 아니겠는가.

구체적으로 들추지 않으려 하는데도 예를 하나 더 들겠다.

오래 전 일이다. 통영에서 있었던 실화다.

남편은 밤이 늦도록 사랑에서 친구들과 바둑을 두며 노는 버릇이 있었다. 사랑에는 늘 남편의 친구들이 어울려 놀았다.

밤이 깊어지자 그들 중 한 친구가 슬쩍 자리를 피해 친구 부인이 잠들어 있는 내실로 들어간 사실을 아무도 아는 사람이 없었다.

부인은 모기장을 들고 들어온 사내가 남편인 줄로만 알았다. 그랬던 것이 남편이 아닌 줄 안 순간부터 부인은 식음을 전폐하고 남편의 근접을 허락하지 않으면서 10여 일을 버티다가 굶어 죽었다.

입을 다문 채 말 한 마디 없이 부인이 죽었다는데도 어느 경로로 해서 이런 사실이 세상에 알려진 것인지는 나도 잘 모른다.

경로에 대해 구체적으로 알지 못하지만 이렇게 준엄하게, 이렇게 극단의 방법을 택해서 하나의 과실을 목숨과 맞바꾸어 즉결처분해야 했던 과

단성, 추상과도 같은 절의에 대해 무조건 나는 경의를 표한다.

여기에는 따로 이론이나 주석이 필요치 않다.

어느 범부가 이 용기를 따르랴. 더욱이 요즘 세태에 있어 이런 이야기는 옷깃을 가다듬게 하는 청량수요 방부제는 될 수 없을 것이다. 비록 백번 그렇다 하더라도 하나의 여백만은 남겨두고 싶다.

세상에는 과실을 범하고도 일없다는 듯이 살아가는 사람들이 수 없이 많다. 그것을 탓하고 나무랄 사람은 과연 누가 있겠는가?

여기도 나누어야 할 두 가지 구별이 있다.

하나는 제 과실을 제 스스로 미봉하고 변호해 가면서 후안무치(厚顔無恥)의 삶을 누리는 부류가 있을 수 있다.

다른 하나는 과실의 생채기에 피를 흘리면서 뉘우침의 험하디 험한 가시밭길을 걸어가는 부류들이 있을 수 있겠다.

전자를 두고는 문제 삼을 것은 없다.

나는 어디까지나 후자만을 두고 이야기를 하려고 한다.

죽음이란 절대적이라고 할 수 있다.

이 죽음 앞에서 해결 못할 죄과는 없겠으나 또 하나의 여백(餘白), 곧 1급품 위에 특급품이란 예외를 나는 인정해 주고 싶다.

영국이라는 나라에서는 채털리즘 같은 이야기는 화제꺼리가 되지 않은 지 이미 오래 전의 일이 되어 버렸다.

그에 비해 우리네는 로렌스나 스탕달과는 인연이 멀어도 한참이나 먼 데다 오백년, 이백년 전의 윤리관을 벗어나지 못한 채 새 것과 낡은 것 사이를 뚜렷한 목표도 없이 방황하고 있는 현실이다.

내가 하는 말은 어느 한 쪽의 편을 들고자 하는 가부론(可否論)이 아니다. 우리는 공백시대인 데도 애정이나 윤리에 대한 관객적인 비판만은 언제나 추상같이 날카롭고 가혹했으니 말이다.

전쟁이 빚어낸 비극 중에서도 호소할 길이 없는 비극은 바로 죽음으로써 혹은 납치로 말미암아 사랑하고 의지했던 남편, 아들, 형제를 잃은 슬픔은 그 무엇으로도 대변할 수 없을 것이다.

전쟁은 왜 하는지? 내 국토와 내 자유를 지키기 위해서. 내 국토는 왜 지키는 거냐? 왜 자유는 있어야 하느냐?

그것은 아내와 아버지가 서로 의지하고 자식과 부모가 서로 사랑을 나누면서 떳떳하고 보람 있게 살기 위해서라고.

그 보람, 그 사랑의 밑뿌리를 잃은 전화(戰禍)의 희생자들, 극단적으로 말할 것 같으면, 전쟁에 이겼다고 해서 그 희생이 바로 당사자들에게 보상되는 것은 결코 아닐 것이다.

그들의 죽은 남편이, 죽은 아버지가, 죽은 형제가 다시 살아서 돌아오는 것은 아니니까 하는 말이다.

전쟁 미망인이나 포로 미망인, 납치 미망인들의 윤락을 운위하는 이들의 표준으로 하는 도의의 내용은 언제나 청교도적이다.

그러나 그러한 채찍과 냉소, 이를 예비하기 전에 그들의 굶주림, 그들의 쓰라림과 눈물, 그들의 뼈를 삭이는 아픔을 미리 헤아려 계량해 줄 저울대라도 마련했으면 좋겠다는 기대감에서 하는 말이다.

신산(辛酸)과 고난을 무릅쓰고 올바른 길을 걸어가는 이들의 절조와 용기는 백번 고개 숙여 절할 만하다.

그렇다고 하더라도 그 공식, 그 동의가 유일무이(唯一無二)의 표준이 될 수는 없겠기에 하는 말이다.

언젠가 거리에서 잘 아는 친구의 부인을 만난 적이 있다.

부인은 남의 눈에 띌 정도로 배가 불렀다.

차 한 잔을 나누면서 이야기 끝에 부인이 "선생님도 절 경멸하겠지요. 못된 년이라고…"하고 고개를 들지 못하는 그녀 앞에서다.

내가 들려준 것이 이 바둑판의 예화(例話)다.

과실은 뭐 그리 요란스럽게 예찬할 것이 아니다. 장려할 것도 못된다. 그렇다고 인생의 올 마이너스일 까닭은 조금도 없다.

과실로 인해서 더 커 가고 보다 깊어지는 인생이 있다.

과실로 인해 정화되고 굳세어진 사랑이 있을 수도 있고 세상에는 은근과 끈기의 삶도 있으니 하는 말이다.

이런 삶은 선택의 지(智)이기 때문에 누구나 살 수 있는 일은 아니다.

그렇다고 해서 어느 과실에나 다 적용되는 것도 아니라고 생각된다.

제 과실을, 제 상처를 제 힘으로 다스릴 수 있는 가야반의 탄력, 그런 탄력만이 과실을 수용할 수 있지 않을까 싶어 하는 말이다.

이런 때일수록 특급품의 과실만은 인정해 줘야 할 것 같다.

그것은 배려에서 우러나온 진정성이 아니라면 인정하기가 매우 어려운 것이 우리의 현실이기는 하지만.

'인생이 바둑판만도 못해서야 어디 쓰겠어.'

마음을 움직이는 배려

2000년 6월에 개봉된 영화 「글래디에이터」는 미, 영 공동제작으로 감독은 리들리 스코트며 주연은 레셀 크로우다.

크로우는 촬영을 위해 20키로나 감량하고 근육을 단련시켜 일약 섹스 스타로 부상했다고 한다. 「글래디에이터」는 사랑과 배신, 그리고 복수, 가족 사랑의 절묘한 터치로 이어지는 이 영화는 「트로이」와 함께 스펙타클한 대작으로 성공을 거뒀다.

「글래디에이터」처럼 비록 무형식의 형식인 수필이라고 할지라도 독자에게 절정의 감동을 이끌어내야 좋은 수필이 아닌가 싶다.

셰익스피어는 다음과 같이 말한 적이 있다고 전해지고 있다.
"참으로 오만한 인간들이여, 짧은 인생을 살면서 있는 척, 가진 척, 잘난 척, 거들먹거리는 꼴이라니, 하늘의 천사도 참을 수 없겠다."
사람의 마음을 이렇게도 적절하게 표현할 수 또 있을까.
과연 감탄을 자아낼 만한 명구다.

다음은 『인간관계론』(데일 카네기 저, 강성복 외 역, 리베르, 2007)의 한 파트를 참고해서 소개한다.

데일 카네기 강좌에 등록하고 수강한 어떤 사업가가 강좌에서 들은 원칙을 적용한 사례를 아래와 같이 들려주었다.

먼저 코네티컷 주에서 변호사 사무실을 열고 다방면으로 활동하고 있는 사람의 이야기부터 들어보기로 한다.

친척들의 입장을 고려해서 이름은 밝히지 말라고 하니 여기서는 가명으로 하겠다. 따라서 이름을 로리로 부르기로 한다.

카네기 강좌에서 수강한 지 얼마 지나지 않아 로리는 부인과 함께 처가 식구들을 만나기 위해 롱아일랜드로 갔다.

부인은 로리를 나이 드신 숙모와 이야기하게 하고는 사촌들을 만나러 어디론가 가 버려 그는 혼자 남게 되었다.

로리는 그때 문득 떠오른 생각이, 다음 강좌에서 배려에 대해 어떤 식으로 실천했는지에 대해 자료를 수집해서 발표해야 했기 때문에 우선 숙모에게 이 방법을 적용해 보기로 마음먹었다.

그런 생각으로 로리는 자기가 진심으로 배려해준다면, 숙모가 감탄할 만한 것이 집안 어디에 있지 않을까 해서 주변을 주의 깊게 살펴보았다. 그러자 가구며 장식장 안에 잘 정돈된 소장품들이 눈에 들어왔다.

로리는 매우 조심스럽게 물어 보았다.

"이 집은 1890년대쯤 지어진 것 같군요. 그렇지 않나요?"

"그걸 어떻게 알았지? 그래. 정확히 그 해에 지었어."

"지금 집안을 둘러보다 보니 제가 태어났던 집이 생각났습니다. 집이 고급스러운 데다 스마트하고 방도 많으시네요. 요즘 지어진 집들 중에서 이렇게 정성 드려 지어진 집은 아마 없을 겁니다."

"그러게 말이네. 요즘 녀석들은 좋은 집을 가질 생각조차 하지 않아요. 그저 비좁더라도 아파트에 살면서 냉장고만 원하지. 그러고는 차만 타고 싸돌아다니기만 일삼으니, 세상에."

그네는 참 좋았던 시절에 대한 회상을 하느라고 목소리까지 떨어대면서 다음과 같은 이야기를 들려주었다.

"이 집은 정말 꿈의 집이야. 우리는 이 집을 사랑으로 지었다네. 남편하고 내가 이 집을 지으려고 몇 년을 두고 꿈꿔 왔는지 몰라. 우리 두 사람의 손으로 직접 설계를 해서 지었으니까."

그렇게 말하고 나서 그네는 로리를 데리고 집안 곳곳을 안내하면서 보여주고 싶은 것을 하나하나 보여주면서 설명에 열을 올렸다.

그네가 남편과 외국여행을 다니며 하나 둘씩 사서 간직한 예쁜 보물들이 장식장마다 정돈되어 있었다.

스코틀랜드의 페이즐리 숄이며 영국 전통 찻잔 세트, 웨지우드사에서 만든 도자기하며 프랑스 침대와 의자, 이탈리아에서 수집한 그림은 물론, 한때 프랑스의 성을 장식했던 실크 커튼 등등, 정성을 다해 모은 장식품들이 한껏 폼을 잡고 있었다.

"이런 귀중한 것을 수집해서 간직하시다니요. 숙모님께서는 정말 대단한 안목을 가지셨습니다. 저로서는 오직 찬사가 있을 뿐입니다."

로리는 마음에서 우러나는 찬사를 아끼지 않았다.

"그뿐이 아니었습니다. 숙모님께서는 집안 구석구석을 보여주시더니 끝으로 저를 데리고 차고로 가셨습니다. 거기에는 새 것이나 다름없는 패커드(Packard - 미국의 패커드 형제가 개발해 20세기 초 고급차로 명성을 떨친 차) 차 한 대가 가지런히 주차되어 있지 않겠습니까."

그네는 차에 대한 사연도 들려주었다.

"어디 들어보게. 저 차를 사고 얼마 되지 않아 남편이 죽고 말았다네. 그 후론 한번도 저 차를 타지 않았네. 자네야말로 좋은 물건을 알아보는 것 같으니, 지금 저 차를 자네에게 주겠네."

"숙모님의 말씀이 저를 몹시 당황하게 하시는군요. 숙모님의 마음은 고맙습니다만 저 좋은 차를 저로서는 받을 수 없습니다. 저는 숙모님 핏줄도 아니고 제 차도 아직은 새 차입니다. 게다가 숙모님께서는 저 패커드 차를 줄 만한 가까운 친척들도 많이 있으실 테고요. 그러니…"

말이 끝나기도 전에 그네는 갑자기 언성을 높였다.

"친척들이라고! 지금 친척들이라고 했는가? 그래, 친척들은 많지. 저 차를 서로 차지하려고 내가 눈 감기만 기다리는 친척들 말이야. 그러나 그렇게는 내 못하지. 나는 절대로 그들에게 저 차를 줄 수 없어."

"그 사람들에게 주기 싫으면 파시는 것은 어떠실는지요?"

"자네가 저 차를 팔라고 했는가? 그런다고 해서 내가 저 차를 팔 것 같은가. 그래, 낯선 사람들이 저 차를 타고 내 집 앞을 지나다니는 꼴을 보고 있을 것 같아. 남편이 사준 저 차를 말이네. 팔 생각은 조금도 없네. 자네에게 주겠네. 자네는 멋진 차가 어떤 것인지를 아니까."

"숙모님, 저라고 그들과 다를 리 있겠습니까."

"자네는 달라. 결코 그렇지가 않네. 내 장담을 하지."

로리는 차를 받지 않으려고 갖은 애를 써 보았다.

그러나 끝내 거절했다가는 숙모님의 기분만 상하게 할 것 같아서 몇 번 더 사양하다가 받지 않을 수 없었다.

이 나이 든 부인은 페이즐라 숄과 프랑스 골동품 등등, 그리고 추억을 끌어안고 외로이 그 큰 집을 지키며 살면서 누군가 자신의 존재를 진정으로 알아주기를 목마르게 기다리고 있었던 것이다.

그네에게도 남자들이 줄을 섰던 젊고 아름다운 시절이 있었다.

이 세상에서 더할 수 없이 좋은 사람을 만나 사랑도 했었다. 그런 사랑의 결실로 결혼을 해서 사랑이 넘치는 스위트 홈까지 함께 지었다.

그리고 유럽을 누비고 다니면서 눈에 드는 예쁜 물건을 하나 둘 사다가 집안을 로맨틱하게 장식하며 행복한 삶을 누렸었다.

그런데 나이가 들어선지 이제는 찾아오는 사람이 없다. 그녀는 외로운 나머지 다음과 같은 것을 갈망했던 것이다.

외로운 내게 누군가가 인간적인 따뜻한 배려만이라도 나눠주기를.

그녀는 누군가가 자신을 진심으로 인정해 주거나 따듯하게 대해 주기를 간절히 바라고 있었는데도 그런 사람은 없었다.

그러다가 사막 한 가운데서 오아시스를 만난 것처럼, 그녀가 그렇게 원하던 사람과 같은 로리를 만났기 때문에 그런 고마움을 표시하기 위해 패커드 차를 그에게 선물해도 조금도 아깝지 않았던 것이다.

로리는 패커드 차를 선물로 받아든 순간, 외로운 사람에게 있어 따뜻한 말 한 마디나 사소한 배려가 얼마나 위력적인가를 비로소 깨달았으며 남은 생의 보탬도 될 것임을 확신할 수 있었다.

또한 자연스럽게 대화를 나누면서 배려라도 해 준다면 상대방의 마음을 보다 이해할 수 있으며, 아픈 곳도 적당히 어루만져 주기만 하면 스스로의 마음을 열고 다가오게 할 수도 있다는 것을 깨달았다.

대인관계에 있어 인기의 비결은 매우 단순하다. 그것도 먼 데 있는 것이 아니라 바로 내 곁에 가까이, 아주 가까이 있다.

상대방을 만나 대화를 할 때는 내 이야기보다 상대방의 이야기에 관심을 가지고 배려해 주면서 귀를 기울이다가 가끔

"응 응. 그래 맞아."

"맞아. 나도 그런 적이 있어."

"그래. 아마 그럴 게야."

"전적으로 동감이야."

하고 맞장구를 쳐주는 것만으로도 인기를 끌 수 있음에랴.

분명히 장담할 수 있는 것은 로리와 같은 관심을 가지고 배려해 준다면

황금보다도 더 소중한 것이 아닐 수 없다.

그리고 상대방의 마음을 진정으로 움직일 수 있게 할 수 있는 것은 이런 방법 이외는 이 세상에 없다는 것도.

링컨의 금언

　세인트 폴 성당에는 해가 지지 않는 제국을 건설한 엘리자베스여왕이라고 할지라도 그런 대접을 받은 적이 없는, 왕도 아닌 평범한 일개 시민인 월터루 전쟁의 영웅인 웰링턴 장군의 기념물을 전시하고 있다.
　게다가 기념비는 물론 무덤도 있으며 중앙에는 넬슨 제독의 전투 장면을 그린 그림까지도 전시하고 있다.
　트라팔가르 광장의 중앙에는 높이 50미터의 넬슨 기념탑이 세워져 있으며 넬슨 기념관의 갤러리에서 기념탑을 향해 바라보면 국회의사당의 빅벤(Big Ben)이 정면으로 보인다.
　이런 배치야말로 의회 민주주의를 수호하겠다는 의지로 해석되며 기념탑에는 "모든 잉글랜드 사람이 자신의 할 일과 의무를 다할 것으로 기대한다."는 문구가 새겨져 있다.
　이는 영국이 대영제국이 된 이유의 하나로 나라를 위해 목숨을 바친 사람들을 어떻게 대접했는가를 극명하게 보여준 예가 아닌가 싶다.
　사회생활을 하는 데 있어 백해무익이라는 것이 있을까?
　물론 있다고 전제를 하면서도 이런 자문(自問)에 대해 필자는 사뭇 의문의 꼬리표가 되어 오랜 동안 괴롭혀 왔다.
　그러다가 옛날 군대생활을 하면서 읽은 책에서 그 답을 찾아낼 수 있었다. 백해무익이라는 것은 배려의 상대어인 비난에 있다는 것을.

그래서 필자는 데일 카네기 저, 노랑환 옮김의 『우정의 길은 열리다』 (삼중당, 1966)에서 내용 일부를 참조해 소개한다.

1865년 4월 15일 토요일 이른 아침, 미합중국 16대 대통령 에이브러햄 링컨은 포드 극장 앞에서 이름도 없는 존 윌크스 부스로부터 저격을 당한 뒤, 건너편에 있는 형편없는 하숙집 문간방으로 옮겨졌다.

침대는 가운데가 푹 꺼지고 낡은 것인 데다 링컨의 큰 키에 비해 너무나 작아 대각선으로 뉘어야 했다.

침대 머리맡에는 싸구려로 보이는 복사판 로자 보뇌르의 유명한 그림 '마시장'이 걸려 있었으며 노란빛을 뿌리는 가스등이 희미한 빛을 내면서 불규칙적으로 흔들리고 있었다.

국방장관으로 재직하고 있던 스탠턴은 링컨의 임종을 지켜보다가 "인류 역사상 인간의 마음을 가장 잘 움직인 사람이 여기 누워 있다." 고 한 회한의 말은 링컨의 일생을 대변하고도 남는다.

미합중국 16대 대통령이었던 에이브러햄 링컨은 켄터키 주 하딘에서 가난한 목수 겸 농부의 아들로 태어나 인디애나, 일리노이, 스프링필드 등으로 이주하며 성장했다. 여덟 살 때 어머니와 사별한 뒤, 학교 교육은 1년이나 받았을까, 계모의 지도와 독서를 통해 성서와 셰익스피어 작품 등을 읽었다. 그는 농사를 짓다가 선업, 제분업, 잡화상, 시골의 우편국장으로 전전하면서 법률을 공부했다.

에이브러햄 링컨은 1836년 변호사 자격을 취득해 변호사 사무소를 얻어 개업하면서 사람들로부터 신임을 얻었으며 화술이 뛰어난 변호사로서 인기를 독점하기도 했다. 또한 휘그당(공화당의 전신) 소속으로 일리노이 주 하원의원에 당선되었으며 그 무렵 토드 여사와 결혼한다.

링컨은 1860년, 공화당 후보로 나서 대통령에 당선되었다.

그는 대통령에 취임하자 공화당을 강력한 국가 기구로 재편했다. 또한 북부에 거점을 둔 민주당 세력 대부분을 포섭해서 연방을 수호하려는 자신의 정책에 동참토록 설득했다.

1863년 1월 1일, 링컨은 남부 동맹 내의 모든 노예들을 영구히 해방시키려는 노예해방선언을 발표하기에 이른다. 이어 링컨 대통령은 노예해방을 전격적으로 선언한다.

그러자 링컨의 선언에 반발해서 남부 7주는 연방 탈퇴를 감행했으며, 1861년 아메리카 연방을 결성해서 무력으로 북부에 도전함으로써 남북전쟁 발발의 단초가 되었다.

드디어 남북전쟁이 막바지에 이를 때였다. 링컨 대통령은 포토맥 지구의 전투 사령관을 몇 번이나 새로운 장군으로 임명하지 않으면 안 될 처지에 놓였다. 이유는 대통령이 임명한 매클래런, 포프, 번사이드, 후커, 미드 등 새로운 사령관마다 참패를 거듭했기 때문이다.

해서 대통령의 참담한 심정은 말로 다할 수 없었다.

그런데 북부의 모든 사람들이 이들 장군을 무능하기 짝 없다고 맹비난했으나 링컨 대통령만은 어느 사령관에게도 비난하거나 결코 악의를 품지 않았다. 그는 평소 모든 사람들을 공평하게 대하자고 마음으로 다짐했기 때문에 끝까지 침묵을 지켰던 것이다.

링컨 대통령이 좋아한 문구가 하나 있다.

'남의 비판을 받고 싶지 않으면 남을 비판하지 말라'.

바로 이것이 그의 금언(金言)이었다.

1863년 7월 1일, 날이 새기도 전, 새벽부터 시작된 게티즈버그 전투는 북부군과 남부군이 3일간이나 격전을 치르고도 승패가 나지 않았다.

그런데 7월 4일, 깊은 밤이었다.

남부군의 리 장군은 폭풍우가 몰려오자 갑자기 남쪽으로 후퇴하기 시작했다. 그는 패잔병이나 다름없는 부대를 이끌고 포토맥 강에 이르렀다. 강에 도달했을 때, 리 장군의 남부군은 불어난 물 때문에 건널 수 없는 강을 앞에 두게 되었다. 게다가 뒤에는 사기가 오를 대로 오른 북부군이 맹추격하고 있어 매우 다급한 상황에 놓이게 되었다.

리 장군과 그의 부대는 그야말로 독안에 든 쥐 신세, 달아날 데라곤 없었으니 자체로도 궤멸 직전이었다.

링컨 대통령도 이런 사실을 잘 알고 있었다.

리 장군을 사로잡을 뿐 아니라 질질 끌던 남북전쟁을 한 순간에 끝낼 수도 있는 절호의 기회라는 것을.

해서 링컨 대통령은 전쟁을 끝낼 수도 있다는 희망에 부풀었다.

그는 미드 장군에게 작전회의로 시간을 끌거나 낭비하지 말고 곧장 리 장군을 추격해 궤멸시키라는 명령을 내렸다.

게다가 링컨 대통령은 자신의 명령을 전문으로 직접 전송했을 뿐 아니라 즉각적인 전투를 개시하라며 특사까지 파견했다.

이때 미드 장군은 어떻게 처신했을까?

미드 장군은 자기에게 내려온 명령과는 정반대로 행동했다.

그는 작전회의를 소집해서 시간을 낭비했고 공격하라는 대통령의 명령에도 시간을 질질 끌며 망설이기만 했다.

그는 이런 저런 핑계를 대며 대통령에게 전문을 띠었다.

그러면서 대통령의 명령을 정면으로 거부했다. 그렇게 시간을 질질 끄는 사이, 강물이 줄어들었다. 리 장군은 하늘이 준 기회를 틈타 병력과 함께 무사히 포토맥 강을 건너 안전한 지역으로 퇴각할 수 있었다.

이렇게 되자 링컨 대통령은 전쟁을 끝낼 수도 있었던 천재일우(千載一遇)의 기회를 놓쳤으니 당연히 화가 치밀 수밖에.

'세상에 어떻게 이런 일이 있을 수가. 다 잡았던 승리를 놓치다니. 할 수 있는 일은 다 했는데도 군대를 움직이지 못하다니. 그 상황이라면 어떤 장군이라도 리 장군을 이겼을 것이 아닌가. 내가 거기에 있었어도 리 장군을 혼내 줄 수 있었을 텐데.'

링컨은 몹시 실망한 끝에 책상에 앉아 미드 장군에게 다음과 같은 편지를 썼다. 그가 쓴 편지는 사실 미드 장군을 매우 엄중하게 질책하는 내용으로 일관했다.

친애하는 미드 장군

미드 장군께서는 이번에 남부군 리 장군을 놓친 것이 얼마나 큰 불행인지 짐작조차 못하는 것 같습니다. 당시 남부군은 회복할 수 없는 궁지에 몰려 있었고 최근 우리 군은 승리한 여세를 몰아 조금만 더 밀어 붙였다면 전쟁을 끝낼 수 있었는데 말입니다.

그러나 이제는 전쟁이 언제 끝날지 모르게 되었습니다.

장군께서는 지난 4일 밤, 아군에게는 절대 유리한 전투인데도 제대로 작전을 수행하지 못했습니다. 아니, 시도하지도 않았습니다.

그런 처지로 어떻게 강 건너 저편에서 작전을 수행할 수 있겠습니까. 더구나 보유한 병력의 3분의 2밖에 활용하지 못할 텐데요.

이제 이기기는 기대하기 어렵게 되었습니다.

장군께서 군대를 효율적으로 통솔했는지도 의문이 갑니다.

천재일우의 기회를 살리지 못하고 놓쳤으니, 그로 인해 내가 받는 고통은 말로 다 표현할 수 없을 정도입니다.

대통령 에이브러햄 링컨

이 편지를 받았다면 미드 장군은 어떤 생각을 했을까?

아마도 미드 장군이 아니더라도 자기의 주장이 옳고 정당하다고 대들 듯이 강력하게 변명하지 않았을까.
그러면서 대통령을 비난하거나 원망했을 것이 분명하다.
미드 장군은 이 편지를 받아 봤을까?
그런데 그는 링컨이 쓴 이 편지를 받아보지 못했다. 이유는 링컨 대통령이 편지를 보내지 않았기 때문이다.
편지는 링컨이 죽은 뒤에야 서류함 속에서 발견되었다.
편지를 쓴 뒤, 과연 링컨은 어떤 생각을 했을까? 아마 에이브러햄 링컨 대통령은 이런 생각을 하지 않았을까, 지레 짐작으로 추측해 본다.
내가 여기 백악관에 편안히 앉아서 미드 장군에게 명령을 내리는 것은 쉬운 일이겠지만. 내가 게티즈버그에 있었다면, 그리고 지난 주에 미드 장군이 겪은 것처럼 피를 철철 흘리는 부상자들의 신음소리를 듣거나 전사자들의 참상을 직접 목격했다면, 나도 쉽게 공격명령을 내리지 못했을 수도 있었을 테지. 아마 그랬을 게야.
더구나 미드 장군처럼 소심한 성격이라면 더 그랬겠지. 이미 엎질러진 물. 이 편지를 부치고 나면 내 속이야 후련하겠지만 미드 장군은 자신을 정당화하기 위해 몇 배 이상으로 변명하면서 나를 비난하고 반감을 가질 수도 있었겠지. 그렇다면 나로서도 장군을 퇴역시키는 길밖에 더 있겠어. 그렇게 되면 미드 장군은 충격이 더 컸겠지.
링컨 대통령은 비난이야말로 백해무익이라는 것을 알고 있었기 때문에 끝내 편지를 보내지 않았으리라.
일찍이 링컨 대통령은 남을 비난하다가 격투 신청까지 받고 생명의 위협까지 느낀 적이 있었다.
브라우닝(Robert Browning)은 '사람은 자기 자신과의 싸움을 시작할 때, 비로소 가치 있는 사람이 된다.'고 했는데 링컨 대통령이야말로 바로 그런 사람 중의 한 사람이라고 회고했다.

링컨 같은 저 위대한 대통령도 남을 비난한다는 것은 오히려 몇 배의 반발만 산다는 것을 일찍부터 깨달았기 때문에 남을 비난하는 것을 극히 삼가하고 조심했던 것이다.

그런데 보통 인간인 우리네야 말해 뭣하랴.

비난이야말로 백해무익(百害無益)한 것이며 전혀 쓸데없는 짓으로 배려의 상대적인 단어가 아닌가 싶다. 왜냐하면 다른 사람들로 하여금 스스로를 방어하도록 하며 또한 자기 자신을 정당화하기 위해 안간힘을 쓰도록 만들기 때문이다. 아니, 당사자는 열 배 스무 배, 그 이상으로 강력하게 변명을 늘어놓거나 항의하기 마련이기 때문이다.

비판도 당연히 무용지물이고 위험한 짓거리다.

왜냐하면 비판은 사람들의 소중한 자존심에 상처를 입힐 수도 있으며 자신의 삶의 가치에 대한 회의를 일게 할 뿐 아니라 되레 원한만 불러일으킬 수 있기 때문이다.

따라서 비난은 백해무익함이 분명하다.

링컨 대통령은 마침내 남북전쟁을 승리로 이끌고 격전이 가장 치열했던 게티즈버그에서 저 유명한 연설을 한다.

"Four score and seven years ago our fathers brought forth on this continent, a new nation conceived in liberty, and dedicated to the proposition that all men are creat equal."

―지금으로부터 87년 전, 우리 선조들은 이 대륙에서 자유 속에 잉태되고 만인은 평화라는 명제로 봉헌해서 새로운 나라를 탄생시켰습니다.

그의 이 연설문은 그리 긴 편도 아니다. 단지 266개의 단어로 된 연설문에 지나지 않았다. 그런데도 꿈과 이상과 정치신념까지 담아냈던 것이다. 그는 다음과 같음하며 연설을 마쳤다.

"Here highly resolve that these dead shall not have died in vain —that this nation, unc God, shall have a new birth of freedom —and that government of the people, by the people, for the people, shall not perish from the earth."

—우리는 명예롭게 죽어간 이들로부터 더 큰 헌신의 힘을 얻어 그들이 마지막 신명을 다한 대의에 우리 자신을 봉헌하고 그들이 헛되이 죽어가지 않았다는 것을 굳게굳게 다짐합시다. 신의 가호 아래 이 나라는 새로운 자유의 나라를 보게 될 것이며 인민의, 인민에 의한, 인민을 위한 정부는 이 지상에서 결코 사라지지 않을 것입니다.

이 연설이 유명하게 된 것은 미국이라는 정명(正名)을 몇 마디 말 속에 간결하게 함축하고 미국 정부의 원칙을 간결하면서도 강력하게, 그것도 쉬운 말로 표현했기 때문이리라.

어느 신자의 죽음

매월당에 관한 또 하나의 일화를 소개한다.

하루는 영의정인 사가(四佳) 서거정(徐居正)이 입궁했다가 사륜거를 타고 길라잡이를 앞세워 집으로 퇴근하는 길이었다.

그런데 어떤 길거리의 모퉁이를 막 돌아서는 순간이었다.

갑자기 그를 향해 날아오는 물건이 있었다. 그것은 남의 뒷간에서 퍼서 가져온 오물 덩어리였다.

서거정은 피할 겨를도 없이 홀딱 뒤집어 쓸 수밖에.

역한 냄새가 주위에 진동했다.

진한 오물을 홀딱 뒤집어썼으니 냄새가 오죽했을까.

길라잡이들이 오물을 투척한 장본인을 잡다가 '어디 감히 영의정의 행차에 오물을 투척해,' 하고 치도곤을 내리려고 했다.

그러자 서거정은 그들을 제지했다.

"내게 오물을 투척할 인물이라면, 이 장안에서 딱 한 사람밖에 더 있겠어. 그가 바로 매월당 김시습일 터. 내게 오물을 투척한 것으로 보니 매월당이 아직까지 죽지 않고 살아 있음을 내게 알린 게야. 그러니 그를 해치지 말고 그냥 돌려보내게."

그렇게 말하면서 서거정은 흐뭇한 미소까지 지었다고 한다.

한때 장군의 아들로 종로 일대를 주름잡았던 김두한(金斗漢) 의원의 의협(義俠)?, 국회 의사당에서의 오물투척사건이 화제가 된 적이 있었다.

그는 단상으로 오물을 가져가 마침 시정 연설을 하고 있던 정일권(丁一權) 국무총리를 향해 오물을 냅다 던졌다.

그 사건으로 말미암아 김두한은 공화당으로부터 최초로 국회의원직을 제명당한 것과 비교해 보면, 5백여 년의 세월이 흘렀다고 하더라도 격세지감(隔世之感)을 느끼지 않을 수 없다.

새삼 사가 서거정의 인물됨을 생각나게 하지 않는가.

인간관계는 이런 저런 만남에서 시작된다고 할 수 있다.

유교적인 만남이라고 하면, 좋은 스승을 만나 배우고 출세를 해서는 가문을 빛내며, 그리고 세상에 이름을 떨치는 것이었다.

그런 유교의 이상적인 만남도 이제는 바뀌어 여자가 남자를, 남자가 여자를 만나 사랑하고 결혼해 아들 딸 낳고 잘 사는 것이 소중한 만남일 수 있다. 여기에 배려가 전제된 만남이라면 더 바랄 것이 없겠다.

이런 말을 하면 여권운동가에게 지탄의 대상이 될 지도 모른다.

인생에 있어 만남보다 더 소중한 것은 없으며 만남보다 일생을 좌우하는 그 어떤 것도 있을 수 없을 것이다.

특히 남녀 사이의 만남에 있어서는 더욱 그렇다.

첫 단추가 잘못 채워졌을 때, 사람에 따라 다를 수도 있겠으나 남자 쪽보다는 여자 쪽이 보다 많은 충격을 받는 것은 아닌지.

그러나 누가 뭐라고 해도 여인은 물론 남성도 예외는 아니지만 좋은 사람 만나 아들 딸 낳고 잘 사는 것이 최대의 행복이 아니겠는가.

남녀의 만남 중에서 매우 감동적으로 그린 수필을 하나 소개한다.

김소운 선생은 아쿠타가와 류노스케-개천용지개(芥川龍之介)-의 단편소설을 수필 「봉교인(奉敎人)의 죽음」(수필집 『천냥으로 못 사는 보배』) 편에서 간략하게 소개했는데 이를 참고해 아래에 옮긴다.

가톨릭<천주교>이 기리시탄(切支丹)으로 불리어지던 시절이다.

일본 열도의 나가사끼-장기(長崎)-시 산타루치아 성당 에카레시아에는 로렌조란 세례명을 가진 소년이 성당에서 먹고 자면서 생활했다.

이 소년이 성당에서 생활하게 된 내력은 다음과 같다.

어느 해라고는 딱히 말할 수 없으나 성탄절 밤이었다. 한 소년이 굶주림으로 성당 문 앞에 쓰러져 있었다.

이를 본 바테렌 신부가 소년을 불쌍히 여겨 사제관으로 데려가 목욕시키고 옷까지 줘서 갈아입게 했다.

그리고 먹을 것을 주어 허기를 면하게 하고는 로렌조라는 이름까지 지어주고 성당에서 먹고 자고 생활하게 했다.

그런데도 소년의 근본에 대해서는 그 누구도 알지 못했다.

누가 물어도 로렌조는 같은 대답을 했다.

"고향이라고 했습니까? 고향이라고 한다면 하라이소(天國)입니다."

"그렇다면 부모님은 계시겠지?"

"아버지만 계시는데 바로 제우스(天主)입니다."

로렌조는 미소를 잃지 않고 대답했다.

소년이 독실한 천주교인임을 알 수 있었던 것은 몸에 지닌 파란 옥의 로자리오 <묵주> 때문이었다.

로렌조는 신앙심이 신실해서 '로렌조야말로 하늘나라에서 보내준 천동의 화신'이라고 칭찬이 자자했다.

또한 소년은 용모가 아름답고 빼어난 데다 목소리마저 구슬을 굴리는 듯 맑고 고와서 신도들도 좋아하고 사랑했다.

특히 젊은 또래들이 그의 주변에 몰려들어 외롭지 않았다.

신도들 중에 무사 출신인 이루만이라고 하는 젊은이가 있었는데 그는 키도 크고 몸집도 우람해서 사내 대장부였다.

또한 몸집에 비해 마음은 몹시 착해 연약한 로렌조 소년과 서로 팔짱을 끼고 성당을 드나들 정도로 가까웠으며 친동생처럼 대했다.

그런데도 그들의 다정한 모습은 비둘기와 독수리가 같은 나뭇가지에 앉아 있는 것처럼 매우 이색적이라고 할 수 있었다.

두 사람은 밤낮을 가리지 않고 붙어 지내다시피 생활했다.

그렇게 생활하다 보니 어느덧 3년이란 세월이 흘렀다.

로렌조가 성인식을 치를 나이가 되었다.

그 무렵쯤, 괴상한 소문이 신도들 사이에 오르내리기 시작했다.

우산 집 신도에게는 딸이 하나 있었는데 로렌조가 그녀와 사랑을 하고 있다는 해괴한 소문이 퍼지기 시작했던 것이다.

지금이야 남녀가 연애를 한다고 해서 흉잡힐 리 없다.

그런데 당시로서는 손가락질을 받을 만큼 색안경을 끼고 보는 시대였다. 특히 천주교 신자로서는 감히 상상도 할 수 없는 일이었다.

우산 집 딸은 로렌조를 짝사랑했다. 로렌조가 촛불을 켜기 위해 제단 쪽으로 가는 것을 한순간도 눈을 떼지 않고 바라보기도 했고 그가 있는 곳이면 우산 집 딸이 늘 가까이 있었던 것이다.

게다가 신도들의 눈에 그런 모습이 자주 띄기도 했다.

우산 집 딸의 이상한 행동은 이뿐만이 아니었다.

그녀는 로렌조에게 보내는 연애편지를 성당 곳곳에 일부러 떨어뜨려 남의 눈에 뛰게 한 적도 여러 번 있었다.

그런 탓으로 우산 집 딸과 로렌조는 그렇고 그런 사이라는 소문은 걷잡을 수 없이 신도들 사이에 퍼졌던 것이다.

마침내 이런 소문은 은연 중 바테렌 신부의 귀에도 들어갔다.

하루는 바테렌 신부가 로렌조를 은밀하게 불러 물었다.

"신부로서 이런 말을 하기는 좀 뭣하긴 하다마는…"

로렌조는 까닭을 몰라 "네에?" 하고 반문했다

"내가 네게 묻고 싶은 것이 하나 있다. 다른 것이 아니라 우산 집 딸과 연애하는 사이냐? 그런 게야?"

로렌조로서는 뜬금없는 질문에 당연히 당황할 수밖에 없었다.

"아, 네. 지나치는 길에 인사 정도야…"

신부는 조금 전과는 달리 추궁하는 말에는 엄함이 있었다.

"그 말은 사귀는 사이가 아니란 뜻이렷다?"

"네. 저로서는 그런 감정을 가져본 적이 전혀 없습니다."

"그렇다면 소문에 대해선 어떻게 생각하느냐?"

"저로서는 생각해 본 적도 없었습니다."

"생각해 본 적도 없다? 그걸 믿으라고 내게 하는 소리냐?"

"네, 신부님. 천주님 앞에 맹세합니다."

로렌조 소년은 눈물만 뚝뚝 흘릴 뿐, 침묵으로 일관했다.

인간은 왜 이렇게 일방적으로 생각하고 행동할까.

상대방을 고려해 주거나 생각해 주는, 요컨대 상대방을 생각해 주는 마음, 곧 배려하는 마음은 왜 그리 인색할까.

배려야말로 죽은 사람을 살릴 수도 있고 멀쩡한 사람도 상하게 할 수도 있으며 마음을 움직일 수 있는 최대의 무기인데도.

로렌조 소년도 신부의 추궁에 왜 강하게 변명하지 않았는지 모른다. 비굴할 정도로 아첨이나 아부하면서 변명이라도 했다면 최소한 성당에서 쫓겨나는 것만은 면했을 수 있었을 텐데.

로렌조는 우산 집 딸이 안타깝게 생각되어 변명하지 않았거나 생각해 주는 마음, 배려하는 마음에서 변명하지 않았을지도 모른다.

신부는 로렌조의 신앙심을 믿었기 때문에 더 이상 추궁하지 않았다.

그런데 얼마 지나지 않아 우산 집 딸이 아기를 낳았다.

아기를 낳자 우산 집 주인은 딸을 엄하게 다그쳤다.

"도대체 아기 아빠가 누구냐? 어서 말하지 못하겠느냐? 지금 당장 집에서 쫓아내야 실토하겠다는 게냐? 어서 말 못해!"

아버지의 끈덕진 추궁에 우산 집 딸은 거짓 자백을 하고 말았다.

"성당에서 생활하는 로렌조예요."

"로렌조라니? 착실하기로 소문 난 천주쟁이가?"

"네, 아버지."

우산 집 주인으로서는 기가 찰 노릇이었다.

"당장 신부를 찾아가 로렌조를 성당에서 쫓겨나게 해야지."

우산 집 딸이 자기 아버지의 바지를 잡고 늘어지면서 "아빠, 제발 그러지 마셔요. 모두가 제 잘못이에요."하고 애원했다.

딸이 애원하는데도 우산 집 주인은 신부를 찾아가 자기 딸에게 임신시킨 로렌조의 비행을 부풀려서 말했다.

이어 만나는 신도들마다 로렌조의 부도덕성을 비난했다.

신도들도 우산 집 주인의 말만 믿고 신부를 찾아가 로렌조를 성당에서 기거하게 해서는 안 된다고 항의했다.

항의가 빗발치자 로렌조의 신앙심을 굳게 믿었던 바테렌 신부로서도 신도들의 비난과 반발은 어떻게 할 수 없었다.

바테렌 신부는 나무랄 데라곤 없는 하나 로렌조가 딱해 보이긴 했으나 그를 감쌀 만한 어떤 명분을 찾지 못해 성당에서 내쫓았다.

신도들 중 유독 이루만이 크게 격분했다. 형제 이상으로 우의를 나누며 3년이나 생활했으니 당연했는지 모른다.

이루만은 처량한 모습으로 성당을 나서는 로렌조에게 다가가 "이 배교자, 너 같은 놈을 내가 철석같이 믿고 동생처럼 대해 줬다니. 에라 이거나 받아먹어라."하고 억센 주먹을 날려 땅에 처박았다.

로렌조는 사내답지 않게 한 주먹에 그만 땅바닥에 처박혀 움직이지 못한 데다 넘어지는 바람에 이마를 땅에 부딪쳐 피까지 흘러내렸다.

그런데도 누구 하나 로렌조를 도와주거나 동정하지 않았다.

로렌조는 성당에서 쫓겨나자 의지할 데라곤 없어 거리에서 구걸했으며 잘 곳마저 없어 노숙을 했다.

로렌조의 꼴은 말이 아니었다. 게다가 기리시탄 신도란 이유 때문에 거리의 망나니들로부터 욕설은 물론 심지어 돌팔매를 맞아 온몸에 피가 낭자하거나 피멍이 들어 차마 눈 뜨고 볼 수 없을 지경이 되기도 했다.

더욱이 믿고 따르던 신자들을 마주 칠 때마다 배교자라고 저주는 물론, 주먹을 퍼붓는 일까지 감수해야만 했다.

그랬으니 로렌조로서는 육체적인 고통보다도 정신적인 마음고생이 몇 배나 심하지 않을 수 없었다.

로렌조는 노숙을 하다못해 끝내 걸인들과 어울렸고 그들의 소굴인 움막에서 먹고 자며 이슬을 피하는 거지 신세가 되었다.

구걸하며 생활하다 보니 둬 해가 지났다.

어느 날 갑자기 나가사끼 시는 영문을 알 수 없는 대형 화재가 발생했다. 때맞춰 불어오는 강풍을 타고 도시 전체로 불이 번지기 시작했으며 시의 반 이상이 마왕의 혓바닥이 훑는 불바다로 돌변했다.

우산 집이라고 해서 예외가 아니었다.

우산 집 딸은 아기를 재워놓고 기저귀를 빨다가 얼떨결에 몸만 간신히 빠져나온 뒤에야 비로소 제 정신으로 돌아와서야 거실에 아기를 재워둔 채 혼자만 빠져나온 것을 뒤늦게 깨달았다.

그녀는 울부짖으며 땅에 주저앉아 버둥대며 몸부림쳤다.

아기가 방에 있다는 말을 들은 사람들도 발만 동동 굴렸지 불꽃 속으로 뛰어 들어가 아기를 구출하려는 사람은 없었다.

불길이 얼마나 셌던지 우산 집 딸을 불쌍히 여겨 가끔 찾아가서 껴안고 눈물까지 짓던 이루만마저도 뛰어 들어가 구출할 생각조차 못하고 발만 동동 굴리며 지켜볼 뿐이었다.

거대한 불꽃은 화마의 혓바닥처럼 점점 번져가고 시간은 가뭇없이 흘러가는 매우 절박한 순간이었다.

바로 그런 매우 다급한 순간이었다. 어디서 쏜살 같이 달려와 불꽃 속으로 뛰어든 그림자가 하나 있었다. 보기에도 걸인의 차림새였으니, 그는 움막에서 생활하는 로렌조, 우산 집 딸이 아기 아빠라고 고백한 그 소년이었다. 그는 앞뒤 가리지 않고 화염 속으로 뛰어들었다.

이를 보고 사람들이 수군거렸다.

"아기 아빠가 맞을 게야. 아기 아빠가 아니라면 그 누가 저 위험한 불속으로 뛰어들어 아기를 구출할 엄두를 냈겠어."

사람들은 그 말에 동조하면서도 손에 땀을 한 움큼 쥐고 발을 동동 굴리며 아기를 구출해서 나오는지 지켜보고 있었다.

로렌조 소년은 화마 속으로 뛰어들어 아기를 담요로 덮어씌워 나오다가 불에 타 넘어지는 기둥에 머리를 맞고 쓰러졌다.

다행히 아기의 목숨은 건졌으나 로렌조는 숨을 거두고 말았다.

그제야 통곡하던 우산 집 딸이 울먹이며 실토했다.

"아기 아빠는 바로 이웃집 놈팡이인데, 제가 일부러 로렌조라고 아빠에게 거짓으로 둘러댔어요. 지금에 와 이를 어떻게 해요?"

사람들은 숨이 끊어진 로렌조에게서 눈길을 떼지 못했다.

불꽃으로 까맣게 탄 데다 헤어진 남루한 옷깃 속에서 두 송이 꽃봉오리처럼 망울 부푼 젖 봉오리가 드러나 있지 않은가.

　이 망울 부푼 젖 봉오리야말로 배려와 침묵으로 결백을 확인시켜준 로렌조의 삶이 극적으로 빛나는 순간이었다.

　우산 집 딸과 똑같은 여인, 죽음으로써 천주의 뜻을 받든 성스러운 여인이 바로 로렌조 소녀였다.

　침묵은 금, 웅변은 은이라는 금언이 아니더라도 이런 로렌조의 침묵 정도라면 배려의 한 정점(頂點)을 보는 듯하지 않은가.

흉악범일지라도

 인간은 자기가 저지른 죄에 대해 얼마만큼 솔직하게 시인하거나 인정할까. 그렇게 시인하고 인정하는 사람이 있을까? 이런 질문을 받게 된다면 필자는 단 한 사람도 없다고 단언할 것이다.
 내가 아는 지인으로 수사기관의 고위급 인사가 한 분 있다.
 그 지인이 한 말은 지금도 잊혀 지지 않는다. 내게 있어 베테랑 수사관의 입에서 나온 말은 가히 수소폭탄이었다.
 "만약 수사기관에 불려가 수사를 받을 때는 죄를 지었거나 비록 뇌물을 받아 인 마이 포켓 했더라도 끝까지 부인하며 딱 잡아떼는 것이 상수야. 심지어 뇌물을 받아 공공연하게 꿀떡 삼켰더라도 주머니 속에 넣었다가 즉시 되돌려줬다고 끝까지 발뺌하는 것이 최선이야. 자네에겐 그런 일이야 없겠지만 일이 생겼을 때는 내 말을 명심하게."
 지인이 이렇게 말하는 데야 필자는 입이 열 개라도 할 말이 없다.
 그런 병리 탓인지 정치인이나 고급 관리들이 부정부패 또는 뇌물 혐의로 검찰청에 들어설 때는 검찰청이 동네 수영장, 오리발을 몇 개씩이나 가지고 들어갔는데도 구속되는 일이 비리비재하다.
 죄에 대한 시인 여부의 사례를 하나 들겠다.
 데일 카네기 지음, 강성복외 옮김 『인간관계론』(르베르, 2007)에서 관련된 부분만을 참고해서 각색해 싣는다.

 몇 주 동안 경찰의 추적을 피해 도망치던 일명 쌍권총의 사나이 크로울리가 웨스트 앤드 애버뉴에 있는 자기 애인의 아파트에 숨어 지내다가 경찰에 발각되어 체포되기 직전이었다.
 그는 술도 마시지 않았으며 담배도 피우지 않는 사람이다.
 그러나 총으로 사람을 죽인 살인범이다.
 때는 1931년 5월 7일이다. 뉴욕 시가 생긴 이래 가장 관심을 모은 경찰 작전이 벌어지고 있었다.
 그것은 150여 명의 경찰과 형사들이 그가 숨어 있는 아파트 꼭대기 층을 이중 삼중으로 포위해서 작전을 수행하고 있었기 때문이다.
 드디어 경찰은 지붕에 구멍을 내고 최루가스를 투입해 경찰 살해범인 크로울리를 집 밖으로 끌어내는 작전을 펼치고 있었다.
 크로울리는 기관총까지 난사했으며 경찰은 이에 대응하기 위해 주변 빌딩에 기관총을 설치하고 대응사격을 했다.
 뉴욕 시에서 가장 멋진 주거지역인 이 거리에는 권총과 기관총이 뿜어내는 시끄러운 소리가 한 시간 이상 지속되었다.
 1만 여명의 시민들이 잔뜩 긴장된 표정으로 총격전을 지켜보고 있는 가운데 크로울리는 두툼한 의자를 방패로 삼아 끊임없이 경찰을 향해 기관총과 권총을 쏴대다가 끝내 체포되고 말았다.
 권총과 기관총을 난사하는 흉악범 크로울리를 체포하는데 뉴욕 경찰청은 기껏해야 경찰 병력 150여 명을 동원했을 뿐이다.

 그런데 작금의 사태, 민노총 한××이 조계사로 잠입해 20여 일이나 칩거했다. 관계 기관은 권총도 기관총도 가지지 않은 그를 체포하기 위해 전투경찰 10 몇 개 중대, 체포 형사 400명을 동원하고도 체포하지 못하고 스스로 걸어 나오는 모양새를 제공해 줬으니 대한민국의 공권력이 이렇게도 무력한 것인가 하는 의구심으로 치를 떨었다.

그런 보도를 보면서 새삼 경찰이 그렇게 무능한 지, 아니면 한××을 영웅으로 만들어주기 위해 의도적으로 공권력이 장난을 친 것인지, 국민의 한 사람으로서 분통이 터져 지켜볼 수 없었다.

뉴욕 경찰국장 멀루니는 이 쌍권총의 악당이 뉴욕 시 역사상 가장 위험한 범죄자에 속한다고 발표했다.

멀루니의 발표에 따르면 그는 '닥치는 대로 살인을 저지르는 흉악하기 짝이 없는 극악무도한 놈'이라고 표현했다.

그렇다면 흉악범 쌍권총의 크로울리는 스스로를 어떻게 생각했을까? 경찰이 그가 숨어 있는 아파트를 향해 사격을 하고 있을 때, 그는 '관계자 여러분께'로 시작하는 편지를 썼다.

크로울리가 편지를 쓰고 있는 동안에도 총에 맞은 상처에서는 피가 줄줄 흘러나와 편지지를 붉게 물들였다.

크로울리는 아래처럼 요약해 썼다.

'내 마음은 지치고 피곤하긴 하지만 언제나 착한 마음이다. 그 누구도 해치고 싶어 하지 않는 참 착한 마음이다.'라고.

애초에 이 사건의 발단은 이러했다.

총격전이 벌어지기 며칠 전이다.

크로울리는 롱아일랜드에 있는 한적한 시골길을 달리다가 길 가운데 차를 세워놓고 자동차 안에서 애인의 목을 애무하며 즐거운 시간을 보내고 있었다. 그때 경찰 한 명이 다가가 불시 검문했다.

"길에서 이 무슨 짓이오? 면허증 좀 보여주시겠습니까."

그러나 크로울리는 대답 대신 다짜고짜 권총을 뽑아들고 경찰을 향해 총알 세례를 퍼부었다. 검문 경찰은 중상을 입고 그 자리에 쓰러졌다.

그러자 크로울리는 차에서 내려 경찰이 차고 있던 권총까지 뽑아들고 경찰의 몸에 몇 발을 더 쏘아 확인사살까지 했다.

이런 흉악한 범죄를 저지른 살인범도 이렇게 말했다고 한다.

"내 마음은 지치고 피곤하긴 하지만, 착한 마음을 지녔다. 그 누구도 해치고 싶지 않은 아주 착한 마음을 지녔다."고.

재판의 결과, 크로울리는 사형선고를 받았다.

사형이 집행되던 날이다.

크로울리가 전기의자에 앉았을 때 '살인했으니 이렇게 되는 게 당연하지.'라고 여겼을까? 아니다. 대답은 빗나가 전혀 그렇지 않다가 된다. 크로울리는 "나는 정당방위를 했을 뿐인데 어떻게 내게 이렇게까지 전기의자에 앉힐 수 있을까?"하고 되뇌었다고 한다.

이 사건에 대한 요점은 바로 이것이다.

쌍권총의 사나이, 이 극악무도(極惡無道)한 흉악범 크로울리는 자기가 잘못했다고 생각하지 않았다는 점이다.

이런 태도는 범죄자들에게 있어 그리 흔치 않은 사례일까? 만일 그렇게 생각한다면 다음 말에 귀 기울여보자.

흉악범의 전형 알 카포네는 이렇게 중얼거렸다고 한다.

"나는 다른 사람들에게 많은 즐거움을 주고 좋은 시간을 갖도록 도우면서 내 인생의 황금기를 보냈다. 그렇게 살아왔는데 결국 내게 돌아온 것은 비난과 전과자라는 낙인(烙印) 뿐이었다."고.

바로 그 사람, 미국 역사상 가장 악명 높은 공공의 적, 시카고의 암흑가를 주름잡았던 냉혹한 갱단 두목인 알 카포네가 한 말이다.

악의 전형 알 카포네(Alphonse Gabriel Capone-1899년 뉴욕 빈민가에

서 태어나 소년시절부터 갱단에 들어가 범죄로 생활화하다. 21세 때는 금주법이 발효 중인데도 밀주, 밀수, 매음, 도박 등으로 큰돈을 벌었으며 이탈리아계의 마피아 두목이 되었다. 1929년 2월 발렌타인 데이의 대학살 등 폭력과 살인사건을 배후에서 지휘해 악명이 높았으며 1932년 투옥되기 전 당시로서는 불치병인 매독에 걸려 사망)는 자신이 잘못했다고 결코 생각하지 않았다.

오히려 자신이 자선사업을 하고 있다고 착각하며 생활했던 것이다. 단지 사람들이 그것을 인정해 주지 않았을 뿐이라고.

이 점은 뉴욕에서 벌어진 폭력조직 갱단의 총격전에서 목숨을 잃은 더치 슐츠의 경우도 예외가 아니다.

그는 뉴욕에서 가장 악명 높은 조직 폭력배의 두목이지만 언론과의 인터뷰에서 자신은 자선사업가라고 밝혔다. 그렇게 밝혔을 뿐 아니라 스스로도 굳게 믿고 있었다고 한다.

데일 카네기(Dale Canegie-1888년 미주리주의 한 농장에서 태어나다. 주립 사범대학을 졸업하고 교사, 세일즈맨 등을 전전하며 수많은 실패를 경험하다. 1912년 뉴욕 YMCA에서 성인을 상대로 대화와 연설을 하면서 유명해지다. 1936년에 출간된 『카네기 인간관계론』은 세계적인 베스트가 됨)는 뉴욕에서도 악명 높은 죄인들을 수감하고 있는 싱싱 교도소의 소장으로 오랫동안 재직한 워드 로즈와 서신을 주고받으면서 이 주제에 대해 아주 흥미로운 대화를 나눌 수 있었다고 한다.

워드 로즈 소장은 이렇게 말했다고 한다.

"싱싱교도소에서 복역 중인 죄수들 중에 자신이 나쁜 사람이라고 여기는 죄수는 거의 없습니다. 그들도 당신이나 나처럼 인간이기는 마찬가지입니다. 그렇기 때문에 그들도 스스로를 합리화하고 변명거리를 만들어 냅니다. 그들은 왜 자신이 금고를 털지 않으면 안 되었는지, 왜 총을 쏘지 않으면 안 되었는지 많은 이유를 둘러댑니다. 논리적이냐 아니냐를 떠나 그럴 듯한 이유로 스스로를 합리화시키고 자신들의 반사회적 행동이 정당했다고 여기며 그렇기 때문에 교도소에 갇힐 하등의 이유가 없다고. 고집스런 생각을 끝까지 버리려고 하지 않는답니다."

이처럼 흉악범일수록 자기의 잘못을 시인하가나 인정하지 않으려 들었으며 오히려 더 강하게 반발했다.

알 카포네, 쌍권총 크로울리, 더치 슐츠, 그리고 교도소 담장 안의 대부분 범죄자들은 자신에게는 아무런 잘못이 없다고 믿는 것은 그렇다고 치부해 두기로 하자. 그것은 사람들 스스로는 비록 제 아무리 큰 잘못을 저질렀다고 하더라도 100명 중에서 99명은 자신의 잘못을 전혀 인정하려 들지 않는다는 점을 상기해 봄 직하지 않는가.

그런데 여러분이나 우리 주변에 있는 사람들의 경우는 어떤가?

보통 인간인 우리야 더 말할 필요조차 없다.

우리는 언제 어디서나 남의 잘못을 지적하거나 비난하기 좋아하지만 상대방이 이를 시인하거나 인정하는 것은 모래에서 바늘 찾기보다 어렵다는 것을 상기해 않는가.

자신의 이름을 따 백화점을 설립할 정도로 성공한 사업가 존 워너 메이커(John Wanamaker-1838년에 태어나 14세부터 서점 점원으로 출발했다. 1861년에는 남성 의류점을 필라델피아에서 운영, 1869년에는 필라델피아에서 자기 이름을 따 백화점을 경영해 가장 큰 백화점으로 성장시켰으며 1896년에는 뉴욕 브로드웨이에다 백화점 건물을 신축해서 미국 최대의 의류 백화점으로 우뚝 서게 하다. 뒤에 우정장관을 지내기도 했음.)는 언젠가 이렇게 고백한 적이 있었다고 한다.

"나는 30년 전에 다른 사람을 비난하는 것은 어리석은 일이라는 사실을 깨달았다. 나는 왜 하느님이 지적한 능력을 공평하게 나누어주지 않았을까 하고 개탄하기보다는 나 자신의 부족함을 극복하기 위해 많은 노력을 기울였다. 그렇게 해 배려의 미덕을 깨달았던 것이다."

워너 메이커는 이런 교훈을 일찍 깨달았던 모양이다.

또한 『인간관계론』의 저자 데일 카네기도 다음과 같이 고백했다.

"30년 이상이나 미몽(迷夢)의 세계에서 헤어나지 못했으며 급기야 실수에 실수를 거듭하고 나서야 겨우 깨달을 수 있었다. 내 미명(未明)으로는 이를 깨닫는데 30년 이상이란 긴 세월을 보내야 했다."

여상(呂尙) 강태공마저도 현인(賢人)을 만나기 위해 80년이란 긴긴 세월을 기다리지 않았던가.

마음에 인(印)을 찍은 여인

다음은 지금의 이야기가 아닌 지난 일제 때 일본 열도의 실화다.

겨우 길 줄을 아는 아기를 키우는 엄마가 있었다.

때는 한 겨울이었다. 일본은 아기를 키운다고 해도 다다미방이라 난방이래야 방 한가운데 홈을 파서 구덕을 만들고 그 속에 숯을 피워 추위를 가시게 하는 시설밖에 없던 시절이다.

엄마는 아기를 재워두고 잠든 틈을 타 기저귀를 빨러 우물로 가서 빨래를 하면서 아기가 우는지 귀를 기울였다.

그런데 엄마는 아기의 울음소리가 들리지 않으니 아기가 계속 잠을 자고 있는 줄 알고 빨래를 계속했다.

그날따라 아기는 잠에서 깨어나 울지 않고 방안을 이리저리 기어 다녔다. 울기라도 했다면 소리를 듣고 엄마가 급히 달려왔을 텐데.

아기는 이리저리 기어 다니다가 숯이 발갛게 피어오른 화덕에 그만 거꾸로 처박히면서 째지는 소리를 질러댔다.

그제야 엄마는 아기에게 무슨 일이라도 생긴 줄 알고 급히 방으로 뛰어들었다. 뛰어 들어가 보니, 아기는 화덕에 처박힌 채 찢어지는 소리를 내고 있지 않는가. 급히 아기를 들쳐 안으니, 이미 아기의 두 손은 벌건 숯을 움켜쥔 탓인지 오므라 들어 펴지지 않았다.

급히 아기를 업고 병원으로 달려갔으나 당시의 의술로는 손을 펴서 그 속에 든 숯을 제거하는 수술 방법이 없었다. 평생 손 병신으로 살아갈 수밖에 없는 딱한 처지된 것이었다.

엄마는 자기 부주의로 아기를 병신 아닌 병신으로 만들었다고 하루도 빠지지 않고 가슴을 쥐어박으며 한탄했다.

그런데도 아기는 무럭무럭 자랐다. 아기가 자라 초등학교에 갈 나이가 되었다. 엄마는 글씨를 쓰게 하려고 손에 연필을 잡게 했으나 오모라 든 손에 연필을 끼울 수 없었다.

며칠 동안 씨름 씨름한 끝에 겨우 끼워 글씨 쓰는 연습을 시켰다. 아이는 초등학교에 입학을 해 불구의 손으로 글을 읽고 쓰면서도 반에서 1등을 놓치지 않았다.

가져온 성적표를 볼 때마다 엄마는 자기가 잘못해 성한 아들을 병신으로 만들었다고, 불구의 손으로 공부를 하느라 얼마나 고생했느냐고 아이를 붙들고 울기부터 했다.

그렇게 엄마는 울며불며 아이를 학교에 보냈는데도 어느 새 아이는 훌쩍 커 고등학교에 들어가게 되었다.

아이는 고등학교에 들어가자 나름대로 철이 들기 시작했다. 무엇보다도 엄마가 자기를 안고 왜 그렇게 우는지에 대해 심각하게 생각했다.

그러던 어느 날, 청년은 이런 생각을 하게 되었다.

'어떻게 하면, 죽어서도 한을 풀 수 없다는 엄마의 한을 자식 된 도리로서 풀어줄 수는 없을까.' 하고.

청년은 오랜 생각 끝에 '의대에 진학해서 화상 입은 상처를 수술로 완치하는 방법을 연구하고 자기가 연구한 논문의 이론을 적용, 다른 의사가 집도해서 완치할 수 있을 거야.' 하는.

청년은 결심 끝에 더욱 더 열심히 공부해서 동경 제대 의학부에 지원했다. 그런데 필기시험은 수석이었으나 불행히도 신체검사에서 그만 떨어지고 말았다. 그렇다고 청년은 실망하거나 포기하지 않았다.

청년은 의학부 교수 부장을 찾아가서 자기의 살아온 처지를 이야기하고 입학을 재고해 줄 것을 부탁했다.

"교수님, 저는 의사가 되어 돈을 벌 생각은 추호도 없습니다. 오직 의학을 학문적으로 연구하고 싶습니다. 특히 화상 입은 상처를 어떻게 하면 온전히 회복시킬 수 있는가를 집중적으로 연구하려고 합니다. 그래서 제 손을 원상으로 되살려 죽어도 한을 씻을 수 없다고 하시는 어머니의 그 한(恨)만은 꼭 씻어 드리고 싶습니다.

교수님, 이 점을 고려해서 저의 입학 취소를 재고해 주셨으면 합니다. 최선을 다해 노력하겠습니다."

교수가 듣고 보니 의사로서 환자를 치료하는 데야 손이 온전해야겠지만 의학을 학문적으로 연구하는 데야 손이 다소 불편하더라도 무슨 상관이 있겠느냐는 생각이 들었다.

해서 재차 교수회의를 열어 취소했던 청년의 입학을 허락했다.

청년은 입학을 하자 6년 동안 늘 수석을 하면서 의학을 공부했고 졸업을 하자 미국으로 건너가 H대 의대에 진학했다.

그는 대학원에서도 화상에 대해 집중적으로 연구해서 수술에 따른 이론을 체계화했으며 박사학위까지 취득할 수 있었다. 뿐만 아니라 자기의 이론을 다른 의사에게 집도케 해서 손의 수술까지 했다.

처음 수술을 할 때 손바닥을 벌려놓자 그때까지 숯덩이가 그대로 손안에 까맣게 남아 있었는데도 신경은 손상되지 않아 여섯 번에 걸쳐 수술한 끝에 온전한 손을 회복할 수 있었던 것이다.

청년은 학위수여식에 어머니를 초대했다.

청년은 공항으로 마중 나가 어머니를 맞이하자 또 어머니는 그 불편한 손으로 학위를 받기까지 얼마나 고생했느냐며 끌어안고 울기부터 했다. 그러자 청년은 아주 당당하게 어머니에게 말했다.

"어머니, 제 두 손을 똑똑히 보십시오. 엄지를 펴 보겠습니다. 그리고 중지도 펴 보이겠습니다. 자, 어머니, 보십시오. 이제는 열 손가락을 자유자재로 펼 수도 또한 오므릴 수도 있습니다.

…어머니, 그러니 지금부터는 눈물을 거두어 주셨으면 합니다."

그러면서 손가락을 하나하나 펴 보여 주는 것이 아닌가. 순간, 어머니의 이 벅찬 감격을 어찌 말로 다할 수 있겠는가.

이 실화처럼 깊은 감동을 동반해야 좋은 수필이라고 할 수 있다

첫머리―冒頭―는 책의 전체를 아우르는 것으로 사람으로 치면 얼굴이요 얼굴을 비추는 거울이다. 그만큼 중요하다.

중요하기 때문에 필자도 독자에게 보다 가까이 다가가기 위해 배려(配慮)가 낳은 감동적인 이야기부터 소개한다.

수필을 읽을 때면 필자는 어떤 글보다도 진지해지는 버릇이 있다. 그만큼 수필은 솔직하고 담백한 글이기 때문일 것이다. 따라서 수필을 잘 쓴다는 것은 문필가로서 부러움의 대상이 아닐 수 없다.

수필을 잘 쓰는 사람은 더러 있다.

그 중에서 몇몇 사람을 지적하라면 선뜻 응하기가 곤란하긴 하지만 즐겨 읽는 수필가를 한두 분 고르라고 한다면 필자는 서슴지 않고 김소운 선생을 꼽는다.

필자는 선생의 수필을 즐겨 읽는다. 선생의 수필을 읽다 보면 어느 새 글의 향기에 흠씬 배거나 심취하기 일쑤다.

김소운 선생의 수필집 『천냥으로 못 사는 보배』(중앙출판공사, 1981)

에서 「아름다운 女人들」 편의 '바보 남편의 그림자'를 참고해 싣는다.
 이 이야기는 작품 속의 주인공이 아니라 어느 마을 누구 댁이라고 이름을 댈 수도 있는 그런 실재 인물이라고 한다.
 다만 우리네 이야기가 아닌 일본에서 있었던 실화기 때문에 다소 눈에 거슬리기는 것이 흠이긴 했다.
 그런 탓으로 필자가 모두에 소개하는 데 망설이기도 했다. 지금이 아닌 지주가 있고 소작인도 있었던 그런 시절의 이야기다.

 가산은 넉넉했으나 좀 모자라는 사내가 있었다. 사내는 쉬운 말로 해서 바보 아니면 천치에 가까웠다.
 그런데 그것이 선천적인 것인지, 아니면 어려서 소아마비를 앓아서인지 거기까지는 필자(소운 선생)도 잘 모른다.
 사내의 집은 마을에서 으뜸가는 지주에다 부자였다. 그런 탓인지 모르겠으나 소작인뿐 아니라 마을 사람들이 수시로 드나들었다.
 소작인들이 찾아와 주인에게 의견을 물었다.
 "앞뒤 집이 싸워 원수처럼 지내는데 어떻게 했으면 좋겠어요?"
 마을 사람들도 찾아와 사소한 것까지 문의했다.
 "오랫동안 기르던 개가 어제 집을 나갔습니다. 어떻게 하면 찾을 수 있는지 좋은 방도 좀 알려 주셔요."
 그때마다 응대해 주는 사람은 바보 주인이 아닌 그의 부인이었다.
 어김없이 부인이 나타나 찾아온 사람을 상대했다.
 "네. 하신 말씀은 잘 알아들었습니다. 이따가 주인어른께 말씀을 드려서 뭐라고 하시는지 제가 기억해 뒀다가 전해 드리겠습니다. 죄송합니다만, 내일 다시 오셨으면 합니다."
 다음날 찾아온 마을 사람에게 부인은 매우 진지한 태도로 말했다.

그렇게 말하는 부인은 친절하기가 이를 데 없었다.

"저희 주인어른께 잘 말씀드렸습니다. 그랬더니 그분께서 이 일은 이렇게 하라 하셨고, 저 일은 저렇게 하라고 일러주셨답니다."

그네는 주인어른이 일러줬다는 말을 결코 빠뜨린 적이 없었다.

이번에는 나이 든 소작인이 물으러 왔다.

"저의 윗집에 살고 있는 과부가 매우 어려운 처지에 놓였답니다. 어떻게 도와줄 수 있는 방법이 없겠습니까?"

"아, 그러세요. 잘 알았습니다. 수고 많이 하셨어요. 저의 주인어른께 잘 말씀 드리겠습니다. 그리고 주인어른께서 일러주신 말씀을 그대로 전해드리지요. 죄송스럽지만 내일 다시 와 주시겠습니까?"

그네의 대답은 주인어른께 말씀 드린다는 말을 결코 잊지 않았다.

그런데 언제나 되풀이되는 주인어른께 말씀 드린다는 바보 부인의 말을 곧이곧대로 믿는 소작인이나 마을 사람들은 없었다.

더욱이 마을 사람들은 하나 같이 바보 부인 혼자 결정해서 지시하는 것이라는 것을 알고 있으면서도 그런 것에 대해 일체 물어보거나 내색하지 않은 채 부인의 지시대로 꼬박꼬박 따르기만 했다.

그렇게 상대한 지 몇 해가 지나갔다.

그랬는데 마을에서는 이상한 변화가 하나 둘 일기 시작했다.

그들은 누구나 주인이 바보 천치인 줄을 알고 있으면서도 바보 부인의 지시가 부인이 아닌 바보 주인이 직접 지시하는 줄로 여기게끔 되었던 것이다. 더욱 놀라운 일은 누구 하나 정신박약아인 바보 주인을 얕잡아보거나 업신여기는 사람이 없다는 점이었다.

부인의 착한 심성에서 우러나온 바보 남편을 생각해 주는 참된 배려(配慮), 그런 배려가 시종여일하게 연기 아닌 연기를 해내어 마을 사람들로 하여금 암시효과를 극대화했다고 할까.

오히려 이런 해석은 야박하고 속되다고 하겠다.

정신박약아(精神薄弱兒)란 남편의 치명적인 결함을 탓하고 원망하기에 앞서 그 결함을 슬기롭게, 때로는 현명하게 변호하고 옹호하면서도 자신은 항상 남편 뒤에 숨어 그림자 노릇을 했다는 게 얼마나 깨가 쏟아지는, 그리고 감동적인 이야기인지 모른다.

이런 배려라면 세상을 아름답게 하며 살맛나게 하는 것은 아닐까.

마음에 인(印)을 찍어주는 여인이야말로 열 번 스무 번 죽었다가 깨어난다고 해도 눈부시게 아름답다.

이 바보 남편의 부인처럼 자신을 드러내기보다 뒤에 숨어서 나보다 남을 먼저 생각해 주는 것이 진정한 배려일 것이다.

3부
소설

글을 쓰는 데도

전단지와 필화(筆禍)

창작의 제반 요건

작가와 체험과의 함수

수로부인의 기사

소설화 과정의 실제

저 자줏빛 바윗가에

찬기파랑가의 기사

아아, 잣 가지도 높아라

메나리

시적이며 수필 같은 소설

극적 반전의 소설

글을 쓰는 데도

 작가 자신이 소신을 가지고 글은 쓴다면 생명이 길까?
 반드시 그렇지는 않을 것이다. 그렇다고 해서 독자를 의식해 쓴 글이 생명이 길다고 단정하기도 쉽지 않다.
 독자를 배려한 글이라고 해서 나쁘게 볼 것도 아니다. 글도 독자를 배려해서 의식하고 쓰면 아첨의 글이 되긴 하지만 그렇게 써 좋은 글, 독자에게 사랑받는 글이 된다면 그 이상 바랄 것이 없겠다.
 한때 일간지마다 연재소설을 게재한 적이 있다.
 이유는 신문마다 사건이나 기사가 대동소이하기 때문에 신문의 특성을 발견하기가 쉽지 않아서였다.
 그래서 독자를 확보하기 위해 인기작가에게 부탁해 연재소설을 게재한 적이 있었으며 연재소설의 인기 여하에 따라 신문 부수가 늘고 줄고 하는 희비극의 시기도 있었다.
 신문연재가 독자에 영합하지 못하면 연재 도중에 신문사의 강요로 중단되는 경우가 더러 있었으며, 때로는 예정보다 일찍 연재를 끝내는 경우도 있었다. 그런 경우, 작품성은 제외되고 연재 내용이 독자의 요구나 바람에 부합하지 못한 경우가 된다.
 경우에 따라서는 위정자들의 눈에 거슬려 중단된 적도 있었다.

이런 사례에서 보면 글 쓰는 데도 배려가 필요하다.

우리는 7, 80년 대의 소설에서 그런 경험을 한 적이 있다. 70년대를 대표하는 호스티스 유의 소설이 한때 인기를 끈 적도 있었다. 인기를 끈 소설로 『별들의 고향』 등 세태를 반영한 점도 있으나 독자의 심리에 영합했거나 부합했기 때문이리라.

작가가 의식했든, 하지 않았든 결과적으로 보면 독자의 구미나 요구에 응한 소설이라면 독자를 배려한 소설이 아니겠는가.

이런 소설도 나름대로 문학에 이바지한 공이 있다. 바로 문학에서 멀어진 사람들을 소설로 끌어들인 점은 높이 살만하다.

80년대도 거의 마찬가지였다고 할 수 있다.

군사독재시대의 암울한 현실을 반영해서 히트를 친 소설은 대중 영합이라는 비난을 벗어나기란 쉽지 않을 것이다.

예를 들어 『인간시장』은 암울한 군사독재시기에 있어 독자들에게 카타르시스해준 소설이 되겠고 『태백산맥』이나 『남부군』 등은 운동권과 386세대가 찾는 소설이 되었다.

그렇게 인기를 끌었거나 인기소설로서 베스트셀러가 된 소설 중에서 스테디셀러가 되거나 문제작이니, 명작이니 하는 평가를 받는 소설이 없다는 것은 무엇을 의미하는가?

이와 반대로 독자를 의식하지 않고 작가가 쓰고 싶어 쓴 소설은 얼마나 될까? 아마도 거의 없을 것이다.

드라마도 예외가 아니라고 생각된다.

드라마는 소설보다 더하면 더했지 못하지는 않을 것이다. 그러니까 종종 시청률이 떨어지면 조기 종영을 강요당하는 일이 흔하며 어느 날 갑자기 중단되기도 한다. 그리고 인기가 있다고 하면, 『주몽』처럼 예정된 회수를 초과해 엿가락처럼 질질 늘리고 횟수를 거듭해 방영함으로써 흥미를 반감하거나 독자들의 갖은 비난을 사기도 한다.

독자에게 가장 인기 있다는 드라마 작가라면 계약 때부터 벌써 몇 억, 그리고 매회 200자 원고지로 40매 정도 분량인데도 원고료 명분으로 수천만 원씩이나 지불되기도 한다니, 내게는 꿈만 같은 세상이다.

독자에게 다가간다는 말은 독자에게 영합한다는 것이 되며, 영합한다는 것은 독자의 취향에 부합하기 때문에 독자에게 아첨했다는 것으로 볼 수 있지 않을까. 영합한다는 것은 결과적으로 작가가 독자에게 아첨했다는 의미로 해석할 수 있으니까.

최소한 인기 작가나 베스트셀러 작가가 되려면 독자에게 다가가는 비법 한두 가지는 터득하는 것이 좋다.

그러려면 독자에게 아첨하는 것부터 배워야 할 것이다.

일본의 베스트 작가 무라카미 하루키는 대학생과의 대담에서 "글을 쓴다는 것은 여자를 꼬시는 것과 같아 기본적으로 재능을 타고 나야 한다."고 TV 인터뷰에서 고백하기도 했다.

이로 보면 글을 쓰는데도 배려 아닌 아첨이 필요하다.

작가 연구는 독자에게 작품을 이해시키는 데 도움을 줄 수도 있기 때문에 독자에게 보다 다가갈 수 있는 유일한 길이기도 하다.

독자에게 다가간다는 것은 독자를 배려하고 생각하며 고려하는 것이기도 해서 아첨과 관련이 있다.

글은 어떻게 써야 독자에게 아첨은 아첨이되 아첨이 아닌, 독자가 전혀 의식하지 못하게 하는 글을 쓸 수 있을까.

아첨의 글을 쓰려면 아첨에 대한 기교나 숙련이 필요하다. 독자가 원하는 것을 충족시키거나 독자의 가려운 데를 적당히 긁어주는 기교, 그런 기교야말로 독자에게 영합하는 길이며 선의의 아첨이기 때문에 글을 쓰는 사람에게 필요하다. 그래야 사랑받는 작가가 될 수도 있다.

이밖에도 아첨의 글은 종류가 다양하다. 어떤 작가가 사람으로부터 자서전이나 회고록을 부탁받아 글을 쓴다면 그것은 아첨의 글이 되고도 남는다. 이유는 나쁜 점보다는 좋은 점, 부정적인 면보다는 긍정적인 면을 주로 부각시켜 쓰기 때문이다.

또 책의 서문이나 발문, 시집이나 창작집의 서평 등도 아첨의 글이 될 수밖에 없다. 이런 글은 지인이나 평소 잘 아는 사람에게 부탁해서 쓰기 때문에 혹평보다는 칭찬하는 내용이 대부분이다.

제문이나 조문, 취임사, 외교문서, 세덕가 등 어쩔 수 없이 아첨의 글이 될 수밖에 없는 글의 종류도 있다.

물론 아첨과는 거리가 먼 글도 있다. 필화(筆禍)와 관련된 글이다. 글 한 번 소신을 가지고 썼다가 곤욕을 치른 예도 흔하다.

사상계 사장 장준하 선생의 의문의 죽음, 「오적」의 시인이 당한 혹독한 고문은 말할 필요도 없겠다.

「갯마을」의 작가가 『사상계』에 ○○지방의 인간성에 관한 콩트 비슷한 글을 실었다가 그 지방으로부터 스토킹을 당해 잡지는 임시 휴간해야 했으며 작가는 스토커에 시달리다 못해 1년 뒤 작고한 사건은 알 만한 사람은 다 알고 있다.

글을 써 발표했거나 책으로 출판한 탓으로 명예훼손이나 손해배상청구소송으로 고소를 당한 사례는 또 얼마나 많은가.

필자도 장편소설 『대학괴담』을 써 출판했다.

전단지에 폭로된 성추행 비행을 괴담에 맞아 가명으로 등장시켰다. 그랬는데 남들은 누워 침 뱉기라고 비웃는데도 현직 대학 교수인 그는 명예훼손으로 형사소송은 물론 돈에 탐을 내어 손해배상으로 7천만원의 위자료 청구소송을 해서 대법원까지 간 적이 있다.

또 같은 소설을 두고 또 다른 가명으로 등장시킨 인물로부터는 7백만원의 위자료 청구소송을 제소당하는 필화를 입기도 했었다.

　이런 필화를 당하지 않으려면 소신을 죽이고 아첨의 글, 독자를 배려하는 글도 필요하지 않을까 싶다.

　그러면 글은 어떻게 써야 수많은 독자에게 사랑을 받을 수 있을까?

　그에 대한 답은 각양각색이어서 한 마디로 단정 지을 수 없다.

　필자로서는 그에 대한 명쾌한 답을 조앤 롤링이란 작가에게서 찾을 수 있지 않을까 싶어 그녀와 관련된 것을 간단히 소개한다.

　조앤 롤링은 1965년 7월 31일, 영국 남서부 소도시 중하층 가정의 딸로 태어나 퀜트 쳅스트에서 성장했다.

　엑스터 대학에서 불어를 전공했으며 졸업 후 비서로 일하다 해고당했고 맨체스터 회사에 다니다가 또 해고당하자 1990년 25살의 나이에 포르투갈로 가서 영어 교사가 되었다.

　그곳에서 기자를 만나 결혼해서 딸을 낳았으나 가정폭력으로 별거했으며 귀국해서는 에든버러에 거주했다. 그녀는 직장을 구하지 못해 불우하게 지내며 주당 10만원을 주는 정부 보조로 딸의 분유조차 사기 어려운 처지에 놓여 굶는 게 일상이다시피 했다.

　1990년 맨체스터에서 런던 킹스 크로스행 기차를 타고 가다 고장으로 이름 모를 시골에서 4시간 정차했을 때, 무료한 시간을 달래기 위해 상상을 하다가 우연히 '자신이 마법사란 사실을 알지 못하고 어쩌다 우연히 마법사 학교에 가게 된 소년'이란 아이디어가 떠올랐다.

　그녀는 이 소년에 대해 11세부터 17세까지 학교생활을 쓰되, 한 학년에 한권씩 7권의 시리즈를 쓰기로 결심한다.

　그녀는 구체적으로 살을 붙이고 피를 불어 집필하기 시작했다. 장소나 인물의 성격은 롤링 자신의 경험을 토대로 했으며 포터는 롤링이 어릴 적에 친했던 이웃집 친구 이름에서 따오기도 했다. 성격은 학창시절에 만난 여러 교사들을 생각해서 설정했으며 처음 구상했을 때부터 5년 각고 끝에 1권을 완성했다.

그녀는 유능한 신인작가를 발굴하는 문학 에이전트 크리스토퍼 리틀에게 원고를 보여주며 출판사를 물색해 달라고 부탁했다.

리틀은 대형출판사 12곳에 소개서를 보냈으나 모두 거절당하고 천신만고 끝에 13번째서야 소규모 출판사인 블룸즈버리와 계약할 수 있었다. 초판은 500부, 인세로는 200만원을 받기로 했는데 당시 200만원이란 돈은 그녀에게 큰돈이었다.

리틀은 그녀에게 여성 작가가 쓴 아동소설, 특히 판타지 소설이라고 알려지면 팔리지 않을 수도 있으니까 개명할 것을 권유했는데 그녀는 그의 권유를 받아들여 이름을 J. K 롤링이란 필명으로 바꿨다.

1997년 『해리포터와 마법사의 돌』과 2007년 7권 1, 2편인 『해리포터와 죽음의 성물』에 이르기까지 그녀가 쓴 해리포터 시리즈는 매 권마다 300만 부 이상 팔려 세계적인 초베스트셀러가 되었다. 계속해서 세계의 60개 이상 언어로 번역되었으며 출판 부수는 상상을 초월했다.

2017년 최고 소득 작가 1위를 차지했으며 9,500만 파운드(약 1070억), 1019년에는 9,200만 파운드를 인세로 받았으며 그녀의 재산은 기하급수적으로 늘어 1조원 이상으로 늘었다고 한다.

그녀는 자신의 기구했던 과거를 생각해서인지 기부도 즐겨했는데 2017년 영국에서 기부 2위로 168억이나 되었다.

수입은 인쇄 영화 웹사이트 등, 미국 올랜드 로스앤젤레스, 일본 유니버설 해리포터 놀이시설 등이 최대 수입원이다.

그녀는 5개 대학 이상에서 명예문학박사 학위를 받았으며 대영제국 훈장, 에든버러왕립학회 명예회원, 안데르센 문학상, 런던 시 자유상 수상 등 상만 해도 36개 이상의 상을 수상했다. 그런데도 지금까지 그녀에게 노벨문학상을 수상했다는 소식은 들리지 않는다.

2001년 『해리포터와 마법사의 돌』은 스티브 클로스가 각색, 영화로 제작되었으며, 2011년 『해리포터와 죽음의 성물』 1, 2편이 킹스 크로스에 의해 영화로 제작되어 상연되었다.

그녀가 쓴 소설은 시리즈로 7권, 영화 시리즈로 8편이 모두 성공을 거두는 희대의 소설이 되었다.

글은 어떻게 쓸 것인가의 명쾌한 해답은 조앤 롤링의 『해피포터』 시리즈에서 찾을 수 있지 않을까 싶다.

전단지와 필화(筆禍)

하루는 누군가 투서와 유사한 전단지를 교수 연구실이며 사무실마다 집어넣어 캠퍼스를 발칵 뒤집어놓았었다.

필자는 연구실 문을 열고 들어서다가 A4지 크기의 전단지가 떨어져 있어 강의 중에 리포트를 제출하지 못한 학생이 뒤늦게 집어넣은 것이 아닌지 해서 주워 리포트를 모아 둔 곳에 두려다 말고 이름이라도 확인하기 위해 재차 보았더니 리포트가 아니었다. 한 눈에 보아도 소신을 밝히거나 비리를 적은 전단지 같은 성격의 내용이 담겨 있었다.

필자는 장편소설 『대학괴담』을 쓸 소재를 수집하고 있었는데 전단지가 주제에 맞다고 생각해서 소재로 채택하기 위해 일단 보관했다.

그로부터 10년이 지나 소설을 쓸 때, 전단지를 인용하되 이름 두 자 중 한 자를 바꿔 명명하고 윤문을 해 소설로 썼다가 명예훼손으로 고소를 당해 4년여나 곤욕을 치른 적이 있다.

남들은 누워 침 뱉기라고 비웃는데도 현직 대학 교수인 원고는 명예훼손으로 형사소송은 물론 돈을 탐내어 손해배상으로 7천만원의 위자료를 청구하는 민사소송을 했다. 필자는 1심 형사소송에서는 5백만원의 벌금, 민사소송에서도 5백만원의 위자료를 지불하라는 패소를 당했다. 게는 가재편이라고 사회적인 이슈가 아니라면 무조건 기각하는 관례가 있는지 모르겠으나 2심에서도 기각, 3심 제도가 무슨 소용이 있는지 대법원조차도 기각하는 바람에 끝내 패소하고 말았다.

또한 같은 소설을 두고 또 다른 가명으로 등장시킨 인물로부터는 7백만원의 위자료 청구소송을 제소당해 3백5십만원에 합의를 보기도 했다.

이런 필화를 당하지 않으려면 소신을 죽여야 하고 아첨의 글도 필요하지 않을까 싶다.

존경하는 Z대 교수님들과 학생 여러분에게

저는 Z대학 졸업생이며 모교에서 수년간 양궁 코치로 근무하고 있는 홍장서입니다. 이제 정든 이 학교를 떠나게 되었습니다. 제가 떠나기 전에 운동을 전공한 스포츠맨으로서, 남자로서, Z대학 졸업생으로서 여러분 앞에 진실을 이야기하지 않고는 떠날 수 없어 글을 써서 돌리기로 마음을 먹었습니다. 이는 대학생활을 하는 데 있어 후배들에게 다시는 이런 일이 일어나서는 안 된다는 간절한 바람으로 몇 자 적습니다.

저는 이렇게 하는 것이 진정한 용기라고 생각하며 저의 이런 판단이 헛되지 않도록 관심과 격려를 부탁드립니다. 또한 대학에 계신 다른 교수님들에게 저의 이런 행동으로 말미암아 불쾌함을 드렸다면 송구스럽게 여기겠습니다. 아무쪼록 훌륭한 교수님들에게 다시 한번 고개 숙여 사죄를 드리며 끝까지 읽어 주시면 고맙겠습니다.

이 시간 이후로는 저와 같은 일들이 저의 후배들에게는 일어나지 않기를 바라면서. 제가 이렇게 하는 것을 두고, 이 글의 당사자인 교수는 '나를 죽이려고 모함한다.'고 말합니다만 저는 그 무엇을 얻기 위함이 아닙니다. 다만 진실을 말할 뿐이며 다시는 이런 일들이 우리 대학에서는 일어나지 않았으면 하는 바람뿐입니다.

지금부터 모든 내용은 제가 직접 겪은 일이며 조금도 거짓이 없음을 천명합니다. 만약 그렇지 않다면 폭로의 죄 값은 저의 몫이라고 생각하며 죄 값을 당당하게 받을 것을 이 글을 읽는 모든 분에게 약속합니다.

그러면 편지 형식으로 적어 나가겠습니다.

임말리 교수님께

제가 떠나기 전에 지금까지 제가 느낀 것과 여러 가지 사건을 통해 교수로서 자질이 의심스러운 몇 가지 점에 대해서 허심탄회(虛心坦懷)하게 대답해 줄 것을 부탁합니다.

첫째, 지난 해 1학년 2학기 때, 전국체전에 참가해 최선을 다하고 돌아온 이은숙 선수를 두고, 강의 중 많은 학생들 앞에서 개망신을 준 적이 있습니다. 그로 인해 그 선수는 신경과민은 물론 스트레스를 받아 병원에 실려 간 적이 몇 번인지도 모릅니다. 당시 상황을 1학년-지금은 2학년에게 물어보면 알 겁니다. '이은숙 너는 배드민트 선수도 아닌 게 수업에는 왜 안 들어왔어? 너는 무용 특기생으로 들어왔잖아. 그렇기 때문에 학점을 줄 수 없어'라고. 체육부에서 선수 출전 때마다 공문도 돌렸고 게다가 시합에 한두 번 출전한 것도 아닌데 말입니다.

또한 코치인 저와 이은숙 및 컴 파운드 선수 2명에 대해서는 당신이 선수들을 모아놓고 '운동을 하는 데는 아무런 문제가 없다'고 공개적으로 말했습니다. 생생하게 기억하시겠지요. 선생님, 아니 교수님?

둘째, 그때 당신은 '양궁부에 대해 아무런 감정도 없다, 다만 장소는 교수가 버릇이 없는 것 같다. 장 교수가 우리 학과에 들어올 때, 내가 많은 도움을 줬는데도 내게 배은망덕하기만 한다, 그래서 내가 장 교수의 버르장머리를 당장 고쳐주고 싶다'고 말했습니다.

선생님, 그렇게 말하지 않았습니까? 당신은 교수들 싸움에 학생들이 겪은 괴로움을 충분히 알고 그렇게 했던 것이 아닙니까?

셋째, 그때 연구실에서 당신은 내게 '홍 코치, 지금 장소은 교수와 현 총장하고는 애인 사이다. (애인을 지칭하는 새끼손가락을 내밀면서)해서 무용 전공 교수 주제에 너무너무 튀고 까불어댄다'고 하셨지요?

저 혼자 들은 것도 아닌데 당신은 이를 부인하겠습니까.

또한 제가 나가려고 할 때, 이런 말도 하셨지요. '연구실을 나가면 장소은 선생한테 고자질할 거지? 해도 상관없다. 나가 봐라' 라고 말씀하셨지요? 기억이 나시겠지요. 언젠가 장소은 교수님이 말씀하셨습니다. 장 선생님이 깜짝 놀라면서 '임 교수가 진짜 그런 말을 했느냐?'고 묻기에 분명히 말한 적이 있으며 저만 들은 것도 아니라고 했습니다.

그런데 지금 와서 난처해지자 '그런 말 한 적이 없다'고 발뺌을 하다니, 참으로 어이가 없었습니다.

넷째, 제가 배드민트부 코치로 들어온 1999년 여름 방학 때, 당신이 체육부장을 맡고 있을 때입니다. 배드민트부 여학생이 1명이라도 더 들어올 수 있도록 도와달라고 600여 명 학생들에게 서명을 받았습니다. 서명받은 종이를 체육관 앞에서 당신에게 보여주자, '내년에는 1명을 더 배당시켜 주겠다'고 약속했습니다.

그런데 이를 지키지 않다가 장 교수가 학과장이 되자 떠넘겼습니다. 맞지요? 선생님, 책임질 수 없는 말을 왜 하셨습니까?

교수의 신분으로서 공개적으로 약속했다면 반드시 지켜야 하며 지키지 못했다면 사과라도 해야 하는 것 아닙니까, 선생님?

다섯째, 제가 대학원 1년차 회식 때였습니다.

1차는 아우지 횟집에서, 2차는 학과 교수 4명과 시내에 있는 토반 룸에서 술을 마셨지요. 그때 저는 Y읍 Y여중에 근무하고 있어서 차를 몰고 Y

읍으로 가야 했기 때문에 술은 입에 대지도 않고 노래만 불렀습니다. 그랬는데 저로서는 얼마나 당황했는지 압니까?

당신 스스로 바지와 팬티를 벗더니 물건을, 그것도 물건이라고 꺼내 보여주면서 "자, 빨라고." 했지요. 내가 어이없어 하자 아무리 술기운이라고 하지만 더욱 기고만장하게 굴면서 "너, 어서 빨지 못해. 좋아. 그렇다면 내가 니 학점을 날릴 뿐만 아니라, 졸업은 꿈도 꾸지 마. 알았어. 이 새끼!"라고 했지요. 장난치고는 너무너무 황당하더군요.

그러나 나는 대학원을 졸업해야 했기 때문에 참을 수밖에. 다른 교수가 바지를 올려주면 당신은 내리기를 몇 번이나 반복했고요.

"어서 빨아. 빨라고. 이 새끼. 두고 봐. 졸업을 시켜주나."

제자에게 성폭행 치고 너무 치졸한 것 아닌가요.

어디 그뿐이겠습니까. 당신이 아가씨와 함께 붕붕을 하기 위해 3차를 가고 난 뒤, 저는 더욱 황당했답니다. 술값이 장난 아니게 나왔으니까요.

술집 마담이 말하기를, 임 교수가 '당신 보고, 이번 술값뿐 아니라 저번에 먹은 술값까지 계산하라'고 했다지 않습니까.

기억나실 테지요. 남은 사람들이 어이없어 했으나 나로서는 어쩔 도리가 없었답니다. 왜냐하면 졸업을 해야 했으니까요.

여러분, 제 입장을 이해하시겠습니까?

저번에는 소인 교수님이 당신을 명예훼손죄로 고발한 적이 있었습니다. 그때 증인으로 자청한 이유는 소 교수의 행동이 정당하다고 생각했으며 없는 말을 만들어 내면서까지 인격을 실추시키는 행위는 잘못된 것이라고 판단해서인데, 결과적으로 체육인의 한 사람으로서 올바르게 처신했다고 생각합니다. 당신도 잘못을 인정하고 사과했기 때문에 소 교수가 고소를 취하했습니다. 그렇지 않습니까?

임 교수님? 없는 일을 만들어서 말을 지어내는, 학생들과의 약속을 밥

먹듯이 하며 지키지 않는, 교수들 싸움에 학생들을 희생시키는, 돈 없는 대학원생들에게 양주 값을 내게 하는, 같은 학과 여교수를 총장 애인이라고 지어내서 말하는 것은 교수로서 자질 문제가 아닙니까?

특히 학생에게 팬티를 벗고 '빨라고' 하면, 남녀를 불문하고 성폭력이 아닌가요? 임 교수님, 이번 기회에 자기 자신을 한번 돌아보고 다시는 그런 일이 없도록 하십시오. 부탁합니다.

위에 적은 것이 사실이 아니라면 책임은 제가 져야겠지요.

기억이 전혀 나지 않는다거나 취했기 때문에 모른다고 하는 것은 아주 비겁한 작태라고 생각합니다.

앞으로 저는 대학원생활과 졸업생으로서 자부심을 가지고 생활할 것이며 학과의 무궁한 발전을 기원합니다.

졸업생 및 양궁부 코치 홍장서 드림

Z대학 교육대학원생 홍장서는 이런 전단지를 작성해서 프린트를 해 2003년 10월 7일 경, Z대학 체육학과 학생 150여명, 7개 단과대학 학장, 교수 250여명, 본부 각 부서의 사무실은 물론이고 기숙사, 교육대학원생들에게 배포하거나 뿌려졌다. 뿐만 아니라 홍장서는 학과 홈 페이지 및 Z대학 홈 페이지에 올려 수천 명 학생이 조회까지 했다. 하물며 C읍 주민들에게까지 알려져 지성인이며 국립대학 교수도 공인인데 공인으로서 어찌 그럴 수 있느냐고 여론이 들끓기도 했었다.

Z대학 대학본부는 이러한 사실이 언론에 알려지면 대학의 이미지 실추는 물론 신입생 유치에 영향을 미칠까 전전긍긍했다.

당시 총장은 불미한 사건을 야기한, 자기가 임명한 교수의 예·체학장 보직을 해임하려고 교무회의까지 개최했으나 일부 교무위원들이 반대해서 결국 그를 해임시킬 수도 없었다.

임말리 교수는 홍장서를 명예훼손으로 검찰지청에 고소했다가 여론이 불리해지자 스스로 소를 취하하기도 했다.
　　보직을 유지하게 되자 임말리 교수는 '그 입 누가 말려.' 하고 구성원들이 그를 두고 입버릇처럼 비웃었듯이 자, 봐라. 총장까지도 나를 해임시키지 못했다고 큰소리치며 떠들어댔다.

　　* 이름은 가명, 지명과 대학명은 가상으로, 그것도 영어의 이니셜로 했으며 재판 경과에 대한 자료는 개제한 장편소설 『교수와 카메레온』에 수록되어 있다.

　　이런 소재를 허구인 소설로 다뤘다고 해서 명예훼손이 될까?
　　형법소송법에 의하면, '명예훼손은 주위 사람 2, 3명만 누구라는 것을 알 수 있도록 썼으면 명예훼손에 해당되며, 있는 사실을 소재로 썼을 때는 그 죄가 가벼우나 없는 사실을 지어내어 썼을 때는 그 죄가 더 무겁다.'고 적시해 놓았다. 전단지 건은 수많은 사람들이 알고 있는 사실인데 이를 허구인 소설로 이름 한 자까지 바꿔 인용했는데도 명예훼손이 되는지 의아심을 금할 수 없다.
　　소송은 피고와 변호사, 판사의 합작품인지, 아니면 재판의 7, 80% 승소는 돈을 많이 주고 유명 변호사를 샀느냐, 사지 않았느냐의 여부에 따라 결판이 난다는 법조계의 현실을 감안하더라도 지금도 납득이 가지 않아 독자에게 한번쯤 물어보고 싶다.

창작의 제반 요건

첫 대면에서 상대방을 파악하는데 신속하기가 빠르면 3, 4초, 늦어도 7, 8초면 충분하다고 한다. 파악하는 데 있어 신체 부위 중에서도 얼굴, 얼굴 중에서도 눈이 먼저 상대방의 눈에 어필된다고 한다.

그것도 일방적으로 파악되고 평가 당한다는데 있으며 나의 의도와는 상관없이 상대방에 의해 좌우된다는 점이다.

이처럼 일방적으로 파악되고 평가 당하는 것은 문학도 마찬가지다.

첫인상의 관리는 메이크업인 화장이나 헤어스타일보다는 밝고 환한 표정, 해맑은 미소가 상대방의 마음을 사로잡는다.

이미지 메이킹에 의해 통합 관리되는 것으로는 내적 이미지, 외적 이미지, 사회적 이미지가 있다.

참된 자아의 발견은 남이 나를 보는 객관성과 내가 나를 생각하는 주관성이 일치할 때, 사회적 이미지가 배가되기 마련이다.

내적 이미지의 하나인 메이킹은 타고난 생김새와 자기의 의도적인 태도로 흔히 결정된다. 이때 긍정적인 생각, 자존심, 감사하는 마음, 상부상조, 관심과 배려 등이 복합적으로 작용한다.

문제는 열등감의 해소에 있다. 남들은 무관심하기 마련인데도 사람들은 자기 외모에 갖은 신경을 다 쏟아 붓는다.

사회적 이미지를 제고하는 것으로는 한번 말하고 두 번 듣거나 세 번, 네 번 맞장구 쳐주며 호응해 주는데 있다.

칭찬이야말로 고래도 춤추게 한다는 말이 있듯이 먹는 보약이 아닌 귀로 듣는 보약이고 황금 알이며 다이아몬드라고 할 수 있다.

인사는 반드시 눈 보고 해야 하며 밝은 표정, 맑은 목소리로 해야 한다.

이미지 메이킹의 꽃, 영혼의 꽃은 인상과 표정에 담겨 있다고 한다.

인상과 표정 관리에 따라 사람의 운명이 바뀔 수도 있다.

좋은 표정은 16개의 근육이 움직이고 좋지 않은 표정은 43개의 근육이 움직인다는 연구 보고도 있다.

말 한 마디도 중요하다. 우리 속담에 말 한 디가 천 냥 빚을 갚는다는 금언이야말로 이를 웅변하고도 남음이 있지 않을까.

성공의 비결은 전문지식이 10%, 나머지는 대인관계, 곧 처세술이 좌우한다는 점을 상기해 봄 직하다.

이처럼 첫인상이 매우 중요하듯이 좋은 글도 첫 머리, 첫 페이지가 그 글의 성패 여부를 가름할 수 있다.

좋은 글을 보다 잘 쓰려면

1. 좋은 글은 말하듯이, 물이 흐르듯이 자연스럽고 쉽게 써야 한다. 문어체가 아닌 구어체로 언문일치의 글, 글과 말은 다르지 않다는 것을 불식시켜야 좋은 글이 될 수 있다.

2. 미문(美文)이나 명문(名文) 의식부터 버려야 좋은 글을 쓸 수 있다. 진실되고 가벼운 마음으로 자기의 생각과 느낌을 표현하는 것이 좋다.

3. 좋은 글을 쓰는 데는 좋은 글을 많이 읽어야한다. 좋은 글을 많이 읽으면 어휘가 늘어나고 표현력이 배가된다.

또한 제재의 원천이 될 수도 있으며 구성력도 습득할 수 있다.

4. 때로는 글 쓰는 이론에 따라 글을 써 보는 것도 좋은 글을 쓰는데 도움이 된다. 진부하지만 삼다 곧 다독(多讀), 다작(多作), 다사량(多思量)이 필요한 이유다. 효과적이며 능률적인 습작도 필요하다.

창작의 기본 절차

1. 소재의 탐색은 제목, 주제와의 연관성, 주변 관찰도 요구된다.
2. 주제의 설정은 소재의 의미파악, 핵심 내용을 집약한 것이 좋다.
3. 표제는 글의 내용이나 성격과 관련해 참신한 것으로 정한다.
4. 주제를 효과적으로 전개시키기 위해 줄거리 작성도 필요하다.

주제의 표현은 어떤 자료, 어떤 순서로 전개해서 어떻게 하면 보다 효과적으로 드러낼 수 있는가 하는 기교적인 문제다.

5. 단락의 전개는 형식적인 단락과 내용적인 단락이 있는데, 이를 정하는 데는 일정한 기준과 노력이 요구된다.
6. 마지막으로 다듬어 쓰기-퇴고(推敲)-도 필요하다.

주제(主題)

무엇을 쓸 것인가의 그 무엇에 해당되는 부분이다.

내용을 집약할 수 있어야 하며 핵심을 드러낼 수 있는 두어 단어 정도로 집약하는 것이 좋다. 곧 main idea, central idea, thema idea 등.

경우에 따라서는 추상적이며 일상적 단어가 될 수도 있다.

그 예로 『부활』의 주제는 전반부는 원죄의식, 후반부는 참회의식이 우열을 가릴 수 없을 정도로 팽팽하게 맞서고 있다.

주제의 요건(要件)

1. 참신해야 한다.
2. 선명해야 한다.
3. 다의성(多義性)이 있어야 한다. 예-「님의 침묵」,「부활」

「춘향전」의 주제로 열녀사상, 부패상 고발, 남녀평등사상은 구체적이라고 한다면 사랑은 보편적인 주제다. 따라서 단일한 개념이나 명확한 개념으로는 사랑이 「춘향전」의 주 주제가 된다.

주제 설정의 방법

막연한 생각인 가주제에서 꼭 쓰고자 하는 내용인 진주제로, 관심이 많고 처리 능력도 있으며 목적이나 분량, 기일, 문장의 종류 등을 고려하며 신중하게 생각해서 정해야 한다.

제재 선정의 예를 들어보겠다.

「어느 전쟁 고아의 성공」- 전쟁의 참혹성, 부모 없는 슬픔, 인간 의지의 승리 구현 등에 초점을 맞출 수 있다.

「황산벌 싸움」- 반굴과 관창의 용감성도 주요하지만 어디까지나 계백 장군의 위대한 인간상에 초점을 맞출 수도 있다.

주제 기능에 대해

1. 통일성(unity)이란 문장을 조직화해서 주제에 가깝게 접근하는 것.
2. 긴밀성(cohenence)이란 주제를 지속적으로 발전시키며 재료를 보다 효과적으로 조립하는 것.

3. 강조(emphalio)란 주제를 보다 효과적으로 살리는 방법.

경우에 따라서는 기술적 문제, 조직의 원리, 강조 방법, 솔직한 서술도 필요하다.

주제의 위치 문제만 하더라도 처음, 중간, 끝에 두는 방법이 있으며 조화로는 배분, 스타일, 예민성, 명백한 대조, 공감각 등 적당히 조절해서 쓰면 효과를 배가할 수 있다.

타이틀 – 표제(表題)

1. 주제를 드러내는 제목이어야 한다.
2. 목적과 관련된 제목이어야 한다.
3. 소재와 관련된 제목이어야 한다.
4. 새롭고 참신한 제목이어야 한다.

예를 들면 다음과 같은 것이 있다.

이상의 「날개」, C.V. 게오르규(루마니아 작가)의 「25시」, 마렉 플라스코(폴란드 작가)의 「제8요일」, 황순원의 「나무들 비탈에 서다」, 이어령의 「저 흙 속에 저 바람 속에」, 이영희의 「살며 사랑하며」 등등.

창작의 실제

1. 현대는 소설의 시대라고 한다. 그만큼 소설이 차지하는 비중이 높다는 의미일 것이다.

일반적으로 소설의 창작은 단편에서 장편으로 옮겨가며 소설양식도 역사적 사실을 수용하기 용이한 것부터 시작을 해야하며 자연스럽게 새로운 지향성을 제시하는 것으로 변모하고 있다고 한다.

소설의 내용도 대중적 접근이 용이해야 하고 역사의식에 의한 현실을 투시해야 하며 현실을 초극할 수 있는 가능성도 제시해야 한다.

예로 제임스 죠이스의 「젊은 예술가의 초상」을 들 수 있다.

심리주의 소설은 근대소설에 새로운 전기를 마련했으며 종래의 소설 기법을 부정하고 새로운 영역을 개척했다고 할 수 있다.

예로 이상의 「날개」는 의식의 흐름이란 새로운 기법을 적용해 소설의 저변을 확대했다는 평가를 받고 있다.

창작이란 각고의 노력에 의한 새로운 인생의 미적 구조를 추구하는 것을 일컫는다. 괴테는 창작은 산고와 같다고 했다.

따라서 잉태해 분만하기까지 인생의 통찰력, 달관 등을 형상화하기 위한 숱한 고초를 겪어야 한다.

톨스토이는 추고의 일화를 낳기도 했다. 잡지사 기자가 수정한 원고를 가지러 가니 하루만 늦었어도 다 지워 버리고 하나도 남지 않았을 정도로 교정지를 수 없이 고쳤다고 한다.

소설은 무엇인가. 소설을 어떻게 쓸 것인가 하는 수련과 습작을 거듭해야 좋은 소설을 쓸 수 있다.

소설의 창작과정

소설이란 역사의 흐름 속에서 인간생활을 보다 완벽한 구조에 의해서 형상화하는 보편적인 언어예술이다.

보편적이란 시공을 초월하며 민족성마저도 초월해야 하며 또한 개별성 독창성 참신성도 있어야 한다.

무엇을 어떻게 쓸 것인가는 수련의 문제와도 직결된다.

창작과정으로는 먼저 인생관 등 주제의식을 마련해야 한다.

재제는 생활 주변에서 찾으며 구성 인물 배경 등 구조도 마련해야 하며 형상화·구체화해서 문체까지도 확정지어야 한다.

주제에 의한 제재 선택은 인생관이나 세계관이 될 수도 있으며 제재를 어떻게 구조화해서 문체로 표현하는가는 미적 구조에 해당된다.

미적 구조는 현실적(비현실적) 제재를 어떻게 질서(필연성과 개연성)를 부여하느냐의 문제와도 관련이 있으며 구조 작업은 집필 전의 구상이기 때문에 작가에 따라 다를 수도 있다.

창작상 유의점

1. 주제의식은 작자의 사상이나 인생관이 된다. 주제는 문체로 형상화된 소설의 핵심 내용이다.

생경한 사상이나 생활 감정도 주제의식이 되며 형상화된 사상이나 생활 감정도 주제가 될 수 있다.

인생을 통찰하거나 달관하는 의식의 심화야말로 창작 전의 준비과정으로 필요하며 소설의 위대성을 결정하는 요인이 된다.

독서 사색 체험 등으로 사상을 확립해야 좋은 소설을 쓸 수 있다.

2. 제재의 선택은 주제의식을 가장 적절하게 표현하기 위해 선택된 소재로 인생이나 역사의 흐름에서 작가의 투시력이 좌우한다.

작가 노트는 주제의식, 표현의 적절성, 자기능력으로 형상화가 가능한 것, 참신하고 새로운 것을 기록해 둔다.

소설의 흐름에 맞고 관심이 갈 수 있는 통찰력, 시대의식, 정확한 판단력, 예지 등도 기록해 둘 필요가 있다. 공시적인 시대의식, 통시적인 소설의 전통에 의해 제재의 선택, 문제의식, 문제 작가의 가능성 등 작가노트는 소설 재료의 공장이며 제재의 보고라고 할 수 있다.

구상

작품 구조를 위한 구상이란 제재로서 주제의식을 수용하거나 이를 형상화하는 것으로 곧 문체로 대변되는 골격이다. 플롯 없이 쓰는 경우도 물론 있다. 강신재의 「젊은 느티나무」가 이에 해당된다,
플롯을 완료하고 쓰는 경우는 대부분의 작가가 그렇다.
플롯은 인과관계에 따른 사건의 진행, 의식의 흐름에 따른 진행이기 마련이다. 주제 구현의 기법으로는 소설의 예술미 형성, 논리적, 지적 활동도 있으나 지나친 지향성이나 획일성보다는 플롯의 자율성을 보다 중시해야 좋은 소설이 될 수 있다.

개성적인 문체

언어예술로 형상화하는 과정이 곧 문체다. 문체란 서술은 직접 설명으로, 묘사는 구체적으로 그려내는 서술의 축이다.
대화는 주고받는 구조 속의 말로 묘사에 가깝다. 또한 대화는 시점과 설정한 인물과 부합해야 개성적인 문체를 구현할 수 있다.

정성어린 퇴고

퇴고란 플롯 진행, 인물 구현, 배경 등의 예술미를 확인하며 멀고 험한 잉태와 진통의 길을 걸어야 하는 장인정신이 필요하다. 사상의 심화와 확

대, 기법의 체질화는 각고의 심혈을 기울여야 습득이 가능하며 집요한 소명의식을 가지고 노력해야 좋은 작가가 될 수 있다.

그 예로 주제의식(主題意識)이란 인간 존재의 의미 규명을 말하며 곧 개성적인 인간상을 구현하는 것을 일컫는다.

춘원의 「사랑」은 안빈 박사 흠모, 남편 허영과의 불행한 결혼생활을 견디며 사랑을 추구하는 석순옥에게 주제의 초점이 맞춰져 있다.

알렉산드르 뒤마의 「춘희」는 사랑하기 때문에 떠나가는 마리 구릿드의 삶이 보다 구체적으로 묘사되어 있다.

황순원의 「움직이는 성」은 사랑하기 때문에 숨어 버린 사람을 찾아내는 준태와 지연에 초점이 맞춰져 있다.

앙드레 지드의 「좁은 문」은 동생에게 사랑을 양보하고 천주교에 귀의해 영원을 추구하면서 현실에 애착을 느끼는 아리사에 집중되어 있다.

헤밍웨이의 「누구를 위하여 종을 울리나」는 3일 동안 사랑 끝에 역사적 상황에 몸을 던지는 로베르트와 마리아의 지순한 사랑에 있다.

도스토예프스키의 「죄와 벌」은 초인주의의 구현이라고 흔히 알고 있으나 오직 초인주의를 실천하기 위해 살인하는 라스콜리니코프를 감화시켜 새로운 삶을 열어주는 소오냐에 초점을 맞추고 있으며 결코 초인을 주장한 것이 아닌 초인을 부정한 주제에 맞춰져 있다.

이범선의 「오발탄」

송철호는 계리사 사무실 서기로 6·25 전쟁의 소용돌이에서 삶을 추구한다. 어머니는 두고 온 산하를 그리워해 간주곡처럼 가자, 가자를 반복하면서 삶의 애환을 이어간다. 동생 영호는 행패로 경찰서를 안방 드나들 듯 한다. 누이는 양공주로 죽지 못해 살아가고 있다. 게다가 마누라는 산월이 다가와도 준비 없이 기다리고 있는 딱한 처지다.

철호는 이런 가정의 가장으로 6·25 직후 월남 난민의 암담한 현실과 비극적인 삶 속에서도 절망하지 않고 꿋꿋하게 삶을 이어간다.

「오발탄」의 마지막 장면을 보자.

철호는 택시를 타고 어디로 갈까 하다가 가자, 가자만 외치는 해방촌의 어머니에게로 가다가, 분만을 위해 S병원에 입원한 아내 생각이 떠올라 병원으로 향하다가, 문득 동생이 갇혀 있는 경찰서가 떠올라 ××경찰서로 향해 가는데 운전수가 "××경찰서입니다."고 해도 멍하니 명호는 "가자."만 외치다가 갑자기 이가 아파서
  "갑시다."
  "어디로 갑니까?"
  "글쎄, 가."
한다. 이에 운전수는 "오늘은 오발탄 같은 손님이 걸렸어."하자
  "그렇지. 신의 오발탄이지."
하고 자조하는 철호다.

이런 마지막 장면을 보면, 가족은 외부적 상황이며 이빨은 내부적 상황이다. 치과행은 외부적 상황을 극복하고 자기 삶을 추구하며 현실을 초극하려는 피어린 삶을 구현한 셈이다.

이런 것이 인간 존재에 대한 새로운 의미를 부여한 것은 아닐까.

삶의 지표

삶의 지표란 어떻게 살 것인가의 명제(命題)에 대한 해답이다.

예를 든다면 김정한의 「인간단지」, 선우휘의 「불꽃」, 최인훈의 「광장」, 사르트르의 「자유에의 길」 등이 있다.

까뮈의 「페스트(흑사병)」를 예로 들겠다.

「페스트」는 구제의 모랄을 제시했으며 사회의식을 부각시켰다.

배경은 알제리의 오랑시로 페스트가 만연하자 외부와의 교통을 차단하며 페스트를 퇴치해서야 비로소 성문을 개방한다.

성문 개방이 삶의 지표로 제시되었다.

판느루 신부는 페스트가 만연한 것은 인간이 지은 죄 값이라며 속죄의 기도만을 고집한다. 그는 페스트에 감염되었으나 치료까지 거부한다. 이는 맹목적인 신을 추구한 것이며 개인주의의 한 단면을 보여준다.

석방된 죄수 코티아르는 혼란한 틈을 타 도둑질에 혈안이다. 그는 기회주의자의 일면을 보여준다. 랑베에르 기자는 페스트를 취재차 왔다가 성문이 차단되자 애인을 만나기 위해 탈출에 혈안이다.

이들은 개인주의자이며 개인의식의 소유자로서 문제 해결에 결코 도움이 되지 않는다. 류 의사만은 사회적 구속을 탈피하려는 타루우와 페스트 구호대에 가담한 그랑 등의 협조로 묵묵히 환자를 치료하면서 사력을 다해 페스트를 퇴치한다. 그제야 성문을 개방한다.

이들은 극한상황을 극복한 주체며 사회의식을 소유자한 사람들이다.

까뮈는 두 부류를 등장시켜 개인의식과 사회의식의 양극상에서 사회의식의 승리를 여실히 보여주고 있다.

판느루 신부와 죄수 코티아르는 극한상황을 극복하기에는 불가능하며 사회의식마저 거부하고 개인의식에만 젖어 있다.

요컨대 삶에서 유리된 부랑아와 마찬가지다.

랑베에르 기자는 뒤늦게 탈출의 권유를 거절하고 인간옹호에 앞장선다. 그는 개인의식에서 사회의식을 자각하면서 생각을 바꾼다.

곧 페스트는 외적 요인이며 내적 요인으로 탈출을 단념하는 것은 사회의식 자각이며 개인의식을 지양했다고 할 수 있다.

코티아르는 성문이 열리자 양식의 가책을 느껴 자살하는데 랑베에르 기자는 제1의 사회의식으로 의식을 전환했으며 코티아르는 제2의 사회의식을 자각하고 끝내 자살한다.

「페스트」는 이들을 통해 극한상황에서의 삶의 지표를 제시했으며 개인의식이 어떻게 사회의식으로 지향되어 가는가 하는 삶의 모랄, 삶의 지표, 창조된 인생의 새로운 의미를 부여해 주제의식을 심화시켰다.

작가와 체험과의 함수

　미켈란젤로가 제단의 배경화로 최후의 심판을 그릴 때, 자기의 주장을 결코 굽히지 않았듯이 소설을 쓰는 데도 작가가 자기의 소신을 끝까지 굽히지 않아야 좋은 소설을 생산할 수 있음을 미켈란젤로의 예에서 볼 수 있지 않을까 싶다.

　서구에서는 작가에 대해 다양하게 연구하며 전기 작가까지 있으나 우리는 그렇지 못하다. 저 생 텍쥐페리(Antonie de Saint-Exupery)처럼 비행기 조종사였던 사람, 랭보(Jean Arthur Rimbaud)처럼 스물 살 때까지 시를 쓴 사람, 잉게보르크 바흐만(Ingeborg Bachmann)처럼 침대 위에서 타 죽은 사람, 게오르그 트라쿨(Georg Trakl)처럼 마약으로 일생을 보낸 사람, 이반 골(Ivan Goll)처럼 백혈병으로 죽은 사람, 헨리 바타이유(henry Bataille)나 헨리 밀러(Henry Miller)처럼 몸이 허락하는 한 여자와 여자 사이를 오가며 일생을 즐긴 사람도 있다.
　또한 프루스트(Macel Proust)처럼 평생을 천식에 시달렸으나 밤이면 환락가를 전전했던 사람도 있다.
　그리고 제자와 동거한 노신(魯迅) 같은 사람, 굴원(屈原)처럼 물에 빠져 죽은 사람 등 실로 다양하다.

이처럼 서구나 중국은 작가의 사생활까지 파헤치기도 했다.

서구에 비해 우리나라는 작가에 대한 알려진 전력은 보잘 것 없다. 기껏해야 김시습이 단종 선양의 불만을 품고 전국을 방랑하다 금오산으로 들어가 『금오신화』를 지었다는 정도로 알려졌고 허균이 현실에 불만을 품고 모반을 꾀했다가 끝내 능지처사를 당했다는 것.

또한 김만중이 유배지에서 노모를 위해 「구운몽」을 지었다는, 박지원의 『열하일기』가 유자들에 의해 촛불의 재로 변할 뻔했다는, 임제가 황진이 무덤 앞에서 시조 한 수를 읊었다가 임지에 도착하기도 전에 목이 달아났다는 정도에 지나지 않는다.

박종화의 「금삼의 피」

박종화는 도미설화를 차용해 단편소설을 썼다.

백제 개로왕은 도미의 부인이 절세미인임을 알고 부인에게 수청을 들라고 했으나 이를 거부한다.

수청을 거부하는 것은 남편이 있기 때문이라고 여긴 개로왕은 남편인 도미의 눈을 빼 버리고 배에 태워 한강 하류로 떠내려 보낸다.

그런 다음에 수청을 들라고 했으나 도미 부인은 월경이 있다는 핑계로 수청을 거부하다가 기회를 타 왕궁을 탈출해서 한강 하류로 남편 간 곳을 뒤따라갔다는 설화를 소설을 썼다.

「錦衫의 피」는 최초로 역사소설다운 소설이다.

성종의 계비 윤 씨는 왕자를 생산한 뒤로 중전을 모해하며 질투의 화신이 된다. 그녀는 성종이 총애하는 후궁을 음해하며 악행을 일삼는다. 1479년 잠자리에 들어 성종과 다투다 얼굴에 손톱으로 생채기를 낸다. 이것을 빌미로 대비가 주동이 되어 지엄한 용안에 생채기를 냈다고 해서 폐비한다. 폐비가 되고 유폐된 뒤에도 윤 씨는 반성을 하지 않고 발악하다 1482. 8. 16일 사약까지 받게 된다.

그네는 사약을 마시지 않으려고 버티다가 강제로 먹게 되면서 피를 토한다. 토한 피는 입고 있던 금삼을 벌겋게 물들였다.

그네의 생모 신 씨가 금삼을 보관했다가 딸이 낳은 왕자가 왕이 되자 금삼을 보여준다. 이에 연산은 생모를 생각하는 복수의 도화선이 되고 이어 무오사화의 사단이 된다.

무오사화는 사림파와 훈구파의 대립이었으나 실은 이극돈이 성종의 실록을 편찬하던 중, 김종직의 조의제문인 사초를 빌미로 반대파를 제거한 사건이다. 그들은 김종직의 무덤을 파헤쳐 시신을 꺼내고 목을 베어 효시까지 한다. 유자광을 중심으로 한 훈구파가 김일손 중심의 신진 사류들을 제거한 사화로 조선조 4대 사화의 하나다.

결국 이 사화는 중종반정의 빌미를 제공한다.

최인호의 「벽 구멍으로」

서울고 2학년 재학 중이던 1963년 한국일보 신춘문예에 「벽 구멍으로」가 가작으로 입선되었다. 심사 위원들은 능숙하고 세련된 문장을 보고는 4, 50대의 숙련된 작가의 문장 스타일이라고 여기고 이 사람은 뒤늦게도 문단에 나오는구나 하고 궁금하게 여겼는데 막상 시상식에 나온 까까머리 고 2학생임을 보고 모두가 놀랐다고 한다.

또한 1967년 조선일보 신춘문예에 「견습환자」가 당선되어 주목받는 작가가 되었으며 대표작 「별들의 고향」은 호스테스 소설의 효시다.

이범선의 「청대문집 개」

우연히 청계천에서 초등학교 동창생을 만났다고 한다

동창생이 "너 지금도 소설을 쓰느냐? 쓰면 내가 기찬 소재를 하나 제공해 줄 테니 술부터 사라."했다. 이범선이 "소재 아니라도 모처럼 만났으니 술 한 잔 해야지."하고 둘은 부근 술집으로 들어갔다.

술잔을 나누면서 동창생이 이야기를 꺼냈다.

"내가 외판원으로 라디오를 지고 팔러 다니지 않았겠어. 왕십리 어디쯤에서 그럴싸한 청대문집이 보이기에 다가가 벨을 눌렀지. 그런데 안에서 돈깨나 나가는 개가 나를 보더니 짖기는커녕 오히려 반갑다고 꼬리를 마구 흔들지 않겠어. 도둑을 지키라고 족보 있는 개를 사서 키우는 모양이야. 주위 사람들의 하는 말을 들어보니, 보통 개가 아닌 듯해. 이 개란 놈은 입은 사람에게는 죽을 듯이 짖어대고 남루한 사람은 오히려 꼬리를 치며 반긴다고 하잖아. 벗은 거지는 좀도둑, 입은 사람은 큰 도둑, 나라 망칠 도둑이라는 것을 개가 알고 있다는 게지."

"듣고 보니 깜이 되고도 남겠어."

작가는 이를 제재로 주제를 심화시켜 소설을 썼는데 그 소설이 제2회 월탄문학상을 수상했던 것이다.

전광용의 「흑산도」

1955년 조선일보 신춘문예 응모 전의 일화를 소개한다.

결과를 놓고 보면, 오상원은 「유예」란 단편으로 한국일보 당선, 정한숙은 「전황당인보기」로 한국일보 가작으로 입선, 전광용은 「흑산도」로 조선일보 신춘문예에 당선되어 문단에 등단한다.

응모하기 전에 세 사람이 모여 응모할 소설을 윤독했다고 한다.

오상원이나 정한숙이 자작 소설을 읽어나갈 때는 나머지 두 사람은 아무런 말없이 묵묵히 듣기만 했다.

그런데 전광용이 「흑산도」를 낭독하면서 68매까지 읽어나가자 두 사람은 갑자기 화장실을 간다고 나가더니 돌아오지 않았다.

이에 전광용은 이하는 들어보나 마나, 들을 가치조차 없다고 무언의 지적을 한 채 사라진 것이라고 생각했다.

해서 그는 며칠에 걸쳐 130여 매가 넘는 원고지를 80여 매로 줄이고 정서를 해서 응모했더니 당선되었다며 신춘문예 당선 비화를 문학 강연에서 털어놓았다.

톨스토이의 「부활」

「부활」은 70세 이후의 작으로 그의 사상을 집대성한 장편소설이며 죽기 1년 전 '니비'라는 잡지에 연재된 소설이다.

「부활」을 착상하게 된 계기는 1880년 경, 코니 변호사의 이야기가 동인이 되었다고 한다. 별장지기 딸인 16세 로잘리아는 지주 아들이 유혹해서 데리고 놀다가 버림을 당한다.

그로부터 그녀는 매춘부로 전락했으며 더욱이 죄까지 지어 재판을 받고 옥살이를 한다는 이야기를 들은 톨스토이는 감동을 받아 소설을 쓰기로 결심한다.

그러나 「부활」의 창작 동기는 아내 소피아의 지긋지긋한 바가지와 악담을 피하기 위해 가출을 하자니 돈이 필요했기 때문이다.

게다가 인도주의의 신봉자인 톨스토이가 1895년 두호 보브 종교사건이 발생하면서 천여 명이나 무참히 학살당하자 살아남은 신자들을 캐나

다로 피신시키자니 자금이 필요했다. 해서 소설을 써 원고료를 받으면 그들의 도피를 돕기 위해서였다고도 한다.

그러나 창작의 직접적인 동기는 학창시절 방종한 생활을 한 데 있다. 톨스토이는 숙모댁 종 마샤를 유혹하고 데리고 놀다가 버린 적이 있었다. 그녀는 그로부터 일생을 불우하게 지냈다고 한다.

톨스토이는 만년에 이르러 이를 깨달았다.

그는 비로소 양심의 가책과 참회를 느낀 데다 코니 변호사의 이야기에 감동한 것이 복합적으로 작용하면서 소설을 썼던 것이다.

주제는 전반부는 원죄의식, 후반부는 참회의식으로 두 마리 토끼를 잡았는데도 드물게 성공한 작품이 되었다.

톨스토이는 소설을 탈고한 1910년 11월 미명에 가출을 감행한다.

시베리아의 살인적인 추위에 그대로 노출된 채.

톨스토이는 11월 7일, 무명의 역 아스따보의 대합실에서 앉은 채로 동사하게 된다. 역무원이 대합실에서 어떤 거지 하나가 죽었다고 생각하고 공동묘지에 묻으려 했다.

그때 톨스토이즘에 심취한 청년 추종자가 그의 뒤를 추적한 끝에 대합실에 나타나서야 비로소 신원이 밝혀졌다.

동사한 이야말로 러시아 대문호 톨스토이임을.

톨스토이는 러시아 최초로 시민장으로 치러졌으며 그 뒤 무명의 아스따보 역은 유명한 관광지로 돌변했다.

괴테의 「젊은 베르테르의 슬픔」

창작 동인으로는 첫째, 괴테 자신의 개인적인 체험인 베츠라르에서 로테 브흐와의 사랑, 둘째는 간접적인 체험으로 에르잘렘의 자살, 셋째는 작품에 미친 영향은 미미하나 막시 미리아네 브렌타노의 사련이 계기가 되었다고 할 수 있다.

괴테는 1772. 5월, 대학을 갓 졸업한 23세의 나이로 변호사가 된다. 그는 아버지의 의견에 따라 라인 지방의 한적한 도시인 베츠라르로 가서 재판사무의 견습 변호사로 활동하게 된다.

변호사란 직업 자체가 따분도 했거니와 도시 자체마저 고독한 분위기, 반복 질시, 계급관념 철저, 신·구교의 대립이 심해서 자유분방한 괴테로서는 따분한 생활을 할 수밖에 없었다.

그는 주로 교외로 나가 란강 언덕에 있는 갈벤하임(작품에는 바알하임으로 나온다. 뒤에 「젊은 베르테르의 슬픔」이 유명해지자 괴테의 광장으로 명명) 마을을 산책 하는 것이 유일한 위안으로 생활한다.

그런데 따분하고 고독한 생활에서도 유일한 낙은 가끔 무도회의 모임에 나가 유능한 젊은이와 교제를 한다.

이 모임에 『젊은 베르테르의 슬픔』의 모델이 된 인물이 등장한다. 한 사람은 알베르트의 원형인 게스트너고 다른 한 사람은 뒤에 자살하는 에르잘렘이다. 게스트너는 괴테보다 8살이 많은 근면, 성실, 솔직한 모범 관리로 괴테와 가장 친하게 지낸다.

이 무도회에서 괴테는 게스트너의 약혼녀인 샤르 로테 브흐와 교제하게 되는데 처음 게스터너는 둘 사이의 교제를 호의로 받아들였다.

샤르 로테 브흐는 1753. 1. 11일 생으로 당시 15세였다.

그녀는 독일 기사단 영지의 법관인 하인리히 브흐의 2녀로 사망한 어머니 대신 십남매의 동생을 보살피는 똑똑하고 착실하며 모성적인 아가씨, 괴테가 이곳에 오기 4년 전에 게스트너와 약혼했다.

그들의 최초 상봉은 1772. 6. 9일 수렵관 무도회였다. 이 무도회에 『젊은 베르테르의 슬픔』에 등장인물들이 우연히도 모였다.

게스트너의 일기를 보면, '로테는 괴테의 주목을 끌었다. 괴테는 그녀가 약혼한 처지임을 모르는 듯했다.

나는 몇 시간 뒤에 참석했었는데 그때는 이미 로테가 괴테를 완전히 사로잡았다.'고 기록했다.

괴테도 『시와 진실』에서 '나는 드디어 그녀 곁을 떠날 수 없어 반려가 되었다. 풍요한 땅은 산문을 제공해 주었고 순결한 사랑은 시를 제공했다.' 고 기록하고 있다.

그런데 이들의 교제는 오래 가지 못하고 이내 파국에 이른다.

게스트너는 약혼녀인 롯데를 향한 괴테의 정열에 의혹을 품고 번민하던 중이었다. 8월 3일, 로테는 '괴테가 자기에게 키스했다.'고 약혼자에게 고백한다. 그 뒤 교제는 지속되었으나 괴테는 작품의 내용처럼 9월 11일, 작별도 없이 훌쩍 베츠라르를 떠난다.

이상이 1부의 줄거리다.

에르잘렘은 공사 비서관의 부인인 허스트를 짝사랑한다.

허스트 부인은 아름답고 교양미 넘치는 여성인 데다 신앙심이 깊고 청교도적인 엄격한 여성이었다. 하루는 에르잘렘이 열모의 정을 용해하다 못해 허스트 부인을 찾아가 사랑을 고백한다. 그러자 허스트 부인은 그의 고백을 일언지하에 거절하며 절교까지 선언한다.

에르잘렘은 커다란 충격을 받았다.

그것이 그가 자살하는 직접적인 계기가 된다.

소설 내용에 있는 그대로 에르잘렘은 게스트너에게 편지를 보내어 권총을 빌린다. 그는 빌린 권총으로 그 밤에 자살한다.

괴테가 마을을 떠난 10월 말경이다.

괴테는 『시와 진실』에서 '에르잘렘은 귀인성이 있는 풍채, 중키에 볼품 있는 수려한 청년이며 누런 조끼에 바지를 입고 연미복을 걸쳤다. 또한 갈색의 장화(소설에다 그대로 묘사)까지 신었다.

그는 높은 교양미를 지녔으며 명석한 두뇌의 소유자이긴 했으나 평민 출신으로 따돌림을 받아 늘 우울해 했다.'고 기록하고 있다.

이상이 2부 줄거리다.

작품의 잉태로 보아 제3의 체험은 작품에 미친 영향은 미미하나 창작 동인으로는 결정적인 계기가 된다.

1774. 1월 라보슈 부인의 딸 마크세가 거부의 상인인 브렌타노와 결혼해서 프랑크푸르트로 이사를 온다. 브렌타노는 자식이 다섯 있는 중년이며 마크세는 젊고 교양이 넘치며 가난한 귀족의 딸이다.

괴테는 마크세를 본 순간, 연정을 느끼고 매일같이 브렌타노 집을 무상으로 출입한다. 이런 소문은 프랑크푸르트 전체로 번진다.

촉망받는 젊은 변호사 총각과 유부녀와의 사랑은 온갖 비난의 대상이 되었으며 따라서 괴테는 남의 부인을 사랑하는 것이 얼마나 괴로운 것인가를 비로소 깨닫는다.

괴테는 그런 괴로움 끝에 허스트 부인을 짝사랑하다 자살한 에르잘렘의 심정과 일치하면서 소설을 쓰기로 결심했다. 집필은 마크세 어머니가 브렌타노에게 불평을 토로한 뒤, 프랑크푸르트를 떠난 2월 1일부터 쓰기 시작했다. 실제로 로테 브흐의 눈동자는 푸른 눈이고 마크세의 눈은 검은 눈이었는데 작품 속 로테의 눈을 검은 눈으로 묘사한 것만 보아도 괴테가 마크세를 얼마나 사랑했지 짐작할 수 있다.

인물의 변이를 보면 알베르트의 전신은 게스트너, 베르테르는 괴테와 에드잘렘을, 로테는 로테브흐와 마크세를 합친 인물이다.

괴테는 『시와 진실』에서 '몽유병자처럼 거의 무의식적으로 소설을 썼기 때문에 수정을 할 생각으로 되풀이해 읽었을 때는 나 자신도 이 작품에 대해 놀라움을 금할 수 없었다.'고 고백할 정도였다.

「젊은 베르테르의 슬픔」의 성격은 시적 이야기의 심리소설이며 말미 부분을 제외하고는 베르테르의 주관세계가 주조를 이룬다.

이 소설은 개인의 내적 세계와 심리 세계의 새로운 영역을 개척했는데 인물을 생생하게 묘사했는데도 각각 독립된 존재로서의 성격이 드러나며 괴테 자신의 외적 사실을 성실히 기술했으면서도 자신의 내면세계를 털어놓은 점이 참다운 생명이라는 평을 받았다.

그리고 로테 브흐야말로 청순하고 모성적인 데다 연인이라는 이상적 여인상과 순결하고 따스한 시민적 마돈나로 세계문학상 불멸의 여성상으로 부각되었다. 베르테르도 영혼의 촛불이 비쳐주는 남성상과 젊은이 특유의 심리와 낭만적 내면성과 시대정신을 구현한 인물로 부상했다.

이런 구현은 세계성과도 일치한다.

소설의 형식은 시적 이야기로 전개시키면서 심리 표현에 가장 적절한 일기체 형식을 빌어 구성했으며 가장 친근한 글인 서간체의 형식을 빌어 표현했기 때문에 독자에게 보다 가까이 다가갈 수 있었다.

1부는 행복한 나날 속의 비극의 원인이 싹틈을 다뤘고 2부에서는 비극의 전개를 주인공의 심리에서 서술했으며 3부는 사건의 파국을 서술 했는데 피할 수 없는 운명, 어린이의 죽음, 하인의 범행, 미친 사람의 운명, 베어 버린 호두나무 등 자살의 상념을 암시함으로써 심리 소설로 서 완벽을 기했다고 할 수 있다.

1774. 9월 출판해 책이 세상에 나오자 25세 청년이 이런 완벽한 소설을 쓸 수 있을까 하고 세상이 요동쳤으며 베르테르 붐이 일었다. 그것도 전염병처럼 번져 나갔다. 젊은이들 사이에서는 베르테르 복장이 유행했으며 이혼과 모방 자살 소동이 끊이지 않았다.

어쩔 수 없이 라이프찌히 시의회에서는 『젊은 베르테르의 슬픔』을 읽는 사람에게 벌금을 부과했으며 판매금지 처분까지 내렸다.

나폴레옹마저 「젊은 베르테르의 슬픔」을 전쟁터까지 가지고 다니면서 일곱 번이나 정독했다는 일화까지 있다.

「젊은 베르테르의 슬픔」은 문학사적으로 보아도 중요한 작품으로 부상했다. 이 작품으로 뒤쳐진 독일문학을 세계문학으로 승화시켰음은 물론 모험과 낭만이 점철하는 이야기 중심의 근대소설에서 심리소설로 전환시킨 계기가 되었으며 현대소설의 모태가 되기도 했다. 더욱이 앞선 프랑스 문학에 로맨틱한 독일정신을 심어주기까지 했다.

수로부인의 기사

소설 창작 과정 1

지금부터 소설 창작의 비밀 하나를 털어놓는다.

먼저 『삼국유사』에 수록되어 있는 기이(紀異) 제이(第二) 편의 「수로부인(水路夫人)」 조부터 아래에 옮긴다.

聖德王代 純貞公赴江陵太守 行次海汀畫饍 傍有石嶂 如屛臨海 高千丈 上有躑躅花盛開 公之夫人水路見之 謂左右曰 折花獻者其誰 從者曰 非人跡所到 皆辭不能 傍有老翁牽牸牛而過者 聞夫人言 折其花 亦作歌詞獻之 其翁不知何許人也.

便行二日程 又有臨海亭 畫饍次 海龍忽攬夫人入海 公顚倒躄地 計無所出 又有一老人告曰 故人有言 衆口鑠金 今海中傍生 何不畏衆口乎 宜進界內民 作歌唱之 以杖打岸 則可見夫人矣 公從之 龍奉夫人出海獻之 公問夫人海中事 曰七寶宮殿 所饍甘滑香潔 非人間煙火 此夫人衣襲異香 非世所聞 水路姿容絶代 每經過深山大澤 屢被神物掠攬

衆人唱海歌 詞曰

龜乎龜乎出水路 掠人婦女罪何極 汝若悖逆不出獻 入網捕掠燔之喫

老人獻花歌曰

紫布岩乎邊希 執音乎手母牛放敎遣 吾肹不有慚肹伊賜等 花肹折叱可獻乎理音如

이런 글을 그대로 두면 몇 사람이나 찾아서 읽고 이해할까.

그런 사람은 극히 소수일 수밖에 없다. 그렇게 되면, 아무리 중요한 글이라고 하더라도 사장될 수밖에 없지 않겠는가.

필자는 이를 제재로 소설을 쓰기 전에 번역부터 했다.

때는 성덕왕 시대였다. 순정공이 강릉 태수로 부임하는 길에 바닷가에 이르러 점심을 먹는데 바로 곁에는 절벽이 우뚝 솟았는데 높이가 천 장, 절벽 위에는 철쭉꽃이 멋들어지게 피어 있었다.

공의 부인 수로가 꽃을 보고 좌우 사람들에게 말했다.

"저 꽃을 꺾어 바칠 사람이 없어요?"

한 종자가 대답했다.

"사람의 자취로는 닿을 수 없는 곳입니다."

모두들 못하겠다고 거절했다.

어떤 노인이 암소를 몰고 지나가다가 부인의 말을 듣고 꽃을 꺾어 헌화하면서 노래까지 지어 바쳤다.

노인은 어떤 사람인지 알 수 없었다.

또 이틀을 편안히 가다가 임해정에 이르러 점심을 먹는데 홀연 바다용이 나타나 부인을 납치해 사라졌다.

공이 주저앉아 발을 굴렀으나 대책이 서지 않았다.

또 한 노인이 나타나 말했다.

"옛 사람들의 말에 의하면 '여러 사람들의 입은 쇠라도 녹인다.'고 했습니다. 이제 바다 속에 사는 생명인들 어찌 뭇 사람들의 입을 두려워하지 않겠습니까? 경내 백성들을 모아 노래를 지어 부르게 하고 막대기로 해안을 두드려댄다면 부인을 볼 수 있을 것입니다."

공이 따라 했더니 정말 용이 바다에서 부인을 받들고 나왔다.

공이 부인에게 다가가 바다에 들어갔던 일에 대해 물었다.

부인이 대답했다.

"칠보 궁전에 드니 음식은 달고도 부드러웠으며 향기롭고 조촐해서 인간 세상의 화식과는 달랐습니다."

부인의 옷에는 이상한 향기가 배어 있는데 이 세상에서 맡아본 적도 없는 희한한 냄새였다.

수로의 자태와 미모는 절대였기 때문에 매양 깊은 산, 큰 소를 지날 때면 여러 차례 신물들에게 납치당하곤 했다.

뭇 사람들이 「해가」를 불렀는데 가사는 이렇다.

거북아, 거북아, 수로를 내놓아라.
남의 부인 약탈한 죄 얼마나 큰지
네 만약 거역하고 내놓지 않으면
그물로 사로잡아 구워서 먹으리.

龜乎龜乎出水路
掠人婦女罪何極
汝若傍逆不出獻
入網捕掠燔之喫

노인의 헌화가(향찰로 표기)는 아래와 같다.

저 자줏빛 바윗가에

잡은 손 암소 놓게 하고

나를 아니 부끄러면

꽃을 꺾어 드리리다.

紫布岩乎邊希

執音乎手母牛放敎遣

吾肹不喩慚肹伊賜等

花肹折叱可獻乎理音如

 필자는 수집한 모든 자료를 최대한 원용하고 상상까지 더했다.
 더욱이 「헌화가」를 소설로 쓰는데 배경설화는 물론이고 편찬한 일연 선사의 의도를 최대한 존중하면서 쓰기로 했다.
 필자는 이를 쓰면서 일본을 대표하는 오페라 「나비부인」을 생각했다.
 오페라 『나비부인』의 원제는 「마담 버터플라이」, 푸치니가 작곡했다.
 줄거리는 다음과 같이 요약할 수 있는데 신파조다.
 미 해군 사관 핑 커튼이 일본의 몰락한 기녀 15세 나비 아가씨와 결혼, 그 뒤 나비 부인을 일본에 남겨두고 그는 미국으로 돌아가 게이트란 여인과 정식으로 결혼한다. 결혼 3년째, 그는 아내를 데리고 일본으로 돌아온다. 마중 나간 나비 부인이 항구에 내린 커튼과 게이트를 보고 커튼 사이에 태어난 자기 아들을 게이트 부인에게 맡기고 칼로 자결한다는 내용의 신파조에 지나지 않는 실화다.
 이를 미국 소설가 롱이 듣고 감동해서 소설로 써 발표해 인기를 끌자 이 소설을 대본으로 푸치니가 오페라로 작곡했다.
 신파조에 지나지 않는데도 일본을 대표하는 세계적인 오페라가 되었다는 것은 아이러니 자체가 아닐 수 없다.

  필자는 소설 「저 자줏빛 바윗가에」를 뮤지컬이나 오페라로 각색하면, 「나비부인」보다 몇 배 더 재미있고 감동적일 수 있지 않을까 해서 「수로부인」이라는 타이틀로 오페라 및 뮤지컬로 각색해 출판했다.

소설화 과정의 실제

「헌화가」의 경우

　나는 오래 전부터 향가를 제재로 해서 소설을 쓰려고 별렀다. 학부시절 무애 선생의 「신라가요강독」 강의를 신청하고 기대에 부풀어 설레던 모습이 지금도 선하다. 그랬는데 첫 강의시간이었다.
　기대와는 달리 선생의 강의에 꽤나 실망한 뒤부터인지도 모른다.
　선생이 강의를 못해서가 아니라 당신 특유의 자기 자랑, 자기 과시만 듣다가 끝난 첫 강의에 실망한 때문이었다.
　더욱이 6·3사태로 휴강이 명 강의이며 휴강을 많이 해야 유명교수라는 시대착오적인 생각, 그런 탓인지 모르겠으나 「신라가요강독」은 첫 시간이 그야말로 종강이 되고 말았던 것이다.
　선생께서 첫 마디가 '『고가연구』는 백년이 지나도 단 한 자도 수정할 수 없을 것이며, 있다면 당신의 손가락에 장을 지진다.'고 큰소리친 것은 자긍으로 받아들일 수 있겠으나 신라가요는 골동품, 폐품창고에 가둬져 버렸다는 인상을 지울 수 없었다.
　세계에서 네 번째쯤 오래된 걸작품이 학자들, 그것도 소수 학자들의 전유물로 전락되었다는 느낌을 지울 수 없었다.

그런 탓인지 세계 최고의 걸작인 향가를 재미있게 읽힐 수 있는 방법은 없을까 하고, 그것은 내게 즐거운 고민이 되었었는데 생각해 낸 것이 향가를 제재로 소설을 쓰면 좋을 것 같은 생각이 들었던 것이다.

나는 십수년에 걸쳐『삼국유사』에 실린 설화와 시의 탐색은 물론 기존 향가연구는 거의 섭렵했고 이를 바탕으로 소설로 쓰기 시작했다.

마침내 1991년『기파랑』(청한문화사)을 발간했고 2년 뒤, 전면 개작해서『소설향가』(태학사)란 타이틀로 두 번이나 출간했다.

그래도 불만이 많아 또 2년 뒤『천년 신비의 노래』(태학사, 1995)로 재출간했다.『천년 신비의 노래』는 향가소설의 결정판이라고 할 수 있는데도 불만이 많아 같은 타이틀로 세 번에 걸쳐 개정판을 냈다.

이 정도 열정이라면 향가 소설의 광이라고 할 수 있지 않을까.

이런 의문을 독자에게 풀어주기 위해 나는「헌화가」를 소설로 쓴 비밀을 낱낱이, 그것도 솔직하게 털어놓는다.

저「헌화가(獻花歌)」는 4구체의 향가로 성덕왕 대(代) 이름을 알 수 없는 한 노인에 의해 불리어졌던 노래였다.

『삼국유사』권2,「수로부인」항에 배경설화와 가사가 수록되어 있다.

「수로부인」항은 두 기사로 나누어 생각할 수 있다.

「헌화가」의 기사와「해가(海歌)」의 기록이다.

이 기사는 수로부인을 소설로 쓰는데 있어 중요한 모티브가 된다. 전자는「헌화가」의 창작과정을 밝히는 데 주요한 자료가 되며 후자는 보다 소설적이라는 점이다.

나는 먼저 배경설화를 두 기사로 정리했다.「헌화가」와 관련된 기사와「해가」와 관련된 기록으로 나누었다.

그런데 두 기사 다 순정공이 강릉 태수로 부임하는 길에 발생했다는 점에서는 의문의 여지가 없으나 둘째 기사는 문제점이 있다.

그것은 꽃을 꺾어 바치는 기사는 지극히 현실적인 데 비해 바다용에게 납치당했다는 기사는 비현실적이기 때문이다.

그래서 일단 소설로 쓰는 데 있어 첫 난간에 부딪쳤다. 꽃을 꺾어 바치는 노인과 뒤에 계책을 말하는 노인과의 관계, 그리고 해룡을 현실적으로 어떻게 처리할 것인가의 문제, 게다가 심산대택을 지날 때마다 신물들에게 여러 번 납치당했다는 기사는 또 어떻게 서술할 것인가로 고심하지 않을 수 없었다.

「헌화가」의 배경설화에 있어 주요 인물은 수로부인과 노인이다.

여기에 부속 인물로 순정공이 등장한다.

순정공에 대한 것은 강릉 태수라는 신분 이외는 남아 있는 기록이 없어 전혀 확인할 길이 없다. 확인할 수는 없으나 지방 태수로 부임할 정도의 신분이라면 중아찬에서 사지, 곧 6등급에서 13등급 사이의 사람, 그것도 중앙 무대에서 신임 받고 있는 인물이라 할 수 있으며 상당한 신분의 사람 정도로 추측이 가능하다.

일단 권세가의 아들로 수로와 약혼하는 것으로 설정했다.

―하루는 이찬 주원(周元)이 아들 순정(純貞)을 데리고 와 일방통행이다 싶게 혼사를 정하곤 돌아갔다.

양혼도, 아내인 사량(沙良)도 불가항력이었다. 혼사란 양가가 짝이 맞아야 하는데 13품의 벼슬아치와 당대의 세도가 2품 이찬(二湌) 문벌과의 혼사라니, 기울어도 너무 기운 혼사였다.

집안은 물을 끼얹은 듯 착 가라앉고 말았다.

누구보다도 수로의 마음은 착잡했다.

그가 바람둥이라는 소문이 성안에 파다했기 때문만은 아니었다.

성불구자라는 근거도 없는 낭설이 떠돌았던 것이다.

마음에도 없는 결혼, 야반도주라도 할까 부다. —

순정에게는 질투심에 불타는 사내로 해 악역을 맡겼다.

—순정을 만난 저충은 민망했다. 비에 젖은 옷을 말렸다고는 하지만 덤불 속에서 무슨 짓거리라도 하고 나온 것 같았다.

순정은 두 사람 사이에 무슨 일이 있었다는 것을 지레 짐작하고 질투의 노여움을 부글부글 끓였다. 그는 질투의 노여움을 바글바글 끓이다 못해 수로를 강제로 말에 태워 돌려보낸 뒤, 저충과 마주 섰다.

저충은 이럴 때 어떻게 하면 좋을지 몰라 당황했다.

아니나 다를까. 순정은 질투의 불길을 당겼다.

"당장에 요절을 내고도 남을. 종인 주제에 수로를 농락하다니. 대명천지에 너 같은 놈은 살려둘 수가 없음이야."

"서방님, 농간을 하다니요?"

"저 주둥이를 틀 놈. 감히 누구 앞에서 해악질을 해대."

순정은 채찍을 들어 득달같이 저충을 후려쳤다.

저충은 이럴 수도 저럴 수도 없어 고스란히 매만 맞았다.

그의 얼굴은 금새 피가 낭자했다. 그것이 순정의 난폭한 성격에 부채질을 더한 셈이었다. 부하에게도 매를 들어 후려쳤다.

"저놈을 당장 나무에 묶어라. 어디 앞이라고 해악질을 해대."

종자들은 목을 틀어잡고 나무둥치에 묶었다.

"모닥불을 피워라. 세상을 못 보게 눈을 지져놓게."

불이 붙기도 전에 순정은 채찍에서 가죽 끈을 떼어낸 쇠막대를 피어나는 모닥불에 꽂았다. 쇠막대는 이내 벌겋게 달아올랐다.

저충은 저승길이 눈앞에 있음을 직감하고 무릎을 꿇었다.

"서방님, 잘못했습네다. 제발 살려 주시와요."
"살려는 주지. 내가 죽이기라도 할까."
순정은 벌겋게 단 쇠막대로 저충의 눈두덩을 지졌다.
저충은 으흑 하고 몸을 솟구치며 용트림하다 곧장 정신을 잃었다.
주변은 생살 타는 냄새가 진동을 했다.
종자들도 코를 틀어쥐었다. -

수로부인에 대한 기록도 전혀 찾을 길이 없다. 오직 『삼국유사』에는 '공의 부인은 수로'라는 기록밖에 비치지 않는다.
이런 수로를 두고 학계에서는 그녀의 옷에서 나는 이상한 향기는 초약의 향훈이나 신경과민에서 오는 무적병을 가진 것으로 추측했다.
미려하다는 부인 또한 무적병을 일으키는 여성으로 보기도 했고 수로부인의 이야기를 꿈속의 일로 보고 보통 사람이 아닌 샤먼으로 보기도 했다. 용궁에 들어갔다는 사실 자체마저 연구자들은 하나 같이 샤먼으로만 분석하고 있다.
그러나 『삼국유사』의 기록으로 보아 태수의 부인이지 무녀라는 근거는 찾을 길이 없다. 상식적으로 생각해도 무녀라면 명문 집안에서 신부로 맞아들일 리 있겠는가. 수로는 순정공과 같은 계급이거나 그 이상, 또는 이하일 수도 있다.
아울러 교양미며 심미안까지도 겸비한 여성이며 가장 개방적인 여성인 데다 미색까지 겸비했다고 할 수 있다.
'수로의 자태와 미모는 절대였다'고 했으니 절세 미녀이며 그것도 단순한 미녀가 아니라 '매양 깊은 산, 큰 소를 지날 때면 여러 차례 신물들에게 납치당하는' 미녀, 가는 곳마다 물의를 일으키고 말썽을 피우는 미녀가 보다 소설적인 인물일 수 있다. 이를 근거로 '수로의 자태와 미모는 절대였다'를 다음과 같이 묘사했다.

　－수로는 맑은 눈매, 빚어 만든 것만 같은 결곡한 콧등, 물새알을 세워 놓은 듯한 갸름한 얼굴, 방긋 웃을 때마다 하얗게 드러나는 치아하며 어느 곳 하나 흠잡을 데라곤 없는 신라 제일의 미녀만이 가진 독특한 아름다움을 지니고 있었다.
　게다가 그네는 반듯한 이마, 초승달 같은 아미, 호수와도 같은 맑은 눈매며 호락호락하게 범접할 수 없는 우아함까지 풍겼다.
　그것만으로 신물이나 요정이 부인을 납치한 것은 아니다.
　수로에게는 아름답고 고우면 음하거나 독기를 품는 것과는 먼, 부드러운 데다 귀품이 있고 어여쁘면서도 결곡해서 미륵불에서 볼 수 있는 신앙과도 같은 아름다움마저 지녔다.
　수로를 한번 본 사람은 신라 제일가는 미인이라고, 떠도는 풍문만 들은 사람도 덩달아 고구려 백제를 통틀어 첫손꼽는 미녀라고 침이 마르도록 칭송했다.
　사람뿐만이 아니었다. 깊은 산속 신물들이 납치해 갔고 큰 소(沼) 요정들도 다투어 보쌈 해 갔다.－

　수로부인은 매우 개방적인 여성임이 분명하다.
　그런 근거를 제시할 수 있는 것으로 '칠보궁전에 드니 음식은 달고도 부드러웠으며 향기롭고 조출해서 인간 세상의 화식과는 달랐습니다'고 답하는 데서 알 수 있다. 이를 두고, 어떤 학자는 '부인의 옷에는 이상한 향기가 배어 있는데 이 세상에서 맡아본 적이 없는 냄새였다'는 데서 부인의 옷에서 나는 향기는 침실의 향기이며 아쉬움을 떨쳐 버리지 못하고 있는 심경으로 분석하기도 했다.

이런 분석은 그럴 만한 이유가 있다. 신라시대는 집에 찾아온 손님에게 주인이 자기 처를 빌려주는 풍습이 있었다. 문무왕의 서제(庶弟) 차득공(車得公)에 얽힌 설화는 손님 환대의 한 형태로 처의 정조를 제공하는 풍습이 존재했다는 사실을 보여주고 있기 때문이다.

「헌화가」의 제작 시기는 33대 성덕왕(聖德王) 대이다.

성덕왕 시대는 신라가 삼국을 통일한 지 80여 년, 통일의 벅찬 감격에 젖어 화랑도의 기상은 땅에 떨어졌고 점령지 백성들을 신라로 포용하려는 시책의 하나인 혼인정책으로 말미암아 성의 혼탁은 어느 시대보다도 문란했던 시대였으니 이런 상상이 가능하다.

─때는 바로 33대 성덕왕(聖德王) 시대였다. 삼국을 통일한 지도 한 세기, 통일의 벅찬 감격에 젖었던 화랑도의 기상은 땅에 떨어진 지 오래였고 점령지 백성들을 신라로 포용하려는 시책의 하나인 혼인정책으로 말미암아 성의 문란(紊亂)은 상상을 초월했다.

그랬으니 무예나 심신을 단련하기보다는 주색잡기에 영일을 잃은 종자며 병사들이 절벽을 기어오를 용맹이 있을 리 없었다.

더욱이 수로의 마음을 알지 못하는 속물들이었기에 누구 하나 그네를 위해 꽃을 꺾어 바치겠다고 선뜻 나서지 않았다.

모두가 숙맥인 체, 아니 귀머거리인 양 시간만 흘려보냈다.─

『삼국유사』의 기사 내용으로 보아 수로부인은 바람기 많은 여성임을 짐작할 수 있다. 그녀는 자신의 미모에 자신감도 가졌다. 그러기에 천 길이나 되는 절벽 위의 꽃을 꺾어 달라고 뭇 남성들에게 호소한다.

여기서 철쭉꽃은 봄을 대표하는 꽃으로, 만물이 생동하는 봄, 인생의 봄인 한창 피어난 아름다운 여인 수로로 환치시키면 보다 소설적이 된다.

꽃을 꺾어 달라는 것은 미녀가 잘 생긴 남성에게 정복되기를 바라는 에로틱한 마음을 나타낸 것일 수도 있다.

바닷가 절벽, 그 위에 피어 있는 철쭉꽃을 배경으로 한 특별한 환경은 깊은 산, 큰 못가의 환경과도 같으며 본인도 모르게 남편에게서 잠시 벗어나고픈 바람기 정도로 이해할 수 있다.

그런데 수로보다도 소설적인 인물은 노인이다.

꽃을 꺾어 바치는 노인, 나중에 계책을 알려주는 노인, 그리고 바다용과의 관계를 고려한다면 지극히 당연히 노인은 소설적인 인물이 아닐 수 없다. 그렇다면 「헌화가」를 지어 부른 노인은 구체적으로 어떤 사람일까? 그것도 늙은 나이의 촌로가 자색이 절대인 태수부인 수로에게, 그 누구도 오를 수 없는 절벽을 올라가 철쭉꽃을 꺾어 바치기 전에 노래까지 지어 불렀다면 보통 노인은 아닐 것이다.

그런데도 일연은 구체적인 기록을 남기지 않았다.

여기에 몇 가지 기존 학설을 소개한다.

노인을 선승으로 본 학자들이 있다. 남을 위해 비범하게도 난행(難行)을 할 수 있는 노인이야말로 보살의 화신이며 선승(禪僧)이다.

그와는 달리 노인을 신적 존재로 이해하고 이앙기에 등장하는 농신(農神)으로 단정하기도 했고 도가의 신선으로 추리하기도 했다.

그런데 이런 견해와는 달리 지극히 평범한 노인으로 보기도 해서 공감이 간다. 어떤 학자는 기록대로 자우(牸牛)로 보았으며 노승이 아닌 노옹(老翁)으로 보기도 했다.

이밖에도 실명노인에 대해 이설이 분분하다.

소설을 쓰는 데 목적이 있기 때문에 소설적인 인물로 만들 수밖에 없다. 해서 '노인이 암소를 몰고 지나가다가'를 다음과 같이 서술했다.

―그런데 노인이 암소 고삐를 잡고 있다고 해서 남을 위해 비범한 난행

을 능히 행할 수 있는 보살의 화신은 아니었다.

또한 마음의 소를 먹이는 노인, 마음의 소를 기르는, 여러 해 동안 잃었던 심우를 찾아 고삐를 잡은 노인, 청정불심을 깨치고 얻은 바 있어 소의 등에 몸을 싣고 퉁소소리에 맞춰 법열을 즐기며 심우당을 찾는 운수행객인 선승도 아니었다. 더욱이 부지하허인(不知何許人)을 두고 농신, 농작 행사 중 이앙극(移秧劇)에 등장하는 산신, 소를 맞이해 가무하는 농경의례의 산신 역으로 점지된 사람이기 때문에 예사 늙은이가 아닌 비범한 늙은이는 아니었다.

노인은 단순하고 소박한 늙은이, 성스러운 존재도 아니었고 신비스런 노인은 더구나 아닌 아주 평범한 인물, 우리 주변 어디서나 볼 수 있는 노인에 지나지 않았다. 노인은 실제 나이보다 늙어 보였고 기력도 쇠한 듯했으나 실은 그렇지 않았다. 그는 누구보다도 길눈이 밝은 사람, 남들은 엄두도 못내는 일을 능히 해낼 수 있는 한을 가진 노인이었다. 어느 고을 태생인지, 출신과 성분마저 알 수 없는 노인, 인간과 인간의 조우(遭遇)에 있어 흔히 대할 수 있는 그런 무명의 촌로(村老), 평범한 시골 영감 풍에 지나지 않았던 것이다.―

지극히 당연히 노인을 현실적 인물이며 평범한 노인으로 작의하지 않을 수 없었으며 그의 전신으로 저충을 탄생시켰다.

―양혼은 식저를 들고 요모조모 뜯어보았다.
전설로만 전해 오던 진품임이 분명했다.
구형왕(仇衡王)이 나라를 통째로 들어 신라에 귀순한 지도 어언 2백여 년, 그 긴 세월이 흘렀는데도 가야의 보물인 식저를 간직하고 있다면 이 소년은 가야 왕손의 후예임에 틀림없으렷다.

"지금 어디를 향해 가는 길인고?"

"밥을 빌어먹는 처지에 갈 데라곤 없습네다."

"허허, 그래. 이를 어쩐다?"

그에게는 아들이 없었다. 딸만 하나 두고 있어서 마음이 쉽게 동했는지 모른다. 양훈은 아내와는 상의도 없이 "원한다면 내 집에 머물러 있도록 하게."하고 단안을 내렸다.

소년은 뜻밖이라 "네에?"하고 놀라다 못해 몹시 당황했다.

"놀라기는. 내 집에 유해도 좋다는데."

"이 은혜는 두고두고 잊지 않겠습네다."

소년은 벌떡 일어나 넙죽 절까지 했다.

"이름이 있으면 말해 보게."

"저같이 미천한 처지에 이름이 당키나 합네까."

"그렇다면 이름부터 지어 줘야겠군."

"고소원입네다."

"식저라, 식저를 가졌으니. 그게 좋을 게야. 저충, 저충<笛忠>이 어떨까. 저충으로 부르는 것이 좋겠네."

양훈은 즉석에서 이름까지 지어주었다.

소년은 새삼 일어나 "윗전으로 받들어 모시는데 조금도 게으름이 없을 것입네다."하고 정중히 예를 갖췄다.—

이런 것뿐만이 아니다. 보다 구체적으로 필자로서는 실명노인(失名老人)을 명(名)만 슬쩍 바꾸어 명(明)인 실명노인(失明老人)의 전신으로 등장하는 저충에게 의도적으로 초점을 맞췄다.

—늙은이는 절벽으로 다가섰다. 늙은이답지 않게 엎어지고 자빠지며

다가섰다. 절벽 밑으로 다가선 늙은이는 위를 한번 쳐다보더니 곧장 기어오르기 시작했다. 무엇이 늙은이로 하여금 저토록 불붙는 열정을 불러일으키게 했는지 그 많은 총중에 누구도 알지 못했다.

 단지 시골의 투박한 노인, 그런 노인이 남의 아낙에게, 철쭉꽃을 탐하는 수로에게 꽃을 꺾어 바치기에 앞서 노래를 짓고 지은 노래를 식저에 맞춰 부르면서 수작하다가 망령이 주책으로 나서, 늙으려면 곱게 늙지 하고 노인을 책망만 했지 실명노인(失名老人) 아닌 실명노인(失明老人)의 기구한 사연을 알 턱이 없었다.

 오직 수로만이 알고 눈시울이 달아오르다 못해 눈물을 꾹 짜냈다.

 늙은이는 꽃이 꽃을 보고 미소 짓듯이 하는 마음 하나만 가지고 절벽을 기어올랐다. 가진 것이 없는 늙은이, 오직 마음을 비우고 살아온 늙은이였으나 이 순간만은 꽃이 꽃을 보고 웃듯이 하는 그런 욕심 하나로 절벽을 기어올랐다. 아득한 거리에서 꽃내음이 코끝으로 스며들었다. 하자 늙은이는 냄새를 좇아 기어올랐다. 미끄러지면 기어오르고 또 미끄러지면 다시 기어오르다 보니 손끝마다 날카로운 바위 끝에 긁히어 피가 낭자했으나 자기와의 싸움을 포기하지 않았다.

 꽃을 꺾어 바치지 못하면 어쩌지. 수로의 소원을 들어주지 못하면 어쩌지. 평생을 못 잊어하며 살아왔는데, 어쩐다?

 순간, 늙은이의 눈앞에는 끝없는 절망감이 아물거렸다.

 늙은이 앞에 가로놓여 있는 절망감의 대상은 절벽이 아니었다. 늙은이의 눈앞에는 순정이 벌겋게 단 쇠꼬챙이로 자기의 두 눈두덩을 지지던 절망감보다 더 큰 패배가 되어 아물거렸던 것이다. ―

 '노인은 어떤 사람인지 알 수 없다.'를 다음과 같이 서술했다.

 ―일연도 '그 늙은이가 어떤 사람인지 알 수 없다(其翁不知何許人也)'고

했으나 어느 곳 사람인지, 단지 출신과 성분을 모른다는 것뿐이지 노래에 얽힌 사연을 부인한 것은 결코 아니었다.-

'또 한 노인이 나타나'는 실명노인과 동일 인물로 설정했다.

-태수의 행차는 이틀이나 아무 탈 없이 나아갔다.
행차가 임해정(臨海亭)에 이르러 주찬을 준비하고 있는데 갑자기 날씨가 이변을 일으켰다. 천지가 온통 캄캄해지더니 뇌성을 동반한 폭우가 쏟아졌다. 사람들은 겁에 질려 어쩔 줄 몰라 했다.
그 때였다. 돌연 바다에서 용이 나타났다.
나타난 용이 수로를 납치해서는 흔적도 없이 사라져 버렸다.
순정공은 땅에 주저앉은 채 어쩔 줄 몰라 쩔쩔 맸다.
그때 난데없는 늙은이가 나타나 방책을 알려줬다.
"태수님, 고인의 전해오는 말에 의하면, 뭇 사람들의 말은 쇠라도 녹인다고 했습네다요. 그러니 바다 속의 용인들 어찌 두려워하지 않겠습네까요. 태수님께서는 지금 당장 지경 내의 주민들을 불러 모으셔요. 모아서는 노래를 지어 그들로 하여금 부르게 하고 몽둥이로 일제히 바닷가를 두드려 댄다면 마누하님을 만날 수 있을 것입네다요."
말을 마치자 늙은이는 곧장 사라졌다.-

향가를 소설로 쓰는 데는 상당한 제약이 따른다. 그것은 배경설화의 가사가 있어 상상의 제약을 받기 때문이다.
물론 그런 점을 고려하지 않은 것은 아니지만 명색이 소설이기 때문에 상상을 곁들여 재미있게 읽히는 소설이 되어야 한다는 점을 의식하지 않을 수 없었으며 『삼국유사』의 기사를 무시할 수도 없었다.

이런 점을 고려해서 태수의 행차가 '부임길에 바닷가에 이르러 점심을 먹었다'는 다음과 같이 묘사했다.

―기나 긴 행렬, 앞서 가는 태수의 깃발이 해풍을 맞아 나부끼고 말에 탄 태수는 위엄도 당당하게 주위를 조망하면서 가고 있는 태수의 행렬이 바닷가 수면 따라 움직였다. 뒤를 이어 종자와 시녀들이 가마를 에워싼 행렬은 더 더욱 삼엄하게 움직였다. 삼엄하게 움직인 탓으로 태수를 호위하는 병사들의 눈총보다도 수로부인(水路夫人)이 탄 가마를 겹겹이 에워싼 병사들의 눈빛이 밤하늘의 샛별처럼 총총히 빛났다.―

'바로 곁에는 절벽이 우뚝 솟았는데 높이가 천 장, 절벽 위에는 철쭉꽃이 멋들어지게 피어 있었다.'는 천 길이나 되는 높은 절벽 위의 꽃, 그러기에 예사 사람으로서는 가까이 할 수 없는 고고한 꽃으로, 수로를 비유할 수도 있고 남성의 남성다운 용기와 박력을 시험해 보려는 여자의 마음일 수도 있다.
그러나 좌우 시종들은 태수의 부인이라 아무리 탐스런 꽃이라 하더라도 어디 감히 나설 수 있겠는가.
그래서 일연도 '사람의 자취가 닿을 수 없는 곳입니다'고 말할 수밖에 없었는지도 모른다.

―산과 바다, 그림같이 펼쳐진 동해, 깨끗한 모래, 바로 곁에는 깎아지른 석벽(石壁)이 병풍처럼 솟아 있는 것을 보았다. 석벽의 높이는 천 장(丈), 고개를 한껏 뒤로 젖혀야 위를 올려다 볼 수 있는, 그리고 누구도 올라갈 수 없는 절벽이 우뚝 솟아 있었고 짙은 자줏빛 베를 늘어뜨린 것 같은 절벽 위에는 철쭉꽃이 흐드러지게 피어 있는 것을 보았다.

"에그머니나! 꽃도 예뻐라. 나, 저 꽃, 한 아름 가졌으면……"
수로는 꽃에게론 듯, 허공에게론 듯 말했다.
그네가 본 꽃은 철쭉꽃에 지나지 않았으나, 살고 있는 서라벌의 철쭉, 동경 근교에서 해마다 보는 철쭉꽃에 지나지 않았으나 일그러지고 뒤틀린 꽃이 아니었다. 생전 처음 고향을 떠나 산과 바다와 하늘이 맞물린 장소, 여독으로 찌든 마음을 흐뭇하게 하는 절벽 위에 피어 있는 야성의 꽃이었다. 아니, 아니었다. 그렇다고 놓여 있는 환경과 분위기에 따라 보는 이의 마음을 휘감하는 꽃이었다.
해서 꽃 이상도 아니었고 꽃 이하도 아니었다. 지금 이 순간만은 지상의 모든 아름다움을 대표하는 미의 총체, 가장 고양된 자연현상, 여기에 인간미를 대표하는 그네의 미모까지 더한 꽃이었다.ㅡ

공의 부인 수로가 꽃을 보고 좌우 사람에게 말했다.
"저 꽃을 꺾어 바칠 사람이 없어요?"
한 종자가 대답했다. "사람의 자취가 닿을 수 없는 곳입니다."
모두들 못하겠다고 거절했다'는 다음과 같이 서술해서 독자가 설화를 옮겨놓은 듯한 착각을 느끼게끔 했다.

ㅡ순간, 수로는 혼자 버려진 것 같은 외로움에 휩싸였다.
절벽 위의 꽃은 한없이 유혹하는데도 가질 수 없다니. 남들이 부러워하는 태수 부인이면 뭐해. 꽃 한 송이 꺾어줄 줄 모르는 사람. 이 많은 총중에, 그래 꽃 하나 꺾어주는 남정네 하나 없어.
숙맥 같은 사내들만 따르고 있다니…
수로는 좌우를 돌아보면서 수많은 종자들과 시녀들을 응시하다가 굳이 누구에게랄 것도 없이 말을 흘렸다.

"저 꽃을 꺾어 내게 갖다 줄 사람이 없을까?"

그런데도 대답하는 사람이 없었다.

다만 곁에 있던 한 종자가 "사람의 자취로는 도저히 이를 수 없는 곳입니다, 마누하님."하고 대답했을 뿐이었다. —

사건을 전개시키는 데 있어 설화를 그대로 살린다는 것은 그만큼 기교를 필요로 한다.

'노인이 암소를 몰고 지나가다가 부인의 말을 듣고 꽃을 꺾어서는 노래까지 지어 바쳤다'를 다음과 같이 서술했다.

— 꽃이 천 장(丈) 벼랑 위에 피어 있는 것도 잊었다. 그런 높이는 안중에도 없었다. 수로가 남의 아낙인 것도 잊었다. 늙은이는 나비가 꽃을 보고 날아들 듯이 하는 마음 외는 욕심도 허욕도 품지 않았다. 후덕한 친절, 아름다움에 대한 경외와 존경심, 부인의 마음만 충족시켜 주면 그뿐이라는 생각 하나로 스스럼없이 부인에게 다가갔다. 다가가서는 할아비가 이웃집 할미에게 대하듯 하는 그런 수작을 건네었다.

"마누하님, 절벽 위의 꽃을 갖고 싶다고 했습네까?"

수로는 난데없이 나타난 늙은이가 수작하는 짓거리에 어이없어 하다가 그의 눈을 본 순간, 고개가 절로 숙여졌다.

두 눈이 처연해서가 아니었다. 아직도 젊음의 한 자락을 지닌 듯한, 그러면서 설불리 범접할 수 없는 그 무엇 때문이었다.

"갖고 싶다고 그랬어요. 그런데 노인장께서 웬일로?"

"그렇다면 이 늙은이가 꽃을 꺾어 바치리다."

"……? 꽃을 꺾어 바치겠다고요?"

"그렇습네다. 그런데 마누하님, 조건이 하나 있습네다."

"말씀해 보셔요. 들어줄 만한 지."

"그럼, 말씀 올리겠습네다. 제게 지금 잡고 있는 이 암소 고삐를 놓으라고 말씀부터 해 주십시오, 마누하님."

"별 조건도 아니잖아요. 좋아요. 그렇게 하셔요."

"그리고 보잘 것 없는 이 늙은이가 꽃을 꺾어 바쳐도 거절하지 않으시겠습네까, 마누하님?"

순간, 수로는 늙은이의 처연한 모습에 사로잡혔다.

그네는 늙은이의 처연한 모습이 눈에 익은 듯해 기억을 떠올리려고 했으나 어떤 기억도 떠올리지 못해 안달하다가 얼떨결에 "그렇게 하셔요." 하고 대답했다. 그네의 콧등에는 땀이 송알송알 맺혔다. －

『삼국유사』「수로부인」기사는 철쭉꽃에 관련된 수로부인과 노옹에 관한 기사에 이어 전혀 이질적인「해가」의 가사가 수록되어 있다. 그것도「해가」의 가사를 먼저 기록하고「헌화가」의 가사를 뒤에 수록해 놓았다. 이 이질적인 것처럼 보이는「해가」의 기사를 통해 수로부인의 사람됨을 파악할 수 있으며「헌화가」를 이해하는 데 도움이 된다.

부임행차는 이틀이나 별 탈 없이 가다가 임해정에서 점심을 먹는데 홀연 바다용이 나타나 부인을 납치해 바다로 들어가는 이변을 당한다. '又有(우유)'는 '또 다시 있었다'로 해석할 수도 있으나 가는 곳마다 말썽을 일으키는 수로부인의 행동으로 보는 것이 보다 소설적이 된다.

겉으로는 두 기사의 이질적인 내용이 별개의 이야기인 듯하나「헌화가」의 경우, 꽃을 꺾어 달라는 수로부인에게 그렇게 하겠다고 나선 노옹과「해가」의 바다용은 동일 인물로 볼 수 있다.

바다용이 부인을 해중으로 납치했다는 사실은 노옹이 꽃을 꺾어 주겠다는 사실과 다분히 통하는 점이 있어서다.

그랬기에 일연도 두 설화를 함께 수록한 것이 아닌가 싶다.

'매양 깊은 산, 큰 소를 지날 때면 여러 번 신물들에게 납치당하곤 했다면서 수로의 남다른 미모, 개방적인 여성임을 보여주기까지 했다.

결코 소홀히 다룰 수 없는 것이 가사라고 할 수 있는데 가사의 내용을 있는 그대로 살리면서 독자가 이해하기 쉽도록 감상도 곁들었다.

―늙은이는 꼭 쥐고 있던 암소 고삐를 놓고 허리에 차고 있던 삼베 자루를 벗더니 식저<息笛>를 꺼내어 지극 정성으로 음을 골랐다.

'저 자줏빛 바윗가에'

절벽 위에 철쭉꽃이 흐드러지게 피어 있다는 것은 누구나 알고 있는 사실, 일단 생략의 묘법을 최대한 원용했다.

잡은 암소 놓게시고

늙은이는 짙은 바위 끝으로 향하는 수로의 마음을 안 순간부터 암소 고삐를 놓칠세라 꼭 쥐고 있던 손을 비로소 놓았다.
그것은 미를 향한 탐욕이 아니었다. 더욱이 부귀와 색정에 사로잡힌 세속적인 마음은 더구나 아니었다. 수로를 향한 애정의 순수한 뜨거움이 시로 승화된 결정(結晶)이라고나 할까.

저를 아니 부끄러면

순수 지정의 발로라고 할까. 아니었다. 부끄러워하다의 우회적 표로(表

露), 초라한 몰골, 인생의 황혼길, 늙은이의 나약한 마음, 젊음과 노쇠, 늙은이의 좌절감은 끝내 미를 추구하다 이를 극복하는 순간이 되며 육체의 한계마저 초월한 순간임에 틀림없을 것이었다.

꽃을 꺾어 바치리다

미녀인 수로, 선녀의 미모마저 압도한 인간 수로에게 향하는 마음, 온순하고 순박한, 그리고 선량하기만 한 늙은이의 마음은 끝내 지체 높은 미인의 욕망을 해결하는 순간이 되며 아직도 살아 있는 화랑의 기개, 위험을 무릅쓴 늙은이의 부동심(不動心)은 그를 젊은이로 돌려놓았던 것이다. 그랬으니 수로를 대한 순간, 늙은이는 젊은이의 힘을 능가한 남자, 노인과 미녀의 만남이 아니라 선남선녀의 만남이었다.

저 자줏빛 바윗가에
잡은 암소 놓게시고
저를 아니 부끄러면
꽃을 꺾어 바치리다.

紫布岩乎邊希
執音乎手母牛放敎遣
吾肹不喩慚肹伊賜等
花肹折叱可獻乎理音如 -

노인은 수로의 아름다운 자태에 반했으며 그녀의 적극적인 프로포즈에 꽃을 꺾어 바쳤고 그것도 노래까지 지어 불렀기 때문에 당연히 이틀

뒤 임해정에서 수로가 갑자기 자취를 감춰 버리는 사태는 이미 예정되어 있는 것이나 다름이 없다고 단정할 수 있다.

―늙은이는 길을 터주는 군중을 지나 수로 앞으로 다가갔다.
다가가서는 무릎을 꿇고 두 손으로 꽃을 바쳤다.
그런데 꽃을 바치는 늙은이의 손은 떨리지 않았으나 일어서서 꽃을 받는 수로의 손은 마냥 떨어댔다. 바람에 사시나무 떨듯 떨어댔다.
꽃을 받는 마음, 꽃을 통해 미를 발견하고 자신의 미와 꽃의 미가 합일하는 데서 오는 환희로 그네는 몸을 떨어댔던 것이다.
여기에 사람들도 꽃을 향한 수로의 마음과 인간의 꽃인 수로를 향하는 늙은이의 마음이 철쭉꽃을 매개로 서로 다른 미의 세계가 합일하는 융화의 장으로 여기고 경이의 눈으로 지켜보고 있었다.
수로는 떨고 있는 손을 꽃 아름 사이로 넣어 늙은이의 손을 꼭 쥐어주면서 쪽지 하나를 건넸다.
순정공은 병사들을 사방으로 급파해서 주민들을 동원한다, 나무를 베어 몽둥이를 마련한다 하고 부산을 떨었다.
늙은이는 부인이 준 쪽지대로 폭우를 틈타 용으로 변장해서 공포로 떨고 있는 뭇 사람들의 시선을 감쪽같이 속였고 수로도 혼란한 틈을 타 잽싸게 도망을 쳐 바닷가로 가 늙은이와 조우했다.
늙은이는 수로를 동굴로 데려 갔다.
"마누하님, 지시대로 했습네다. 틀림없이 다들 속았을 겝네다. 이젠 눈에 띌 염려가 없습네다. 마음 놓으셔도 됩네다."
"불편한 몸으로 수고하셨어요, 저충."
"마누하님이 시키시는 일인 데야."
"도대체 어떻게 된 거예요, 갑자기 사라지다니, 어찌 그럴 수가?"―

몽둥이를 만들어 바닷가를 두드리며 합창하는 「해가」야말로 두 사람이 해후할 수 있는 최소한의 시간을 마련해 주는 셈이 된다. 그것도 영원이 아닌 잠시, 단 한번의 사랑을 나눌 수 있는 시간.

노인이 나타나 '어찌 뭇 사람들의 입을 두려워하지 않겠습니까?' 하면서 순정공으로 하여금 시간을 끌게 한다. 수로는 노인과 애정을 나누고도 뉘우치거나 두려워하지 않는다. 오히려 아쉬움을 감추지 못한다.

순정공이 '바다에서 있었던 일에 대해 물었을' 때도 태연히 칠보 궁전에 드니 '음식은 달고도 부드러웠으며 향기롭고 조촐해서 인간 세상의 화식과는 달랐습니다'고 대답하면서 되레 드러내놓고 자랑한다.

—"저층, 나 옷을 벗었어요. 자, 실컷 보셔요."

"제게는 눈이 잘 보이지 않습네다, 마누하님."

"이를 어쩌지. 그런 줄도 모르고……"

"어서 옷을 입으셔요. 그 말씀 한 마디만으로도 제게는 황감무지입네다, 어서요. 시간이 없삽네다, 마누하님."

"어떻게 해, 한을? 어떻게 하면 한을 추스를 수 있을까?"

수로는 밀쳐내는 저층에게 한사코 매달렸다.

얼마나 시간이 흘렀을까. 저층은 가슴에 와 뭉개지는 젖무덤에 황홀해서 사뭇 넋을 놓았고 넋을 놓고 있다 못해 수양버들같이 가는 그네의 허리로 팔을 돌려 으스러지게 끌어안았다.

수로의 목덜미가 입술에 와 닿았다. 향긋한 내음이 물씬 풍겼다.

수로도 저층의 몸을 더듬었다.

그네는 비온 뒤 죽순처럼 정분이 솟아올랐다.

남편에게서 맛볼 수 없는 진하고 짜릿한 느낌으로 몸을 떨어댔다.—

공이 바다에서 있었던 일에 대해 물었다.

부인이 대답했다. "칠보궁전에 드니 음식은 달고 부드러웠으며 향기롭고 조촐해 인간세상 것과는 달랐습니다."는 다음과 같이 서술했다.

―순정공이 부인에게 바싹 다가갔다. 다가가서는 바다 속으로 들어갔던 저간의 일이 궁금해 묻자 수로는 시침을 뚝 따고 응수했다.

"칠보궁전에 드니, 주는 음식마다 진미였습니다. 향기롭고 깨끗하기가 인간 세상의 음식과는 전혀 달랐답니다."

그녀는 저충의 넓은 품이 궁전이었고 달아오른 뜨거운 입술이 진미라고 생각했는지도 모른다.

그런데도 순정공은 숙맥처럼 곧이곧대로 들었다.

"부인이야말로 날 따라온 덕으로 좋은 경험을 했소."

수로는 저충을 생각할수록 눈시울이 젖었다.

저충이 남긴 체취는 이 세상 것이 아닌 향긋한 내음으로 남아 주위를 감싸 돌았는데도 저충과 사랑을 나눈 암향(暗香)인 줄은 그 많은 총중에 그 누구도 눈치 채지 못했다.―

이렇게 끝맺은 근거는 일연의 의중을 최대한 존중한 탓이며, 일연도 '부인의 옷에는 이상한 향기가 배어 있는데 이 세상에서 맡아본 적도 없는 냄새였다(此夫人衣襲異香 非世所聞)'는 점에 초점을 맞췄기 때문이다. 또한 '그 늙은이가 어떤 사람인지 알 수 없다(其翁不知何許人也)'고 했는데 이는 어느 곳 사람인지, 단지 출신과 성분을 모른다는 것뿐이지 노래에 얽힌 사연을 부인한 것은 아니라는 생각 때문이다.

'의습이향(衣襲異香)'은 수로부인이 순정공에게서는 느끼지 못한 침실의 향기가 옷에 흠뻑 젖은 것이며, '비세소문(非世所聞)'은 사랑다운 사랑을 나눈 격정(激情)을 떨쳐 버리지 못한 아쉬운 심경을 직설적으로 드러내놓고 기록할 수 없어 이렇게 기록한 것은 아닐까.

일연이 고승이란 신분을 고려한다면 전혀 근거 없는 것도 아닐 것이다.

'수로의 용모와 자태가 절세(水路姿容絶代)'였기 때문에 '매양 깊은 산, 큰 소를 지나거나(每經過深山大澤)', 곧 장소나 분위기에 따라서는 '여러 차례 신물들에게 납치당하곤 했을(屢被神物掠攬)' 때도 별 저항 없이 뭇 사내들로 상징되는 신물들과 애정을 나눌 수 있었을 것이다.

이런 수로부인의 사랑은 고대사회에 있어 잡혼, 군혼 등 난혼의 잔영이 잠재해 있었던 시대였기 때문에 가능했을 것이다.

후대로 내려와 인륜 도덕을 내세웠던 조선조에도 어우동같은 여인이 한 시대를 풍미했는데 이를 뒷받침하고도 남음이 있다.

이상으로 「헌화가」를 소재로 「저 자줏빛 바윗가에」란 소설을 쓴 비밀을 솔직하게 다 털어놓은 셈이다.

저 자줏빛 바윗가에

　세월이 흐를수록 사람들로 하여금 감동을 불러일으키게 해서 입에 오르내렸던 노래, 오랜 세월 입에 오르내리다가 이름을 알 수 없는 누군가에 의해 시화(詩化)되어 문자로 정착된 노래, 무명의 촌로가 고급의 문자인 향찰(鄕札)로 지은 것이 아닌 입으로 읊고 귀로 익힌 감동에 의해 민요로 굳어진 실명노인의 헌화가(獻花歌)가 전해 오고 있다.
　그런 탓으로 헌화가는 원래의 모습보다는 많이 파괴되고 변형된 구비전승의 노래로 변해 유사에 기록되기에 이른다.
　일연도 짐짓 '그 늙은이가 어떤 사람인지 알 수 없다(其翁不知何許人也)'고 했으나 다만 어느 곳 사람인지, 출신과 성분을 모른다는 것뿐이지 노래에 얽힌 사연을 부인한 것은 아니었다.

　기나 긴 행렬이 이어지고 있었다. 앞서 가는 태수의 깃발이 해풍을 맞아 나부끼고 말에 탄 태수는 위엄도 당당하게 주위를 조망하면서 가고 있는 태수의 행렬이 바닷가 수면 따라 움직였다.
　뒤를 이어 종자와 시녀들이 가마를 에워싼 행렬은 더 더욱 삼엄하게 움직였다. 삼엄하게 움직인 탓으로 태수를 호위하는 병사들의 눈총보다도 수로부인(水路夫人)이 탄 가마를 겹겹이 에워싼 병사들의 눈빛이 밤하늘의 샛별처럼 총총히 빛났다.

　백성들은 몇 년 만에 있는 태수의 부임 행차를 보려고 구름처럼 몰려들었다. 흔히 신임 태수가 부임할 때면 보는 행차였으나 이번 행차만은 달랐다. 백성들이 오십 리고 팔십 리고 가마 뒤를 따르게 된 것은 수로의 빼어난 미모야말로 신라의 변방이며 고구려 백제까지 소문이 자자했는데 그런 미모를 보기 위해 뒤따랐다.

　수로는 맑은 눈매, 빚어 만든 것만 같은 결곡한 콧등, 물새알을 세워놓은 듯한 갸름한 얼굴, 방긋 웃을 때마다 하얗게 드러나는 치아하며 어느 곳 하나 흠잡을 데라곤 없는 신라 제일의 미녀만이 가진 독특한 아름다움을 지니고 있었다.

　게다가 그네는 반듯한 이마, 초승달 같은 아미, 호수와도 같은 맑은 눈매며 호락호락하게 범접할 수 없는 우아함까지 풍겼다.

　그것만으로 신물이나 요정이 부인을 다투어 납치한 것은 아니다. 수로에게는 여느 여인과는 다른 아름답고 고우면 음하거나 독기를 품는 것과는 먼, 부드러운 데다 귀품이 있고 어여쁘면서도 결곡해서 미륵불에서 볼 수 있는 신앙과도 같은 아름다움마저 지녔다.

　수로를 먼 발치에서나마 본 사람은 신라 제일가는 미인이라고 떠들어댔고 떠도는 풍문만 들은 사람도 덩달아 고구려 백제를 통틀어 첫손꼽는 미녀라고 침이 마르도록 칭송했다.

　사람뿐만이 아니었다. 깊은 산 신물들이 납치해 갔고 큰 소(沼) 요정들도 다투어 보쌈 해 갔다.

　그랬으니 백성들도 그런 수로의 미모를, 일생에 한번, 그것도 먼발치에서나마 보려고 다리품을 팔았던 것이다.

　갖은 애를 태우던 백성들은 "이 좋은 기회를 놓치다니 안타깝다, 안타까워."하고 팔짝팔짝 뛰기도 했고 한편에서는 "가마 속에 든 수로를 어이

하면 내 볼 수 있을꼬?"하고 눈물을 질금 짜기도 했다.

이를 지켜보던 또 다른 한편에서는 "내 평생의 소원이 눈앞에서 사라지네."하고 한숨을 쉬는 사람들도 있었다.

그런데도 행차는 마음을 졸이는 백성들과는 달리 줄곧 움직였고 그럴수록 흩어질 줄 모르고 옆과 뒤로 백성들이 따라붙었다.

이맘쯤은 쉬겠지. 쉴 때는 수로도 가마 문을 열고 나오겠지.

사람들은 그 순간을 놓칠세라 뒤따랐다.

햇살도 포근한 4월도 중순, 무르익은 봄날이었다.

수로는 마냥 흔들리는 가마 속에서 오수(午睡)에 겨워 눈을 감았다 떴다 하며 잠을 쫓고 있었다.

그네는 깜박 졸다가 놀라 깨어나는 순간, 가마 틈새를 비집고 들어온 맑은 공기를 들이쉬었다. 이어 갯내음 물씬 풍기는 해맑은 공기는 그네의 입과 코며 눈과 귀를 적시면서, 백성들의 말과 수작을 적시면서 더없이 정다운 벗이 되어 가고 있다는 것을 수로는 알았고 피부로 느꼈다. 느꼈는가 하자 향긋한 꽃내음, 물씬 몸에 밴 내음이 당장 가마에서 내려 뛰어가 맡고 싶게 그네를 유혹했다.

수로는 가마 문을 살포시 들었다.

그네는 시녀들이 감싸고 병사들이 호위하고 있는 저 멀리 백성들이 따르고 있다는 것을 볼 수 있었고 하늘 가까이 깎아지른 절벽 위에 흐드러지게 피어 있는 철쭉꽃도 보았다.

수로는 소명을 불러 쉬어갈 뜻을 넌짓 비쳤다.

행차는 철쭉꽃이 만발한 석벽 밑에 멎었다.

그네는 소명이 열어주는 가마 문을 나비처럼 사뿐 나서자 가마 속의 답답함을 씻어내기 위해 숨을 깊이 들이쉬었다.

그때, 숨을 죽인 정적 속에서 외마디 소리가 흘러나왔다.

아! 하는 소리, 소리. 경이에 찬 감탄의 소리였다. 그것도 처음에는 하나 둘 이어지다가 산과 바다까지 흔들어 놓았다.

"정말, 듣던 대로 세상에서 제일 빼어난 미모야."

"선녀가 내려왔대도, 저렇게 예쁠라고."

"이제 보았으니 이제 죽어도 여한이 없어."

감탄의 소리는 백성들의 가슴 속에서 흘러나오다가 급기야 넋을 빼앗아 갔고 바보처럼 멍청한 표정까지 짓게 했다.

그런데도 수로는 그런 백성들에게는 관심도 없다는 듯이 "이 해맑은 공기, 저 푸른 바다. 정말 살 것 같아." 했다.

비로소 수로는 가슴 속이 후련해졌다. 메스껍던 속도 가라앉았다. 좁은 가마 속의 답답함도 가셨다.

그제야 그네는 주변을 둘러보았다.

산과 바다, 그림같이 펼쳐진 동해, 깨끗한 모래, 바로 곁에는 깎아지른 석벽(石壁)이 병풍처럼 솟아 있는 것을 보았다.

석벽의 높이는 천 장(丈), 고개를 한껏 뒤로 젖혀야 위를 올려다 볼 수 있는, 그리고 누구도 올라갈 수 없는 절벽이 우뚝 솟아 있었고 짙은 자줏빛 베를 늘어뜨린 것 같은 절벽 위에는 철쭉꽃이 바야흐로 흐드러지게 피어 있는 것을 보았다.

"에그머니나! 꽃도 예뻐라. 나, 저 꽃, 한 아름 가졌으면……"

수로는 꽃에게론 듯, 허공에게론 듯 말했다.

그네가 본 꽃은 철쭉꽃에 지나지 않았으나, 살고 있는 서라벌의 철쭉, 동경 근교에서 해마다 보는 철쭉꽃에 지나지 않았으나 일그러지고 뒤틀린 꽃이 아니었다. 생전 처음 고향을 떠나 산과 바다와 하늘이 맞물린 장소, 여독으로 찌든 마음을 흐뭇하게 하는 절벽 위에 피어 있는 야성의 꽃이었다. 아니, 아니었다. 그렇다고 놓여 있는 환경과 분위기에 따라 보는 이의 마음을 휘갑하는 꽃이었다. 해서 꽃 이상도 아니었고 꽃 이하는 더구나 아니었다. 그런데 지금 이 순간만은 지상의 모든 아름다움을 대표하는 미의 총체, 가장 고양된 자연현상, 여기에 인간미를 대표하는 그네의 미모까지 더한 꽃이었다.

한데도 누구 한 사람 귀담아 듣지 않았다.

수로는 갑자기 왠지 모르게 심기가 불편해졌다.

이를 눈치 챈 소명이 순정공을 모셔왔다.

"부인, 어디 불편한 데라도 있으면 말하오. 멀미라도 했소?"

"아닙니다. 단지 저 꽃을 갖고 싶어서."

"그런 꽃을 한두 번 보우. 흔해빠진 철쭉꽃을 가지고."

"그래도 갖고 싶은 걸 어떻게 해요."

"부인의 투정엔 내 두 손을 들었소이다."

순간, 수로는 혼자 버려진 것 같은 외로움에 휩싸였다.

절벽 위의 꽃은 한없이 유혹하는데도 가질 수 없다니. 남들이 부러워하는 태수 부인이면 뭐해. 꽃 한 송이 꺾어줄 줄 모르는 멋대가리 없는 사람. 이 많은 총중에, 그래 꽃 하나 꺾어주는 남정네 하나 없어. 숙맥 같은 사내들만 따르고 있다니…

수로는 좌우를 돌아보면서 수많은 종자들과 시녀들을 응시하다가 굳이 누구에게랄 것도 없이 말을 흘렸다.

"저 꽃을 꺾어 내게 갖다 줄 남정네 하나 없다니…"

그런데도 대답하는 사람이 전혀 없었다.

다만 곁에 있던 한 종자가 "사람의 자취로는 도저히 이를 수 없는 곳입니다, 마누하님."하고 대답했을 뿐이었다.

때는 바로 33대 성덕왕(聖德王) 시대였다.

삼국을 통일한 지 한 세기, 통일의 벅찬 감격에 젖었던 화랑도의 기상은 땅에 떨어진 지 오래였고 점령지 백성들을 신라로 포용하려는 시책의 하나인 혼인정책으로 성의 문란(紊亂)은 상상을 초월했다.

그랬으니 무예나 심신을 단련하기보다는 주색잡기에 영일을 잃은 종자며 병사들이 절벽을 기어오를 용맹이 있을 리 만무했다.

더욱이 수로의 마음을 알지 못하는 속물들에 지나지 않았기 때문에 누구 하나 그네를 위해 꽃을 꺾어 바치겠다고 선뜻 나서지 않았다.

모두가 숙맥인 체, 아니 귀머거리인 양 시간만 마냥 흘려보냈다.

수로가 꽃을 가지고 싶어 한다는 소문은 시녀와 종자들의 입을 통해 백성들 사이로 번져 갔으나 수많은 백성들마저 그네의 미모만 입에 올렸지 소원을 들어주려고 하는 사람은 없었다.

시간은 가뭇없이 흘러갔다.

얼마나 시간이 흘렀는지 알 수 없었으나 암소 고삐를 잡고 지나가는 늙은이가 귀동냥으로 들었는지 군중 속에서 나왔다.

머리가 허옇게 센 늙은이였다.

그런데 노인이 암소 고삐를 잡고 있다고 해서 남을 위해 비범한 난행을 능히 행할 수 있는 보살의 화신은 아니었다.

또한 마음의 소를 먹이는 노인, 마음의 소를 기르는, 여러 해 동안 잃었던 심우를 찾아 고삐를 잡은 노인, 청정(淸淨) 불심을 깨치고 얻은 바 있어 소의 등에 몸을 싣고 퉁소소리에 맞춰 법열을 즐기며 심우당(尋牛堂)을 찾는 운수행객인 선승도 아니었다.

더욱이 부지하허인(不知何許人)을 두고 농신, 농작행사 중 이앙극(移秧劇)에 등장하는 산신, 소를 맞이해 가무하는 농경의례의 산신 역으로 점지된 사람이기 때문에 예사 늙은이가 아닌 비범한 늙은이는 아니었다.

노인은 단순하고 소박한 늙은이, 성스러운 존재도 아니었고 신비스런 노인은 더구나 아닌 아주 평범한 인물, 우리 주변 어디서나 볼 수 있는 노인에 지나지 않았다. 노인은 실제 나이보다 늙어 보였고 기력도 쇠한 듯했으나 실은 그렇지 않았다.

그는 누구보다도 길눈이 밝은 사람, 남들은 엄두도 못내는 일을 능히 해낼 수 있는 한을 가진 노인이었다.

어느 고을 태생인지, 출신과 성분마저 알 수 없는 노인, 인간과 인간의 조우(遭遇)에 있어 흔히 대할 수 있는 그런 무명의 촌로(村老), 평범한 시골 영감 풍에 지나지 않았던 것이다.

백성들은 수로에게 다가서는 늙은이를 보고 혀를 찼다.
"늙은이가 망령이 들었어. 어디라고 나서길, 나서."
그러나 늙은이는 조금도 아랑곳하지 않았다. 천 근 무게에 짓눌린 듯 조금도 흐트러짐이 없었다.

늙은이는 실제 나이보다 늙어 보였고 기력도 쇠한 듯했으나 실은 그렇지 않았다. 그는 누구보다도 길눈이 밝은 사람, 남들은 엄두도 못내는 일을 능히 해낼 수 있는 한을 가진 노인이었다.

어느 고을 태생인지, 출신과 성분마저 알 수 없는 늙은이, 인간과 인간의 만남에 있어 흔히 대할 수 있는 그런 무명의 촌로, 평범한 시골 영감풍에 지나지 않은 늙은이였다.

늙은이는 사람 숲을 헤치고 앞으로 나서는 순간, 모든 것을 잊었다. 허연 수염도, 세어버린 머리카락도 잊어버렸다. 꽃이 천 장(丈) 벼랑 위에 피어 있는 것도 잊었다. 그런 높이는 안중에도 없었다.

수로가 남의 아낙인 것도 잊었다. 나비가 꽃을 보고 날아들 듯이 하는 마음 이외는 욕심도 허욕도 품지 않았다. 후덕한 친절, 아름다움에 대한 경외와 존경심, 부인의 마음만 충족시켜 주면 그뿐이라는 생각 하나로 스스럼없이 부인에게 다가갔다. 다가가서는 흔히 할아비가 이웃집 할미를 대하듯 하는 그런 수작을 자연스럽게 건네었다.

"마누하님, 절벽 위의 꽃을 갖고 싶다고 했습네까?"

수로는 난데없이 나타난 늙은이가 수작하는 짓거리에 어이없어 하다가 그의 눈을 본 순간, 고개가 절로 숙여졌다.

두 눈이 처연해서가 아니었다. 아직도 젊음의 한 자락을 지닌 듯한, 그러면서 섣불리 범접할 수 없는 그 무엇 때문이었다.

"갖고 싶다고 그랬어요. 그런데 노인장께서 웬일로?"

"그렇다면 이 늙은이가 꽃을 꺾어 바치리다."

"……? 꽃을 꺾어 바치겠다고요?"

"그렇습네다. 그런데 마누하님, 조건이 하나 있습네다."

"말씀해 보셔요. 들어줄 만한 것인지…"

"그럼, 말씀 올리겠습네다. 제게 지금 잡고 있는 이 암소 고삐를 놓으라고 말씀부터 해 주십시오, 마누하님."

"별 조건도 아니잖아요. 좋아요. 놓으셔요."

"그리고 보잘 것 없는 이 늙은이가 꽃을 꺾어 바쳐도 거절하지 않으시겠습네까, 마누하님?"

순간, 수로는 늙은이의 처연한 모습에 사로잡혔다.

그네는 늙은이의 처연한 모습이 눈에 익은 듯해 기억을 떠올리려고 했으나 어떤 기억도 떠올리지 못해 안달하다가 얼떨결에 "그렇게 하셔요." 하고 대답했다. 콧등에는 땀이 송알송알 맺혔다.

늙은이도 그랬다. 지체 높은 미인의 출현으로 충격을 받고 미의 황홀경에 빠지자 순식간에 파장을 일으켰다.

그것은 육욕을 느끼고 정복하겠다는 욕정이 아니라 일종의 경외심 같은 것, 아니 정신적인 애정으로까지 승화되기까지 했다.

그네의 철쭉꽃에 대한 애착심이 그의 애착심으로 변했으며 그네의 미모가 철쭉꽃의 미로 돌변했다고 할까.

그랬으니 늙은이는 지체 높은 부인의 미모를 대하는 순간, 나이마저 잊고 그네를 한 떨기 꽃으로 생각될 수밖에.

지켜보던 사람들도 벼랑 위의 철쭉꽃은 좀체 대할 수 없는 꽃이듯이 그네를 대하는 순간, 인간 세상에 피어 있는 한 송이 꽃으로 전율과 경이로움에 사로잡혔기 때문에 가까이 다가가 보고 싶었고 꽃을 꺾어 바치는 순간만이라도 설렘을 달래어 행복 자체를 자족할 수 있는 졸호의 기회라고 여기었는지도 모른다.

실은 꽃을 향하는 수로의 마음이며 인간의 꽃인 그네를 생각하는 늙은이의 마음이 철쭉꽃을 매개로 서로 다른 미의 세계를 잉태한 것은 결코 우연이라고는 할 수 없었는데도.

늙은이는 꼭 쥐고 있던 암소 고삐를 놓고 허리에 차고 있던 삼베 자루를 벗더니 식저<息笛>를 꺼내어 지극 정성으로 음을 골랐다.

'저 자줏빛 바윗가에'

절벽 위에 철쭉꽃이 흐드러지게 피어 있다는 것은 누구나 알고 있는 사실, 일단 생략의 묘법을 최대한 원용했다.

잡은 암소 놓게시고

늙은이는 짙은 바위 끝으로 향하는 수로의 마음을 안 순간부터 암소 고삐를 놓칠세라 꼭 쥐고 있던 손을 비로소 놓았다.

그것은 미를 향한 탐욕이 아니었다. 더욱이 부귀와 색정에 사로잡힌 세속적인 마음은 더구나 아니었다. 수로를 향한 애정의 순수한 뜨거움이 시로 승화된 결정(結晶)이라고나 할까.

저를 아니 부끄러면

순수 지정의 발로라고 할까. 아니었다. 부끄러워 하다의 우회적 표로(表露), 초라한 몰골, 인생의 황혼길, 늙은이의 나약한 마음, 젊음과 노쇠, 늙은이의 좌절감은 끝내 미를 추구하다 이를 극복하는 순간이 되며 육체의 한계마저 초월한 순간임에 틀림없을 것이었다.

꽃을 꺾어 바치리다

절세 미녀인 수로, 선녀의 미모마저 압도한 인간 수로에게 향하는 늙은이의 마음, 온순하고 순박한, 그리고 선량하기만 한 늙은이의 마음은 끝내 지체 높은 미인의 욕망을 해결하는 순간이 되며 아직도 살아 있는 화랑의 기개, 위험을 무릅쓴 늙은이의 부동심(不動心)은 그를 젊은이로 돌려놓았던 것이다. 그랬으니 수로를 대한 순간, 늙은이는 젊은이의 힘을 능가한 남자, 노인과 미녀의 만남이 아니라 선남선녀의 만남이었다.

저 자줏빛 바윗가에
잡은 암소 놓게시고
저를 아니 부끄러면
꽃을 꺾어 바치리다.

紫布岩乎邊希

執音乎手母牛放教遣
吾肹不喩慚肹伊賜等
花肹折叱可獻乎理音如

  늙은이는 일상의 생활일랑 잠시 잊고, 늙었다는 신체적 조건까지 한동안 잊고 정신적으로 아름다움을 추구한 탐미의 마음, 희생의 마음, 사람이면 누구나 품고 있는 보편적인 마음, 아니 시공을 초월한 마음을 수로에게 전하기 위해 식저를 불었다.
  한때는 그랬다. 늙은이는 백아(伯牙)가 종자기(種子期)를 위해 거문고를 뜯었듯이 그도 좋아하는 여인네를 위해 식저를 불었었다. 종자기가 죽자 백아는 거문고 현을 끊어 버리고 다시는 거문고를 뜯지 않았듯이 그도 좋아했던 여인과 이별한 뒤로는 식저를 불어본 적이 없었다.
  젊음을 온통 식저에만 매달린 삶이었는데도.
  늙은이는 식저를 만드는 데도 일가견을 지녔다.
  멀쩡하게 자란 대나무보다는 병들고 뒤틀려 갖은 고초를 이겨낸 쌍골죽은 견고했으나 소슬바람만 불어도 괴상한 소리를 냈기 때문에 병든 대나무로, 망국죽으로 버림을 받았다.
  그런 쌍골죽으로 퉁소를 만들고 갈대밭에서 찾아낸 갈대청으로 퉁소의 목에 붙이면 얇은 섬유질이 소리 값을 낸다.
  사람마다 숨소리가 다르듯 퉁소도 마찬가지.
  늙은이는 독특하게 만든 식저를 가지고 앵무새가 아닌 신의 소리를 창조하기 위해 입술이 부어터지고 아물기를 되풀이하면서 이십여 년에 걸쳐 완성한 소리, 언젠가는 한번쯤 조우할지도 모르는 여인에게 들려주기 위해 한결같은 기다림 속에서 신의 소리를 창조했던 것이다.
  게다가 죽을 통해 나오는 갈대청의 떨림 소리마저 파고가 높지 않은 곱디 고운 단아함으로 말미암아 듣는 이로 하여금 마음을 다독거려 주는 묘한 감동까지 불러 일으켰으니…

마침내 늙은이는 좋아했던 여인과 헤어진 지 이십여 년 가까운 세월, 만파식적(萬波息笛)의 오묘함을 재현했다.

봄에 불면 아지랑이가 나긋나긋 피워내는 봄의 소리가, 여름에 불면 소나기가 세차게 지나가는 여름의 소리가, 가을에 불면 기러기 떼 울며 나르는 가을의 소리가, 겨울에 불면 사락사락 눈 내리는 겨울의 소리를 압도하는 신의 소리를 냈던 것이다.

식저 혼자서는 결코 울어본 적이 없는, 오직 늙은이의 열 손가락이 닿아야 비로소 소리를 내는 식저.

지금은 바야흐로 만춘, 들녘마다 아지랑이가 피어오르듯 나긋나긋하고 호소력 있는 가야의 소리를 낼 그런 시기였다.

오직 한 여인만을 위해 살아온 늙은이가 지금 수로를 위해 일생 일대, 천재일우(千載一遇)의 호기를 맞아 식저를 불어대자 젊은이를 압도하는 힘이 넘치는 소리의 태깔, 식저에 가득 묻은 손때가 연륜(年輪)의 무게로 남아 사람들의 가슴에 덜컥덜컥 떨어지다 못해 거친 파도마저 가라앉히며 천 장 절벽 위 철쭉에게로 다가갔다.

급기야 늙은이의 식저는 온 세상을 한으로 아로새겼다.

우는 듯 웃는 듯, 한인 듯한, 한을 삭이는 소리인 듯한, 그런가 하면 체념하고 달관한 소리에 모두들 숙연해서 숨소리마저 죽였다.

처음 수로는 흔히 들을 수 있는 통소 소리이겠거니 여겼다가 식저 소리가 반복될수록 예삿소리가 아닌 줄 뒤늦게 깨달았다.

그네는 식저 소리에 숨겨진 비밀, 과거를 샅샅이 뒤져 출처를 찾아냈다. 저 소리는 저충<笛忠>이 내는, 그가 아니고는 이 세상 그 누구도 감히 흉내조차 낼 수 없는 소리임을.

수로는 늙은이의 숨은 뜻을 알고 감고 있던 눈을 떴다.

그런데 늙은이는 이미 눈앞에서 사라졌고 여운만이 메아리로 되돌아와 그네의 가슴에 덜컹덜컹 떨어지고 있었다.

늙은이는 절벽으로 다가섰다. 늙은이답지 않게 엎어지고 자빠지며 다가섰다. 절벽 밑으로 다가선 늙은이는 위를 한번 쳐다보고는 지체 없이 기어오르기 시작했다.

무엇이 늙은이로 하여금 저토록 불붙는 열정을 불러일으키게 했는지 그 많은 총중에 누구도 알지 못했다.

단지 시골의 투박한 노인, 그런 노인이 남의 아낙에게, 철쭉꽃을 탐하는 수로에게 꽃을 꺾어 바치기에 앞서 노래를 짓고, 지은 노래를 식저에 맞춰 부르면서 수작하다가 망령이 주책으로 나서, 늙으려면 곱게 늙지 하고 노인을 책망만 했지 실명노인(失名老人) 아닌 실명노인(失明老人)의 기구한 사연을 알 턱이 없었다.

오직 수로만이 알고 눈시울이 달아오르다 못해 눈물을 꾹 짜냈다.

늙은이는 꽃이 꽃을 보고 미소 짓듯이 하는 마음 하나만 가지고 절벽을 기어올랐다. 가진 것이 없는 늙은이, 오직 마음을 비우고 삶을 살아온 늙은이였으나 이 순간만은 꽃이 꽃을 보고 웃듯이 하는 그런 욕심 하나만 지니고 절벽을 기어올랐다.

아득한 거리에서 꽃내음이 코끝으로 스며들었다.

하자 늙은이는 냄새를 좇아 기어올랐다. 미끄러지면 기어오르고 또 미끄러지면 다시 기어오르다 보니 손끝마다 날카로운 바위 끝에 긁히어 피가 낭자했으나 자기와의 싸움을 포기하지 않았다.

꽃을 꺾어 바치지 못하면 어쩌지. 수로의 소원을 들어주지 못하면 어쩌지. 평생을 못 잊어하며 살아왔는데, 어쩐다?

순간, 늙은이의 눈앞에는 끝없는 절망감이 아물거렸다.

늙은이 앞에 가로놓여 있는 절망감의 대상은 절벽이 아니었다. 늙은이의 눈앞에는 순정이 벌겋게 단 쇠꼬챙이로 자기의 두 눈두덩을 지지던 절망감보다 더 큰 패배가 아물거렸던 것이다.

그를 이겨야지. 이번만은 그를 이겨내고 말 게야.

늙은이의 두 손이 움켜쥔 것은 바위 틈새의 날카로운 돌출부가 아니었다. 그것은 다름 아닌 과거를 한 움큼 꾹 움켜쥐었던 것이다.

거지 하나가 남산 밑 고허촌으로 기어들었다. 그는 때도 이미 지났는데 이 집 저 집을 기웃거리며 밥을 빌었으나 흉년이 든 이듬해 봄이라 좀체 먹다 남은 찬밥 한 술도 빌 수 없었다.

거지는 밥을 빌다가 지나던 대문 앞에서 허기진 배를 보듬고 쓰러졌다. 남에게 빼앗겨서는 안 된다는 듯 손에는 퉁소를 꼭 움켜쥔 채.

사지(舍知) 양흔(良痕)은 늦게 퇴청해서 집안으로 들어서다가 대문 앞에 쓰러진 거지를 보았다.

양흔은 쓰러져 있는 거지보다도 손에 꼭 쥐고 있는 식저<息笛>가 명품임을 알아보고 거지를 안으로 들이도록 했다.

하인이 거지를 목욕시키고 새 옷으로 갈아입히자 소년은 당장 어느 자리에 내놓아도 손색이 없는 귀공자였다.

새 옷으로 갈아입은 소년은 사랑으로 불리어 갔다.

"어디에 사는 누구 자손인고?"

"어려서 부모님을 여의어 누군지도 모릅네다."

소년은 또박또박 대답했다.

"그런가. 그렇다면 식저는 어디서 난 게고?"

"집안 대대로 물려 내려온 가보인 줄은 알고 있습네다만 내력이나 사연에 대해서는 기억나는 것이 전혀 없습네다."

"어디 한번 보여줄 수 있겠니?"

양흔은 식저를 들고 요모조모 뜯어보았다.

전설로만 전해 오던 진품임이 분명했다.

구형왕(仇衡王)이 나라를 통째로 들어 신라에 귀순한 지도 어언 2백여 년, 그 긴 세월이 흘렀는데도 가야의 보물인 식저를 간직하고 있다면 이 소년은 가야 왕손의 후예임에 틀림없으렷다.

"지금 어디를 향해 가는 길인고?"

"밥을 빌어먹는 처지에 갈 데라곤 없습네다."

"허허, 그래. 이를 어쩐다?"

그에게는 아들이 없었다. 자식이라곤 딸만 하나 두고 있어서 마음이 쉽게 동했는지도 모를 일이다.

양흔은 아내와는 상의도 없이 "원한다면 지금부터라도 내 집에 머물러 있도록 하게."하고 단안을 내렸다.

소년은 뜻밖이라 "네에?"하고 놀라다 못해 몹시 당황했다.

"놀라기는. 내 집에 유해도 좋다는데…"

"나리님, 이 크나 큰 은혜는 두고두고 잊지 않겠습네다."

소년은 벌떡 일어나 넙죽 절까지 했다.

"이름이 있으면 말해 보게."

"저같이 미천한 처지에 이름이 당키나 합네까."

"그렇다면 이름부터 지어 줘야겠군."

"저로서는 고소원입네다."

"지닌 것이 식저라, 식저를 가졌으니. 그게 좋을 게야. 저충, 저충<笛忠>이 어떨까. 저충으로 부르는 것이 좋겠네."

양흔은 즉석에서 이름까지 지어주었다.

소년은 새삼 일어나 "윗전으로 받들어 모시는데 조금도 게으름이 없을 것입네다." 하고 정중히 예를 갖췄다.

누구보다도 좋아한 사람은 수로였다. 그네는 동기간이 없어 늘 외톨이였는데 저충과 의남매처럼 지내고부터는 그와 함께 바깥출입을 할 수 있어 얼마나 좋아했는지 모른다.

수로와 저충이 한 집안에서 동기간처럼 지내기 3년, 그네의 나이 열 넷이었다. 그 무렵부터 그네의 빼어난 미모는 서라벌을 들썩이게 했다.

아니, 미모가 너무나 빼어나 깊은 산이나 대택(大澤)을 지나칠 때마다 신물이나 요정들에게 납치당하곤 했다.

그랬으니 수로는 혼자서 마음 놓고 나다닐 수도 없었던 것이다.

수로도 대대로 말을 길러내는 집안 후예답게 말을 탈 줄은 알고 있었으나 혼자서는 말을 타고 나갈 수도 없었는데 저충이 아씨, 아씨 하면서 그림자처럼 붙어 다니며 보살폈기 때문에 구량벌(仇良伐)을 지나 남산을 오를 수 있어 저충을 좋아했다. 저충도 수로보다 나이가 다섯 살이나 많았으나 때로는 오누이처럼 또 때로는 오를 수도 없는 밤하늘의 별처럼 가깝고도 먼 사이로 6년을 생활했다.

수로의 나이 갓 열일곱, 봄이면 꽁꽁 얼어붙었던 나무에 흥건하게 물이 오르듯 그네의 아름다움도 한껏 피어올랐다.

벌써부터 양흔의 집에는 매파가 수도 없이 드나들었다. 한다하는 가문과 권세, 부를 앞세워 며느리로, 지어미로 맞아들이려고 매파를 보내 들쑤셨으나 양흔은 조금도 달갑지 않았다.

하루는 이찬 주원(周元)이 아들 순정(純貞)을 데리고 불쑥 나타나서는 일방통행이나 다름없이 혼사를 후딱 정하곤 돌아갔다.

양흔도, 아내인 사량(沙良)도 불가항력이었다.

혼사란 양가가 짝이 맞아야 하는데 13품의 벼슬아치와 당대의 세도가 2품 이찬(二湌) 문벌과의 혼사라니, 기울어도 너무 기운 혼사였다.

집안은 물을 끼얹은 듯 착 가라앉고 말았다.

누구보다도 수로의 마음은 착잡했다. 그가 바람둥이라는 소문이 성안에 파다했기 때문만은 아니었다. 성불구자라는 근거도 없는 낭설이 떠돌았던 것이다. 마음에도 없는 결혼, 야반도주라도 할까 부다.

수로는 갈피 잡을 수 없는 마음을 진정시키려고 말을 몰아 남산으로 들어갔다. 저충은 말없이 그네를 뒤따랐다.

여름 하늘이란 구름 한 점 없다가도 먹구름이 몰려들었고 예상치도 못한 소나기를 쏟아놓았다. 그들은 소나기를 만나 동굴로 피신해 있으니 수로는 옷이 젖어 오들오들 떨어댔다.

이를 보다 못한 저충은 비에 젖지 않은 솔가지와 삭정이를 주워 불을 피웠다. 솔가지에 불이 붙기까지 동굴 안은 연기로 매캐했다.

저충은 모닥불이 타오르자 그네가 마음 놓고 옷을 벗어 말릴 수 있도록 자리를 피해 주었다. 그는 이성을 알 무렵부터 수로를 사랑하는 마음으로 가슴이 터질 것만 같았다. 아니, 은연중 가슴에 화살이 되어 박혀 있었으나 그것은 도저히 오를 수도 없는 나무임을 알았을 때, 고도에 갇힌 것과도 같은 절망감에서 헤어날 수 없었다.

그래서 용해할 수 없는 열모의 정염을 달래기 위해 오직 식저에 의지하다 보니 이제는 아지랑이가 나긋나긋 피어내는 봄의 소리를, 소나기 지나가는 여름의 소리를 흉내 낼 수 있었다.

저충은 수로가 마음 놓고 옷을 벗어서 말리도록 식저를 불었다.

어느 소리가 진짜 퉁소소리인지, 어느 소리가 진짜 소나기 지나가는 소리인지 분간도 못하는 사이, 동굴 속에는 새로이 소나기 지나가는 소리로 그득했다.

수로는 저충이 부는 식저 소리에 불꽃을 휘적거리는 손길은 안온함에 젖었고 퍼붓는 소나기에 망연자실했으며 자연의 의심 없는 믿음 자체가 가져다주는 안도감에 젖어 옷을 벗어 말리다가 모닥불의 온기에 그만 깜박 잠이 들고 말았다.

저충은 지금쯤 옷을 말려 입었을 것이라고 생각하고 아씨, 아씨 하고 불렀으나 대답이 없었다. 그는 걱정이 되어 모닥불이 있는 곳으로 다가갔다. 그런데 뜻밖에도 사그라지고 있는 모닥불 맞은편에 난생 처음 보는 여인의 나체를 보고 멈칫 섰다.

그것은 지금 꿈을 꾸고 있는 것이 아닌가 해서였다. 하얀 속옷을 벗어 불가에 걸어놓은 채 수로가 잠들어 있었기 때문이다.

저충으로서는 손끝 하나 까딱 하지 않은 채 보고 있으려니 너무나 탐스럽고 아름다웠다. 맑은 공기를 쐬어 한껏 윤기 오른 우유빛 피부하며 너무나 탄력이 있어 부끄러움을 저어하는 듯한 유방은 이른 봄 산수유 봉오리처럼 만지면 톡 소리를 내며 터질 것만 같았다.

저충은 그네가 잠이라도 깨면 어쩌나 해서 조바심을 태우며 삭정이를 집어넣어 꺼져 가는 불꽃을 살렸다.

타악 탁, 소리를 내며 새로이 모닥불은 피어올랐다.

나무 타는 소리에 잠을 깬 수로는 가슴부터 감쌌다.

"그렇게 보고 있음 싫어. 저충, 눈을 감고 돌아서."

저충은 돌아서서 눈을 감고 생각했다. 이런 경우는 누구의 잘못도 아니라고. 해서 그는 눈을 뜬 채 돌아섰다.

수로는 어쩔 줄 모르다가 말리던 속옷으로 가슴을 가렸다.

"저충, 돌아서면 나, 싫다는데도."

그네의 불꽃보다 더 붉게 물든 얼굴은 이내 울상이 되었다.

저충은 못 들은 체하고 마주해 앉았다.

"부끄러워. 저충, 돌아 앉아."

저충은 고개를 떨어뜨리고 있다가 간신히 "어떻게 하면 부끄럽지 않지?"하고 기어드는 소리로 말했다.

그랬는데 그네의 대답은 의외에도 당돌했다.

"저충도 나처럼 옷을 벗으면…"

순간적으로 난감했으나 저충은 망설임 끝에 옷을 벗었다.

옷을 벗어버리자 이제는 옷을 입었을 때보다도 몇 배나 당당한 젊은이 하나가 속곳이인 채 그네 앞에 서 있지 않는가.

"이젠 부끄럽지 않을 게야."

"아니. 난 아직도 부끄럽단 말이야. 돌아서 줄 거지, 저충?"

"어째서 부끄럽다고 하지?"

"거긴 지금도 알몸이 아니잖아."

순간, 저충은 부끄러움으로 온몸이 달아올랐다.

뒤늦게 정신을 수습한 저충은 "아, 아씨도 가슴에 가, 가린 것을 떼어낸다면…"하고 간신히 말했다.

수로는 가슴을 가린 속옷을 밀어냈다.

저충도 청동상이 된 채 불빛에 반짝이는 물기 젖은 그네의 눈을 훔쳐보다가 속곳이 끈을 풀었다.

속곳이는 아래로 홀렁 흘러내렸다. 저충은 왠지 모르게 숨이 가빴다. 너무나 숨이 가빠 공기를 섬으로 마셔도 오히려 부족할 것 같았다.

여전히 소나기는 동이로 쏟아 붓고 있었고 불꽃은 하늘하늘 피어올라 동굴 안을 환히 비추고 있었다.

수로는 주저하지 않았다.

그네는 힘을 주어 모닥불을 건너뛰었다. 건너뛰자 자연스럽게 저충의 넓은 품안에 안겼다.

"저충. 나 좀 으스러지게 안아 줘. 안아 줄 거지?"

저충은 가슴에 와 닿는 그네의 유방이 사뭇 간지러웠으나 떼어내지 않앉으며 안고 있으면서 가슴의 고동을 수없이 확인했다.

그는 껴안고 있는 것만으로는 젊음이 괴롭혔으나 순간순간의 야릇한 행복감은 이 세상 그 무엇과도 바꿀 수 없었다.

모닥불은 사그라지고 소나기는 여전히 쏟아 부었다.

저충은 수로를 안은 것이 아니라 평생을 두고도 잊지 못할 감동을 끌어안았다. 그것은 바로 길고도 오랜 황홀감에 젖은 고동이 소나기 소리와 나뭇가지를 흔드는 바람소리와 함께 대자연의 박자에 맞춰 오묘한 조화를 연출하더니 가슴에 화인을 콱 하고 찍었다.

소나기가 지나가자 수로와 저충은 동굴을 벗어났다.

그들은 소나기 뒤의 맑은 공기를 한껏 들이쉬고 산 속을 내달렸다.

그때 그들을 추적하는 한 떼의 무리와 마주쳤다.

사람들은 절벽을 오르는 늙은이를 지켜보며 숨을 죽였다.

아무도 말하는 사람이 없었다.

늙은이는 위태하기 짝이 없는 절벽을 기어올랐다. 그것은 마치 신물이 절벽을 오르는 것만 같았다.

절벽을 거의 오른 늙은이는 기운이 탈진했다. 손끝은 감전이라도 된 듯 저려왔다. 버티고 있는 두 다리마저 마구 떨어댔다. 암벽 등반의 대가라도 이미 늙은 몸, 그는 등반의 대가도 아니었고 그 무엇도 아니었다. 거목에 매미 한 마리가 붙어 있듯이 절벽에 붙어 있는 늙은이를 지켜보는 사람들의 손에도 땀이 한 움큼 잡혔다.

늙은이의 없어진 두 눈에서는 진물이 주룩 흘렀다. 볼 수만 있어도 이런 절벽쯤이야 가소롭기까지 했으나 지금은 볼 수가 없었다.

안개 같이 뿌옇기만 한 시력, 물건을 코밑에 바싹 대야 어렴풋이 볼 수 있는 눈, 눈. 그것도 왼쪽 눈으로만. 오직 늙은이는 내음과 육감에 의지해

오르자니 피로가 빨리 왔던 것이다.
 늙은이는 치받치는 분노를 안으로 꾹꾹 눌러 담았다.

 순정은 양혼의 집으로 수로를 찾아갔다가 만나지 못하자 수소문 끝에 남산으로 뒤쫓아 왔다. 소나기를 만나 바위 밑에 움츠리고 서서 소나기를 피하고 비가 멎자 다시 찾아 나섰다.
 순정을 만난 저충은 민망했다. 비에 젖은 옷을 말렸다고는 하지만 덤불 속에서 무슨 짓거리라도 하고 나온 것 같았다.
 순정은 두 사람 사이에 무슨 일이 있었다는 것을 지레 짐작하고 질투의 노여움을 부글부글 끓였다.
 그는 질투의 노여움을 바글바글 끓이다 못해 수로를 강제로 말에 태워 돌려보낸 뒤, 저충과 마주 섰다.
 저충은 이럴 때 어떻게 하면 좋을지 몰라 당황했다.
 아니나 다를까. 순정은 질투의 불길을 당겼다.
 "당장에 요절을 내고도 남을. 종인 주제에 수로를 농락하다니. 대명천지에 너 같은 놈은 살려둘 수가 없음이야."
 "서방님, 농간을 하다니요?"
 "저 주둥이를 틀 놈. 감히 누구 앞에서 해악질을 해대."
 순정은 채찍을 들어 득달같이 저충을 후려쳤다.
 저충은 이럴 수도 저럴 수도 없어 고스란히 매만 맞았다.
 그의 얼굴은 금새 피가 낭자했다. 그것이 순정의 난폭한 성격에 부채질을 더한 셈이었다. 부하에게도 매를 들어 후려쳤다.
 "저놈을 당장 나무에 묶어라. 어디 앞이라고 감히 행악질을 해대."
 종자들은 목을 틀어잡고 나무둥치에 묶었다.
 "모닥불을 피워라. 세상을 못 보게 눈을 지져놓게."

불이 붙기도 전에 순정은 채찍에서 가죽 끈을 떼어낸 쇠막대를 피어나는 모닥불에 꽂았다. 쇠막대는 이내 벌겋게 달아올랐다.

저충은 저승길이 눈앞에 있음을 직감하고 무릎을 꿇었다.

"서방님, 잘못했습네다. 제발 살려 주시와요."

"살려는 주지. 내가 죽이기라도 할까."

순정은 벌겋게 단 쇠막대로 저충의 눈두덩을 지질렀다. 저충은 으혹 하고 몸을 솟구치며 용트림하다 곧장 정신을 잃었다.

주변은 생살 타는 냄새가 진동을 했다.

냄새조차 지독해서 종자들도 코를 틀어쥐었다.

그런데도 순정은 능글맞기 짝이 없었다.

"섭생은 이어 갈 터. 저놈을 바닷가에 갖다 버려라."

종자들이 달려들어 저충을 말에 태워 동해 바닷가로 끌고 가서는 헌신짝 버리듯이 팽개쳐 버렸다.

저충의 목숨은 끈질겼다.

한 눈을 잃고 남은 한 눈도 온전하지 못한 채 삶을 살았다. 오직 수로만을 생각하며 오로지 식저에만 의지한 채 모진 삶을 살았다.

아니, 살아 주었다.

그렇게 살아가면서 수로가 가는 곳이면 어느 곳이든 뒤따랐다. 대면할 수는 없었으나 멀리서 볼 수 있다는 것만으로도 자족했다.

기다림의 삶으로 살아오기 20여 년, 저충의 간절한 기다림의 삶은 나이보다 겉늙었고 귀밑 머리털부터 허옇게 세었다.

이제 노인 티가 완연한 저충은 순정공이 강릉 태수로 부임한다는 소문을 듣고 멀찍이 뒤따랐다.

이름도 모를 바닷가에 이르러, 부인이 절벽 위의 철쭉꽃을 갖고 싶어 한다는 말을 흘러 듣고 실로 20여 년 만에 아무도 눈치 채지 못하도록 아주 자연스럽게, 그것도 천연덕스럽게 암소 고삐를 잡고 지나가는 노인네로 가장해서 수로 앞으로 나섰던 것이다.

늙은이는 사력을 다해 절벽 위로 올라섰다. 멀리서 와, 하는 탄성이 귓가에 닿아서야 절벽 위에 올라섰음을 알았다.

늙은이는 투박한 삶을 산 그대로 마음을 비우고 꽃을 보고 꽃인 양 생각하면서 철쭉꽃을 한 아름 꺾었다. 꽃을 꺾으면서 올라오기보다는 내려가기가 몇 십 배 더 어렵다는 것은 생각지 않았다. 수로를 위한 단 한번의 기회, 그 이상도 이하도 생각지 않았다.

늙은이는 한 손에 철쭉을 한 아름 안고 한 손으로만 절벽을 타고 내려갔다. 절벽을 타고 내려가는 늙은이는 사람이 아니었다.

늙은이는 사람 아닌 신물이게 하는 신통 술이라도 가진 양 꽃잎 하나 다치지 않고 절벽을 타고 내려섰다.

입술이 말라 갈라지듯이 숨을 죽이고 늙은이를 지켜보던 사람들도 모두가 내 일처럼 기뻐하며 탄성을 질러댔다.

탄성 소리를 듣고 늙은이는 땅에 내려왔음을 알았다.

늙은이는 길을 터주는 군중을 지나 수로 앞으로 다가갔다. 다가가서는 무릎을 꿇고 두 손으로 꽃을 바쳤다.

그런데 꽃을 바치는 늙은이의 손은 떨리지 않았으나 일어서서 꽃을 받는 수로의 손은 마냥 떨었다. 바람에 사시나무 떨듯 떨어댔다.

꽃을 받는 마음, 꽃을 통해 미를 발견하고 자신의 미와 꽃의 미가 합일하는 데서 오는 환희로 그네는 몸을 떨어댔던 것이다.

여기에 사람들도 꽃을 향한 수로의 마음과 인간의 꽃인 수로를 향하는 늙은이의 마음이 철쭉꽃을 매개로 서로 다른 미의 세계가 합일하는 융화의 장이 펼쳐지고 있는 것을 경이의 눈으로 지켜보고 있었다.

수로는 마냥 떨어대고 있는 고운 손을 꽃 아름 사이로 넣어 늙은이의 손을 꼭 쥐어주면서 쪽지 하나를 건넸다.

태수의 행차는 이틀이나 아무 탈 없이 나아갔다.
행차가 임해정(臨海亭)에 이르러 주찬을 준비하고 있는데 갑자기 날씨가 이변을 일으켰다. 천지가 온통 캄캄해지더니 예상치도 못한 뇌성을 동반한 폭우가 쏟아지기 시작했다.
사람들은 겁에 질려 어쩔 줄 몰라 했다.
그 때였다. 돌연 바다에서 용이 나타났다. 나타난 용이 수로를 납치해서는 흔적도 없이 사라져 버렸다.
순정공은 땅에 주저앉은 채 어쩔 줄 몰라 쩔쩔 맸다.
그때 난데없는 늙은이가 나타나 방책을 알려줬다.
"태수님, 전해오는 고인(古人)의 말에 의하면, 뭇 사람들의 말은 쇠라도 녹인다고 했습네다요. 그러니 바다 속의 용인들 어찌 두려워하지 않겠습네까요. 태수님께서는 지금 당장 지경 내의 주민들을 불러 모으셔요. 모아서는 노래를 지어 그들로 하여금 부르게 하고 몽둥이로 일제히 바닷가를 두드려댄다면 마누하님을 만날 수 있을 것입네다요."
말을 마치자 늙은이는 곧장 사라졌다.
순정공은 병사들을 사방으로 급파해서 주민들을 동원한다, 나무를 베어 몽둥이를 마련한다 하고 부산을 떨었다.
늙은이는 부인이 준 쪽지대로 폭우를 틈타 용으로 변장해서 공포로 떨고 있는 뭇 사람들의 시선을 감쪽같이 속였고 수로도 혼란한 틈을 타 잽싸게 도망을 쳐 바닷가로 가 늙은이와 조우했다.
늙은이는 수로를 비를 피해 동굴로 데려 갔다.
"마누하님, 지시대로 했습네다. 틀림없이 모두들 속아 넘어갔을 것입네다. 이젠 사람들 눈에 띌 염려도 없습네다. 마음 놓으셔도 됩네다."

"불편한 몸으로 수고 많이 하셨어요, 저충."

"마누하님이 시키시는 일인 데야."

"도대체 어떻게 된 거예요, 갑자기 사라지다니, 어찌 그럴 수가?"

늙은이는 저충으로 돌아가 저간의 사정을 이야기했다.

……

수로는 어쩌면 그럴 수가 하고 한숨을 내쉬었다.

"난 그런 일이 있은 줄도 모르고 갑자기 사라져서 속으로 야속타고 두고두고 원망만 했었으니, 이를 어쩌? 지금에 와서 이를 어떻게 해? 어떻게 해야 저충의 한을 조금이라도 풀어줄 수 있을까?"

"마누하님, 모두가 지나간 일입네다."

"결혼은 했어요? 결혼을 했다면 아이는 몇이나 뒀고요."

"마누하님이 있는데 어떻게…"

수로는 눈앞이 아찔했다. 아랫도리의 기력마저 달아났다.

그네는 바다 속으로 빨려들 듯 저충의 품으로 파고들었다. 그의 숨결이 이마를 타고 흘러내리다가 가슴 속에서 뜀박질을 해댔다.

수로는 저충의 가슴을 어루만지며 아슴아슴 눈을 뜨자 바다를 등지고 서 있던 저충은 푹 젖은 눈으로 말했다.

"이러심 아니 됩네다. 돌아가셔야 합네다."

수로는 대답 대신 연꽃이 활짝 피어오르듯 팔을 활짝 벌려 저충의 목을 끌어안고 붉은 입술을 내밀어 접문했다.

갯바람에 촉촉이 젖은 그네의 입술은 뜨거웠다. 몸이 녹아나는 듯, 가슴은 벌건 모닥불에 덴 듯 한껏 달아올랐다.

수로는 오랜 기다림으로 겉보기에는 폭삭 늙어 영락없는 노인이었으나 내밀한 곳에서는 아직도 사십대 초반의 젊음이 살아 숨 쉬는 지순 앞에서 남의 아낙인 것도, 그 모든 것도 잊고 자신의 속마음을 보여주기 위해 옷을 훌훌 벗었다. 지난 날 남산을 질주하다 소나기를 만나 비를 피했던 동굴에서와는 다른 성숙한 몸매를 드러냈다.

그네는 그렇게 해서라도 저충이 반평생 동안 지불한 한을 조금이라도 갚고자 했는지도 모른다.

아니었다. 그것이 그네의 참마음이었는지도 모른다.

"저충, 나 옷을 벗었어요. 자, 실컷 보셔요."

"제게는 눈이 잘 보이지 않습네다, 마누하님."

"이를 어쩌지. 그런 줄도 모르고…"

"어서 옷을 입으셔요. 그 말씀 한 마디만으로도 제게는 황감무지입네다, 어서요. 시간이 없삽네다, 마누하님."

"어떻게 해, 한을? 어떻게 하면 한을 추스를 수 있을까?"

수로는 밀쳐내는 저충에게 한사코 매달렸다.

얼마나 시간이 흘렀을까. 저충은 가슴에 와 뭉개지는 젖무덤에 황홀해서 사뭇 넋을 놓았고 넋을 놓고 있다 못해 수양버들같이 가는 그네의 허리로 팔을 돌려 으스러지게 끌어안았다.

수로의 목덜미가 입술에 와 닿았다. 향긋한 내음이 물씬 풍겼다.

수로도 저충의 몸을 더듬었다. 그네는 비온 뒤 죽순처럼 정분이 솟아올랐다. 남편에게서 맛볼 수 없는 진하고 짜릿한 느낌으로 몸을 떨어댔다. 그런 면에서 순정은 어쩌면 숙맥인지도 모른다.

저충은 오랜 상사 끝에 사랑을 나눴으며 접문도 끝냈다.

수로는 앞으로 저충의 오랜 기다림보다도 진한 삶, 상사의 삶이 가로놓여 있다는 것을 깨닫고 한숨을 내쉬었다.

한숨소리에 섞여 뭇 사람들의 노랫소리하며 몽둥이로 바닷가를 두드리는 소리가 동굴 속까지 들려왔다. 그것은 해가사(海歌詞, 日)의 노래가 아닌 바로 해가(海歌, 詞曰)의 노래였다.

거북아 거북아 수로부인 내놓아라
남의 부인 앗아간 죄 얼마나 큰지
네 이놈 이를 거역하고 내놓지 않으면
그물로 낚아 올려 구워 먹으리.

龜乎龜乎出水路
掠人婦女罪何極
汝若悖逆不出獻
入網捕掠燔之喫

"지금부터 저충과 함께 살 테야. 나, 돌아가지 않을 테야."
"아니 됩네다, 마누하님. 돌아가서야 합네다."
"가기 싫다는데도. 나, 저충을 따라갈 테야."
수로는 저충에게 안겨 붙었으나 그는 그네를 떼어냈다.
"마누하님, 이제 와 이놈에게 무슨 한이 있겠습네까."
"없다니, 말이나 돼요?"
"없다니까요. 그러니 돌아가셔요. 지금 돌아가시면 사람들은 바다의 용이 데려다준 것으로 알 것입네다, 어서요."
"저, 저충…"
그런데도 수로는 매달려 떨어지지 않았다. 저충은 그네를 밀쳐내고 자취를 감추자 노랫소리는 더 더욱 세차게 들렸다.
뒤늦게 수로는 발길을 돌렸다.
그네는 늙은이가 가르쳐준 대로 바위 틈새를 벗어나 돌아왔다.

와! 하고 환성이 터졌다.

공포로 절었던 사람들은 용이 부인을 모시고 바다를 나와 뭍까지 바래다줬다고 떠들어댔다.

순정공이 부인에게 바싹 다가갔다. 다가가서는 바다 속으로 들어갔던 저간의 일이 궁금해 묻자 수로는 시침을 뚝 따고 웅수했다.

"칠보궁전에 드니, 주는 음식마다 진미였습니다. 향기롭고 깨끗하기가 인간 세상의 음식과는 전혀 달랐답니다."

그네는 저충의 넓은 품이 궁전이었고 달아오른 뜨거운 입술이 진미라고 생각했는지도 모른다.

그렇게 말하는데도 순정공은 숙맥처럼 곧이곧대로 들었다.

"부인이야말로 날 따라온 덕으로 좋은 경험을 했소."

수로는 저충을 생각할수록 눈시울이 젖기만 했다.

저충이 남긴 체취는 이 세상 것이 아닌 향긋한 내음으로 남아 주위를 감싸 돌았는데도 저충과 사랑을 나눈 암향(暗香)인 줄은 그 많은 총중에서 어느 누구 한 사람도 눈치 채지 못했다.

―

신라 제일의 미녀 수로부인
하마나 미녀였으면
입과 귀를 적셔 소문났을까.
물새알을 세워놓은 듯한
갸름한 얼굴이며 맑은 눈매,
빚어 만든 결곡한 콧등
방긋 웃을 때마다
하얗게 드러나는 치아

호수와도 같은 눈매,
초승달과도 같은 아미,
반듯한 이마에
범접할 수 없는 우아함까지.
아름답고 고우면
음하거나 독하기 마련인데…

되레 부드러우면서 귀품이 있고
어여쁘면서도 곡진해서
미륵불에서나 볼 수 있는
지순한 신앙의 미모.
그랬으니 신물이나 요정들이
다투어 납치해 갔겠지.
아니, 오직 마음을 비우고
나비가 꽃을 보고 날아드는
본능으로 납치를 자청했음이니.
'칠보궁전(七寶宮殿)에 드니
나오는 음식마다 진미였으며
향기롭고 깨끗해서
세상 음식과는 달랐다.' 고
시침을 뚝 따는 수로였으니…

―시 「수로부인」

찬기파랑가의 기사

소설 창작 과정 2

신라가요의 문학적 우수성
― 주로「찬기파랑가(讚耆婆郎歌)」에 대하여―

　내가 일찍이 반생의 심혈을 경주하여 우리 선민이 남긴 문학 유산 중의 현존하는 최고작인 신라 고가요(세속에 이를 향가라 부르나 향가란 '시골 노래, 쌍노래'의 뜻으로 마치 한글을 '언문'이라 이름과 같은 자기폄시(自己貶視)의 못마땅한 이름이므로 '필야정명(必也正名)'의 가르침에 의하여 나는 그 말을 일체 쓰지 않는다. 그 원칭(原稱)인 본말은 '싀닉 놀애(詞腦歌)'『고가연구(古歌硏究)』서설 제3장 참조)를 해독·경주하여 이를 공간할 때(1942), 그 독해와 어학적 중석(證釋)에 골몰하여 '문학적 감상·비평 내지 문화사적 고찰은 이를 궐략(闕略)하였다.
　이어 여대가요(麗代歌謠)의 전주(箋注)에서도 동양(同樣)의 이유에 의하여 의도와 성과는 순수한 고어학적·고증학적 태도를 벗어나지 않았고 그 이상의 것, 다시 말하면 재료의 음미와 평설―
　그 비판적인 견해·주장 같은 것엔 대개 언급이 없었다.

그러나 사실 고가요 연구에 있어서 전자는 오히려 후자를 위한 학적 준비와 토대라 이를 것이므로 고가의 문학적·사상적 연구가 더 근본적인 요청임은 말할 것도 없는데 비저(鄙著)가 모두 그것에 미치지 못했음은 한스러운 일이다. 이래(爾來) 또 여간한 잡사에 휘몰려 겨우 여요 몇 편에 관한 회평(戱評)(『麗謠箋注』 부편, 평설 2편) 외에 아직도 소위 제3편(동서(同書) 서)에의 염원을 이루지 못하고 있음은 부끄러워한다.

어서 누구의 손으로라도 나여(羅麗) 고가의 문학적 해석·비평 더구나 그 이데올로기적 연구가 이루어져야 할 것이다.

사뇌가(詞腦歌)의 문학적 탁월성 —

그야 현존 나가(羅歌) 14수가 모두 개개 걸작이랴마는 그 중의 대부분은 확실히 문학적으로 극히 우수한 걸작임이 사실이다.

우선 현존 사뇌가의 제작된 연대부터 보자.

최고의 「서동요」가 서기 600년 이전, 최근 「처용가」가 동 879년의 소작인즉 대략 6세기 말로부터 9세기까지의 작들. 당시 서구엔 그리스 로마를 제하고는 이에 비의(比擬)할 시가가 싹조차 없던 시대이니 우리의 고가는 연조(年條)로 보아 중국, 인도, 그리스쯤을 제외한 세계 시가사상 넘버 4위쯤을 차지할 만하다. 이러한 고시가 - 그것도 문학적으로 극히 우수한 작품이 극동의 소방(小邦)에 엄연히 존재한다는 사실만도 세계 문화에 당당히 자랑할 만하나 아깝게도 우리만이 외치는 독 안의 자랑일 뿐 세계에 그리 널리 알려지지 않고 있다. 아무리 '노포(老舖)'라도 상품이 훌륭해야 — "큰어머니 떡도 맛 좋아야 사 먹는다."하리라.

그러면 우리 고시가의 문학적 수준은?

나가 14수 전부가 개개의 특질로 보아 어느 것 하나 뜻 깊은 수작 아님이 아니나 순연한 문학적 안목으로 보아 모르긴 몰라도 약 반수는 참으로 뛰어난 경이로운 작품들이다. 이를테면 연대순으로 — 저 융천사 「혜성가

」의 교묘한 메타포어와 경쾌한 유모어,「풍요」의 '강남다연엽곡(江南多蓮葉曲)'을 무색케 할 만한 소박·유원성(悠遠性), 실명노인「헌화가」의 수사적인 기법과 어법을 통한 멋진 풍류, 월명사「제망매가」의 한·진 고시를 훨씬 능가하는 애절한 인생관과 깊디깊은 비상(悲傷), 충담사의「찬기파랑가」는 저 벽공찬출(劈空撰出)의 고매한 탁의(託意)와 그리스 창극의 삼부악(三部樂)을 연상케 하는 탁월한 구성, 그리고 또 저「처용가」의 기상천외(奇想天外)의 이데아와 독특하고 멋진 노래법 등등―어느 것 하나 문학적으로 우수한 걸작 아님이 있겠는가?

이제 본보기로「찬기파랑가」한 수만을 여기 잠깐 전시하여 보자.

「찬기파랑가」는 나대인(羅代人)의 정치적 이상을 노래한「안민가」와 함께 당대의 이승(異僧) 겸 명가인 충담사의 작―

前略―필자

三月三日 王御歸正門樓上 謂左右曰 誰能途中 得一員榮服僧來 於是適有 一大德 威儀鮮潔 徜徉而行 左右望而 引見之 王曰 非吾所謂榮僧也 退之 更有一僧 被衲衣 負櫻筒 從南而來 王喜見之 邀致樓上 視其筒中 盛茶具已 曰 汝爲誰耶 僧曰 忠談 曰 何所歸來 僧曰 僧每重三重九之日 烹茶饗南山三花嶺彌勒世尊 今玆旣獻而還矣 王曰 寡人亦一甌茶有分乎 僧乃煎茶獻之 茶之氣味異常 甌中異香郁烈 王曰 朕嘗聞師讚耆波郞詞腦歌 其意甚高 是其果乎 對曰 然 王曰 然則爲朕作理安民歌 僧應時奉勅歌呈之 王佳之 封王師焉 僧再拜固辭不受

安民歌 省略―필자 『三國遺事』卷二

* 원문에는 이 부분의 한문은 싣지 아니하고 번역만 했기 때문에 필자가 독자에게 참고가 될까 해서 삽입했음.

경덕왕(景德王) 충담사(忠談師) 조

3월 3일에 왕이 귀정문(歸正門) 누상에 납시와 좌우에게 이르되 "누가 도중에서 '영복(榮服)' 승 한 분을 데려오료?"

그때 마침 한 대덕(大德)이 말쑥한 위의(威儀)로 힝뚱거리며 가는지라. 좌우(左右)가 바라보고 인견하니 왕이 가로되 "나의 소위 영승이 아니로다. 물릴지어다."

또 어떤 스님이 누비옷을 입고 앵통(櫻筒)을 진 채 남쪽에서 걸어왔다. 왕이 이를 보고 반겨 누상으로 불렀다.

스님의 앵통 속을 보니 다구뿐이었다.

왕이 물었다. "네가 누구냐?"

스님이 거침없이 대답했다.

"충담이로소이다"

또 물었다. "어디 갔다 오는고?"

스님이 말했다.

"제가 해마다 3월 3일, 9월 9일이면 차를 끓여 남산 삼화령 미륵세존께 공양했는데, 지금 차를 공양하고 오는 길입니다."

왕이 말했다. "과인에게도 한 잔 차를 마실 수 있을까?"

스님이 차를 다려서 왕에게 바쳤다.

그런데 차의 풍미가 이상하고 병 속의 향내마저 강하게 코를 찌른다.

왕이 말했다. "짐이 일찍 들으니, 사(師)가 지은 기파랑을 기리는 사뇌가는 그 뜻이 매우 고상하다 하니, 과연 그러한가?"

"그러합니다."

"그렇다면 짐을 위해 '백성을 편안하게 다스리는 노래'를 지어라."

스님이 칙령을 받들어 노래를 지어서 바쳤다.

왕이 읽어보고 매우 좋아해 스님을 왕사로 삼으려 했다.

그런데 스님은 재배하고 이를 사양해 받지 않았다.

—『삼국유사』권2

이 명가의 작자를 소개키 위하여 좀 긴 인문을 꺼리지 않았다.

사뇌가 14수 중에서 비견(鄙見)으로도 최고의 걸작이라 생각되는 그의 작「찬기파랑가(讚耆婆郞歌)」를 독자의 편의를 위해 약간 현대어로 고쳐 그 전수(全首)를 다음에 보인다.

'기파(耆婆)'('기보'—'長命男'의 뜻)란 젊은 화랑장은 달리 전(傳)과 소견(所見)이 없으나 그의 화랑으로서의 인품과 인격·지조를 찬양한 노래가 얼마나 기상천외한 아이디어로 되었는가를 보라.

讚耆婆郞歌曰

咽鳴爾處米

露曉邪隱月羅理

白雲音逐于浮去隱安支下

沙是八陵隱汀理也中

耆郞矣皃史是史藪邪

逸烏川理叱磧惡希

郞也持以支如賜烏隱

心未際叱肹逐內良齊

阿耶栢史叱枝次高支好

雪是毛冬乃乎尸花判也

* 원문에는 가사를 소개하지 아니하고 번역만 했기 때문에 필자가 독자에게 참고가 될까 해서 가사를 삽입했음.

기파랑을 기리는 노래

열치매
나토얀 드리
힌 구룸 조초 떠가눈 안디하
새파른 나리여히
기랑이 즈싀 이슈라
일로 나릿 지벽히
낭이 디니다샤온
ᄆᆞᅀᆞ미 ᄀᆞᆺ 홀 좇누아져
아으, 잣가지 노파
서리 몯누올 화반이여

* 순서상 15세기 표기법을 앞으로 옮김—필자

열치매 나타난 달이
흰 구름을 좇아 떠가는 것 아니야?
새파란 나리(내)에
기랑의 즛(모양)이 있어라!
이로 나리 조약<小石>에
낭이 지니시던

마음의 끝을 좇과져.
아으, 잣[栢]가지가 높아
서리 모를 화반[花郎長]이여!

　　이 노래는 진작 그 '높은 뜻'- 고매한 시상으로 신라 당시 국내에 훤전(喧傳)되었던 명가(名歌), 그러기에 경덕왕의 말에도 "짐상문사찬기파랑사뇌가 기의심고(朕嘗聞師讚耆婆郎詞腦歌 其意甚高)" 운운이라 한 것이다. 우선 기상천외한 시법!
　　작가는 '기파랑'이란 젊은 화랑장의 드높은 인격과 이상·지조를 기림에 있어 한마디도 그것에 직접 언급함이 없이 돌연히 벽공찬출한 '달'과의 문답체를 빌어 와 전8구에서 그것을 은연중 암유(暗喩)로 방서(傍敍)하고(얼마나 적확(的確)한 이미지를 주는 효과적 수법인가!) 결2구에서 '잣가지'를 빌어 그것을 정서하였다.
　　우선 그 문답체의 천의무봉(天衣無縫)한 솜씨를 보라!
　　독자의 편의를 위하여 앞 해시(解詩)에 내가 인용부를 사족으로 덧붙여 제1~3구가 '달'에게 시문하는 사다. 제4~8구가 '달'의 의답(擬答)임을 보였으나 원시엔 물론 그런 것이 있을 리 없다.
　　오로지 독자의 문학적 상상력을 기다릴 뿐(이런 경우 평명만을 위주로 하는 서시라면 필시 '내가 달에게 묻되…', '달이 대답하기를…' 운운의 군소리를 붙여 시흥을 평판화할 것이다.)

　　전8구의 시의(詩意)
　　구름의 장막을 홱 열어 젖히매 둥두렷이 나타나는 달아,
　　너는 흰 구름을 좇아 서쪽으로 떠가는 것이 아니냐?

(달이 대답하되)

나는 흰 구름을 좇아감이 아니로세.
멀리 지상을 굽어보니,
새파란 알천(閼川) 냇가에
기랑의 모양이 있어라!
이제로부터 냇가 모래벌 위에
낭의 가지고 있던
그 '마음의 끝'을 좇으려 하옵네.

후 2구 - '辭'-結辭-에 가로되

아아, 잣가지가 드높아
서리 모르올 화랑님이여!

우선 문, 답, 결사로 된 삼부체. 이는 위에 잠깐 언급한 대로 저 그리스 희곡의 '남녀 합창'과 불기이동(不期而同)되는 희한한 기법이다.

또 시 벽두에 냅다 던지는 '열치매-'는 '아닌 밤중에 홍두깨' 같은 이양(異樣)의 수법, 내가 위에서 '구름 장막을 홱 열어 젖히매'라는 구구한 보주(補註)를 더했으나 그런 부질없는 객어까지를 사족으로 덧붙임은 나 같은, 혹은 서시 같은 용재(庸才)의 시법.

저 정송강(鄭松江)의 네 장가「관동별곡」, 「사미인곡」, 「속미인곡」, 「성산별곡」)의 멋들어진 각 허두(虛頭)-'강호에 병이 기퍼…', '이 몸 삼기실 제…', '뎨 가는 뎌 각시…', '엇던 디날 손이…' 등도 이에 비하면 당초부터 문제가 안 되는 범용(凡庸)한 발성법이랄 수밖에.

그러나 이 노래의 최고의 묘기(妙技), 기절할 시상(詩想)은 물론 저 제8구의 "마음의 끝을 좇과저(ᄆᆞᅀᆞᆷᄋᆡ ᄀᆞᆺ 홀 좇누아져)의 '마음의 끝'이란 구(句)에 있다. 달이 서쪽으로 감은 그저 뜻 없이 감이 아니라 "냇가 모래 위에 기랑(耆郞)이 서서 지녔던 '마음의 끝'을 좇아감"이라고 달이 답하는 것이다. 이로서 천년 뒤에 나서 이 시를 읽는 독자 우리들은 눈만 감으면 문득 천년 전, 어느 달밤 동방 신라 서울 알천 냇가 흰 모래 위에 홀로 우뚝 혹은 고개를 약간 위로 젖힌 채 멀리 아득히 서천을 바라보며 무한한 동경과 머나 먼 이상을 그곳에 부쳐 보내며 외로이 섰던 젊은 화랑 기파의 곱고도 고고한 자태, 드높은 포부와 교양과 인격이 눈앞에 역력히 나타날 만큼 이미지가 실로 놀랍도록 선연하지 않은가!

하필 '서방(西方)'은? 상필 '정토(淨土)'에의 동경, 상념일시 분명하나 구태여 불설에만 의지할 것도 아니다. '현실'의 세계를 초월한 미지(未知)의, 불가견(不可見)의, 영원한, 궁극적(窮極的) '피안(彼岸)'의 세계'다.

하도 흥겨우니 한 폭의 '기하도'로 이를 표현·설명할 수밖에.

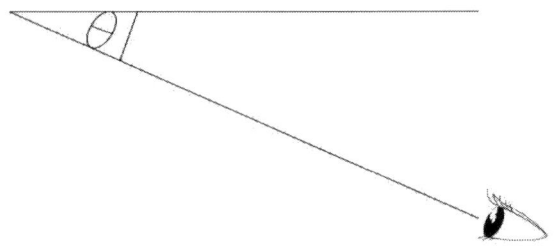

"기랑의 '마음의 끝'을 좇아 달은 서쪽으로 간다!"

그림 중에 ∠θ 의 문제는 한갓 기랑의 고매한 '정신'의 표시일 뿐만 아니라 실로 인류의 이상의, 또한 시의, 문학의 영원한 문제, 결국 '잣가지' 운운은 또 얼마나 힘찬 기랑의 드높은 지조를 나타낸 정서법인가!

주에 덧붙였던 한역—백지고회 부지상 약유인회 피화랑(栢枝高兮 不知霜 若有人兮彼花郞)— 잣가지도 높아 서리를 모르는데, 고매한 화랑의 인품을 어찌 알까 부냐!-

이「찬기파랑가」한 편의 지묘한 소식을 어찌 필설로 다하랴! '표현을 절'한단 말은 이런 작을 두고 이름이겠다.

사뇌가 14수— 그 중 절묘한 상기 6, 7편만도 모조리 문학적 우수성을 상설할 겨를이 없기에 이 한 수만으로 그 일반(一斑)을 엿본 것이다.

이런 훌륭한 문학적 유산이 있어도 우리가 내적으로 이것을 문학적·고차적으로 해설, 비평할 이가 없고 더구나 대외적으로 이를 소개·선양할 기회와 노력이 지금껏 없었다.

아무리 희한한 고동(古董), 아니 당당한 제품이라도 묵은 창고, 깊은 땅 밑에 잠겨 있어서는 진가와 성가를 천하에 알릴 길이 없다.

어서 바삐 이들 고가에 대한 문학적, 이데올로기적 연구가 젊고 우수한 학도들에게서 나오고 그보다 더 시급한 것은— 이 귀중한 우리의 고시가를 여러 외국어로 번역, 소개하여 그 진가(眞價)를 세계에 묻고 외국에 선양(宣揚)함이다.

이 방면의 '일'— 통 털어 우리 고전의 세계적인 소개와 번역에 젊고 유능한 학도, 문인들의 분기가 있기를 바라마지 않는다.

그런 실질적이고 크나 큰 성과가 나타나지 않는다면 나의 구구한 이런 '만문(漫文)' 따위는 그야말로 상기한 대로 독 안의 외침이나 이불 속의 춤에 그칠 뿐이겠다.

—양주동

* 원문은 국한문혼용체이나 독자들의 이해를 위해 한자는 괄호로 묶었고 반복되는 지시어는 생략도 했다.

무애 선생께서 「신라가요의 문학적 우수성」의 끝 부분에다

"어서 바삐 이들 고가에 대한 문학적, 이데올로기적 연구가 젊고 우수한 학도들에게서 나오고 그보다 더 시급한 것은― 이 귀중한 우리의 고시가를 여러 외국어로 번역, 소개하여 그 진가(眞價)를 세계에 묻고 외국에 선양(宣揚)함이다.

이 방면의 '일'― 통 털어 우리 고전의 세계적인 소개와 번역에 젊고 유능한 학도, 문인들의 분기가 있기를 바라마지 않는다."

고 소수 학자들의 전유물이 될까 자못 걱정을 했다.

필자는 선생의 이런 노파심을 조금이라도 덜어드리기 위해 「찬기파랑가」의 가사와 '其意甚高'라는 시의(詩意)를 갈무리한 최고의 시가라면 어떤 시작 과정을 거쳐서 시를 완성했을까 하고 고심했다.

오랜 고심 끝에 앞에서 보인 「헌화가」의 소설 창작 과정의 비밀을 낱낱이 털어놓았듯이 『삼국유사』에 수록된 「경덕와 충담사」 편의 배경설화와 가사 이면에 숨겨진 역사의 비밀을 최대한 살리는 동시에 상상을 가미하고 가사에서 제목까지 빌어 와 「아아, 잣자지도 높아라」라는 한 편의 향가소설을 완성했다.

아아, 잣 가지도 높아라

차(茶)의 예법을 두루 익힌 충담사(忠談師), 충담은 이승(異僧)으로, 명가인(名歌人)으로 이름이 높았으나 타고 난 다인(茶人)으로 불리어지기를 소원할 만큼 차를 좋아했고 좋아하는 것만으로는 부족해서 음미하고 즐기며 일생을 차와 함께 한 스님이었다.

가야의 시조 수로왕(首露王)이 즉위한 지 48년 되는 해였다.

아유타국(阿踰陀國)의 왕자와 공주 일행 스무 명이 찾아와 금은 패물이며 차나무 씨를 예물로 바쳐 비로소 차를 심기 시작했다는 전설과 함께 김제 백월산 산록에서 죽로차를 생산했다.

죽로차(竹露茶)를 즐긴 수로왕이 서거하자 장례의식을 치르면서 초헌, 아헌, 종헌으로 헌차(獻茶)했다는 일화까지 생겼다.

불가(佛家)에서는 봄의 연등회(燃燈會)나 가을의 팔관회(八關會) 때면 부처님께 차를 공양하는 의식까지 병행했다.

세월은 흘러 일상다반사(日常茶飯事)란 말이 생길 정도로 다도는 세상에 퍼졌고 행세하는 사람이면 차를 즐기게끔 되었다.

다도는 대륙에서 꽃을 피웠다. 대륙에서 꽃을 피웠으나 반도에서 결실을 맺은 셈이라고 할 수 있다.

꽃은 기후나 풍토에 따라 활짝 필 수도 있고 잠깐 피었다가 이내 질 수도 있으며 때로는 영영 시들 수도 있다.

그러나 다도만은 계절의 변화에도 변하지 않는 꽃이 있듯이 근원의 상징과도 같이 변함이 없었다.

충담은 옥보다도 좋은 차는 맑은 향기, 고운 태깔부터 다름을 알고 있었고 돌솥에서 물 끓는 소리를 솔바람 소린 양 좋아했다.

그는 자기 잔에 도는, 꽃망울이 터지는 것 같은 향긋하고 감칠맛 나는 다향(茶香)을 특히 사랑했기 때문에 그의 다도는 예술의 향기, 인품의 척도, 곧 부처님이나 다름없었다.

차의 진수(眞髓)로 여덟 가지.

가벼우면서 부드럽고, 맑으면서 시원하고, 아름다우나 냄새가 나지 않으며, 비위에 맞고 뒤탈이 없는 맛의 태깔이 그것이다.

차 중에서도 일품은 한식 전후로 따서 만든 차다.

이런 일품 차를 가지고 용천수(湧泉水)를 길어 달이면 종이에 밴 묵향(墨香)처럼 향기가 코끝에 맴 돈다. 여기에 잘 구운 숯불에 달이고 있으면 고아한 품격과 차 솥에서 맴도는 솔바람 소리마저 마실 수 있으며 머리가 맑아지는 느낌까지도 음미할 수 있다.

충담은 차를 즐겼을 뿐 아니라 남산 기슭 산죽 숲 한쪽에 산전을 일궈 차를 심고 가꿔 잎을 따서 가공했고 도를 닦는 틈틈이 심고 가꿔 잎을 따 가공하다 보니 남다른 비법까지 터득했다.

엽록소 그대로 따 보존하는 녹차, 약간만 발효시킨 청차, 반쯤 발효시키는 오룡차, 완전히 발효시키는 홍차까지 만들었다.

또한 충담은 음력 섣달, 춘분 전후의 무일(戊日), 한식(寒食), 곡우(穀雨), 입하(立夏), 망종(芒種)을 전후해 잎을 따 가공하는 차의 맛이 각각 다름도 알았고 하루 가운데서도 일출 직전에 따다가 오전 중으로 가공하는 차가 별미임도 알고 있었다.

충담은 다향을 우려내는 독특한 방법까지도 고안해 냈다.

동으로 만든 화로, 차 주전자, 귀때그릇, 찻잔 두엇, 찻잔 받침, 달인 차를 담아두는 개수그릇, 차를 넣어두는 작은 항아리인 차호, 외부의 공기를 차단해 주는 차 뚜껑, 대나무로 만든 차시 등이다. 여기에 겨우내 구워둔 참숯이 있으면 더 바랄 것이 없었다.

욕심을 낸다면 물맛이다. 물은 차의 본체이고 차는 물의 신(神)이므로 물맛이 차 맛을 좌우한다.

그래서 돌샘이나 종유굴에서 솟는 물을 특품으로 쳤다.

그런 물은 감로수처럼 단 데다 향기가 독특해 차의 고수, 마시는 분위기만 더한다면 더 바랄 것이 없었다.

차를 음미할 때는 먼저 혼미한 정신부터 가라앉혀야 한다. 그래야 쓰고 떫고 시고 짜고 단 맛을 음미할 수 있다.

좋은 차를 마시고 있으면 갈증을 해소시켜 주기 때문에 잠을 오게 하기도 하고 또한 잠을 쫓기도 한다. 눈을 밝게 하고 걱정을 덜어준다.

마신 뒤에는 입안이 상쾌하고 뱃속이 개운해진다. 더욱이 가슴이 후련해지며 아늑한 기운마저 북돋아준다.

불가에서는 차야말로 정신 건강에도 좋고 참선에는 그만이며 좌안거하는 데는 없어서는 안 될 필수품이기도 했다.

어느덧 계절은 흘러 중양절(重陽節)이다.

충담은 남산 미륵세존께 차를 달여 공양할 때만은 다인도 아니었고 가인도 아니었다. 오직 불승에 지나지 않았다.

충담은 차를 달여 미륵세존께 공양한 뒤, 단좌한 채 차를 음미했다.

이내 갈증이 사라지며 잠조차 달아났다.

가슴이 틔면서 번뇌마저 잊었다.

어느 새 상쾌함만이 남아 뱃속까지 개운했고 가슴속까지 후련하다 못해 안온했으나 그는 차 맛을 잃은 지 오래였다. 이유는 미완의 찬기파랑가(讚耆婆郎歌) 때문이었다.

자정이 지난 지도 오래인데 텅 빈 법당은 황초불만 녹아내렸다.

남들은 충담이 기파랑의 고매한 인품과 수려한 용모를 흠모한 나머지 찬양하는 노래를 지었다고 떠벌렸다.

그러나 실은 그게 아니었다.

그런 사단으로 본의 아니게도 경덕왕에게 영승(榮僧)으로 점지되어 안민가(安民歌)를 짓지 않았던가.

"과인은 진작부터 들었소. 스님이 노래한 찬기파랑에 대한 사뇌가는 그 뜻이 무척 고상하다고 말이오. 과연 그러하오?(朕嘗聞. 師讚耆婆郎詞腦歌 其意甚高. 是其果乎?)"

"그러합니다(然)."

왕의 앞이라 그랬는지 얼결에 대답하고 보니 얼굴이 화끈 달아올랐다. 그것은 지금까지 찬기파랑가를 완성하지 못한 탓이었다.

"그렇다면 짐을 위해 백성들을 편안히 다스릴 수 있는 노래를 지어줄 수는 없겠소(然則爲朕作理安民歌)?"

그것이 지난 삼월 삼일, 바로 삼짇날이었다.

그로부터 충담은 노래를 완성하려고 여섯 달이나 밤잠을 설쳤으나 생각과는 달리 완성하지 못했다. 봄은 가슴앓이로 보냈고 여름은 무더위에 시달리며 끙끙 앓았는데도 진전이라곤 없었다.

어느 덧 중추, 중추를 맞는 충담은 여느 때와는 달랐다.

모든 물상들이 잠들었으나 깨어있는 것은 충담뿐.

충담은 타오르는 촛불처럼 간절한 소망을 지닌 채 부처님을 응시했으나 눈에는 백태(白苔)라도 낀 듯 세존마저 보이지 않았다.

세존이 보이지 않는 것은 소망이 너무 간절했기 때문이리라.

충담은 더 이상 미륵세존을 바라볼 수 없어 법당 문을 열고 바깥으로 나서서 오솔길로 들어섰다. 반달이 소리 없이 그를 따랐다.

밤은 달빛 속에 잠든 탓일까.

밤벌레 소리조차 들리지 않는 가을밤은 적막 속에 깊어가고 있었다.

충담은 밤이슬을 흠뻑 맞으며 한없이 배회했다.

생각은 오직 기파랑의 시상을 떠올리기 위해 골똘한 채.

어느 새 옷은 밤이슬로 촉촉이 젖었다.

세상에 알려진 기파랑은 실존인물을 구체적으로 드러낸 것이 아니었다. 과거나 현재, 미래에도 존재하지 않는, 이 세상 그 어디에도 존재하지 않는, 충담의 가슴 속 밑바닥에서만 존재하는 인물이었다.

그도 아니었다. 모든 신라인들이 열망하는 상상의 인물, 가장 이상적인 화랑상이라고 할까.

그런 화랑상을 창조해서 모든 시대에 걸친, 초시대적인 화랑의 상을 노래하고 싶은 충동, 그런 간절한 바람으로 절창(絶唱)을 노래하려고 초고한 지 이태를 두고 밤잠을 설쳤다.

그런데 어찌된 셈인지 손도 대지 못했던 것이다.

경덕왕 시대는 통일의 대업을 완수한 지 백여 년, 이 백여 년은 짧은 세월이 아니었으나 오래 전부터 신라 사회는 안일과 태평에 젖어 통일의 주역이었던 화랑을 까맣게 잊고 생활했다.

백제와 고구려를 멸망시키고 돌아왔을 때만 해도 열광적으로 환영했던 기억이 너무나 생생한데 세상은 변해도 너무 변했던 것이다.

김유신만 해도 그랬다.

통일의 분위기가 가시기 전에는 극진한 대우와 지극한 예우를 받았다. 장군은 문무왕과 함께 신라의 이성(二聖)으로 추앙까지 받았었는데 통일의 분위기가 가시자 후손에 대한 처우는 지극히 나빠졌다. 유신의 적손인

윤중(允中)은 왕족들로부터 수없이 냉대를 받다가 끝내 김융(金融)의 난과는 무관한 데도 연좌시켜 죽음을 내렸다.

통일의 영웅 김유신의 적손마저 왕족으로부터 푸대접을 받았으니 그 밖의 화랑도들에 대한 처우는 보나마나 뻔했다.

끝내 화랑은 초라한 모습으로 잔존하다가 급속히 퇴화하는 비운을 맞았으며 역사의 뒤안길로 주저앉고 말았다.

물론 오랜 전쟁에서 해방되어 태평과 안일에 젖은 탓도 있었다.

그러나 그보다는 전제주의 체제를 확고히 다지려는 왕실의 의도적인 정책에 밀려 급속히 붕괴되었다고 할 수 있다.

왕으로서도 왕권 이외의 어떤 도전세력도 용납할 수 없었으니.

이런 상황을 누구보다도 충담은 안타깝게 생각했다.

세월이 흐를수록 까마득히 잊혀진, 아니 역사의 그늘에 묻혀 화랑도의 기상이나 활달했던 모습은 찾을 수 없었다.

고작 남아 있는 것이라곤 뜻있는 소수의 사람들에게서 은성(殷盛)했던 시대의 미련, 아쉬움, 안타까움, 회고만 불러일으켜 감상에 젖는 것이었고 화랑의 기개가 날로 잊히어져 가는 현실을 애석히 여기는 선상에서 결코 벗어나지 못했던 것이다.

해서 충담은 한 시대를 풍미했던 화랑도에 대한 찬양의 노래를 완성하려고 중병을 앓다시피 했다.

더 이상 잊히어지기 전에 화랑에 대한 불멸의 찬가라도 짓자. 화랑의 세력을 정책적인 차원에서 거세한 왕에게 경종을 울리고 화랑의 기백을 망각하고 살아가는 백성들을 깨우칠 수 있는 노래를 짓자.

비록 경종을 울리거나 일깨울 수는 없더라도 탁월한 정신을 노래로라도 재현시킬 수 있다면 그로서 족하지 않는가.

충담은 화랑과는 전혀 무관했던 소수 인사들마저 국풍의 쇠잔, 화랑의 약화를 애석히 여기는 현실을 모르는 것도 아니었다.

한때 충담은 국선과도 인연을 맺었었다.

그는 승려이기 이전에 화랑이었기에 승적도 가능했다. 그런 탓으로 아픔, 미련, 아쉬움이 더했는지도 모른다.

나이 열일곱, 그 무렵이었다. 충담은 국선의 무리에 이름을 올리게 되어 얼마나 환호작약했는지 모른다.

더욱이 국선이 되고 얼마 되지 않아 잔잔한 여울 같은 첫사랑을 만끽할 수 있었고 지금 승이 된 뒤에도 추억으로 남아 불도를 살찌웠다.

충담은 중천의 달을 올려다보았다.

더함도, 덜함도 없는 반달이 추억 하나를 덩그렇게 달아놓는다.

우연이 맺어준 인연이랄까. 극기 훈련 중이었다.

충담은 화랑의 무리에 끼어 금오산을 종단했고 알천을 가로지를 때만 해도 그런 우연히 있으리라곤 상상도 못했었다.

낭산으로 들어서서 동해로 빠지는 험한 골짜기, 그쯤에서였다.

충담은 바위를 건너뛰다가 굴러 떨어져 정신을 잃었다.

그날따라 태양은 작열했고 더위는 찌는 듯 대지를 푹푹 삶아 병약한 그로서는 견디기에 무리였었나 보다.

"낭도님, 이제야 정신이 드시는지요?"

충담은 나긋나긋한 목소리에 정신이 들었다.

곁에서는 어여쁜 낭자가 근심 어린 눈길로 내려다보고 있지 않는가. 애잔한 눈길에 눈물을 글썽이기까지 했다.

충담은 일어나 앉으려고 애를 했으나 생각뿐이지 몸이 말을 듣지 않는 데도 마음은 쥐구멍이라도 있으면 들어가고 싶었다.

이 추한 몰골을 저 어여쁜 낭자에게 보이다니.

뒤늦게 충담은 한껏 용기를 내어 말을 한다는 것이 "내가 왜 여기에 이,

이렇게 누워 있는 거지. 왜, 내가 여기에?" 하는 것이 고작이었다.

좁고 후덥지근한 토방에는 간솔 불만이 타고 있었다.

"나물을 씻으러 개울로 가다가 낭도께서 쓰러져 있기에…"

"……"

"처음에는 죽기라도 한 것은 아닌가 해서 겁이 덜컥 났으나…"

"그래서요? 그래, 어떻게 해, 했습니까? 말해 보셔요."

"살아 있을지도 모른다는 생각이 들어……"

"그렇다면 절 구해준 생명의 은인!"

"낭도님, 은인이라니요. 인연이라 하면 모르겠으나…"

"은인도 몰라보고 이렇게 누워만 있다니."

너울이라는 낭자, 그네는 낭산 깊숙한 곳에서 역사의 뒤안길에 묻혀 버리긴 했으나 화랑이었던 할아버지와 단 둘이 살고 있었다.

너울은 평소와 다름없이 저녁때가 되어 나물을 씻으려고 개울로 내려가다가 낭도 하나가 절벽 밑에 쓰러져 있는 것을 발견했다.

그녀는 기겁을 해서 두어 걸음 물러섰으나 혹 살아 있을지도 모른다는 생각이 들어 낭도에게 다가가 맥을 짚어 보고 가슴에 귀를 대어도 보다가 맥이 뛰고 있는 것을 확인했다.

그네는 살아 있는 것을 확인하자 바위 틈새에서 떨어지는 석간수를 표주박에 담아 와 낭도의 입에 떨어뜨렸다.

몇 방울 물이 입으로 들어가서야 미동도 하지 않던 몸이 꿈틀했다.

그러자 그네는 개울로 내려가 수건에 물을 적셔 얼굴을 닦아주었으며 할아버지를 불러 집안으로 업어다놓고 밤새 간호했던 것이다.

"할아버지께서는 어, 어디에 계시오? 이, 인사라도 오, 올…"

"할아버진 지금 윗방에 계십니다, 낭도님."

"그렇습니까. 이거 늦었지만 지금이라도 인사라도 올려야…"

충담은 몸을 일으키려 했으나 움쩍도 할 수 없었다.

"그대로 누워 계셔요. 아직 몸도 성치 않은데."

"인사라도 드려야 도리온데…"

충담은 일어나려고 용을 쓰다 정신이 깜박 하면서 쓰러졌다.

그로부터 충담은 잠의 수렁으로 빠져들었다. 얼마나 잤는지 모르겠으나 깨어나 보니 한낮이 가까웠다. 옆에는 아무도 없었다.

낭자마저 보이지 않았다.

충담은 일어나 옷을 찾아 입으려고 했으나 옷도 보이지 않았다.

옷을 찾고 있는데 너울이 기척을 내며 방으로 들어섰다.

"제가 잠시 자리를 비운 사이 깨어나셨군요?"

"네. 바, 방금 깨어났습니다."

"얼굴에 저 땀 좀 봐."

그네는 물 묻힌 수건으로 얼굴의 땀을 닦아주었다.

충담은 무슨 말이라도 해야 했는데 입이 떨어지지 않았다. 한다는 말이 "할아버지께서는 어디에 계셔요?"가 고작이었다.

"다친 상처에 붙이려고 약초를 캐러 산으로 가셨답니다."

"이렇게 신세를 끼칠 수가…"

"신세라 생각지 마시고 인연이라 생각하소서."

"낭자, 이, 인연이라니요?"

"그래요. 당연히 불연(佛緣)이라고 해야 하겠지요."

"인사가 늦었습니다. 국선인 충담이라고 합니다."

그제야 충담은 인사를 했다.

너울은 생글생글 웃었다. 티 하나 져도 그대로 흠이 질 것 같은 웃음기였다. 잘 익은 산딸기 같다고 할까.

아니었다. 아름답고 예쁘다는 수식어가 필요 없었다.

얼굴과 마음 그 자체로도 훌륭한 수식어나 다름없었으니까.

충담은 너울의 지극한 간병으로 회복할 수 있었다.

이레째였다. 몸이 회복되었으니 본대를 찾아가야 했다.

만나자 이별이라더니 충담이 그랬다.

충담은 죽음의 문턱에서 너울의 지극한 간병을 받고 돌아갈 수 있어서 기뻤으나 헤어지자니 가슴은 갈갈이 찢어지는 듯이 아팠다.

해맑은 밤하늘이었다. 낭산 위로 달이 얼굴을 내밀었다.

너울은 이별이 아쉽고 안타까워 울먹이며 말했다.

"낭도님, 하늘 좀 쳐다보셔요. 달빛이 매우 찬란하지요?"

"내게는 낭자의 얼굴이…"

"낭도님, 우리 소로 내려가 봐요, 네?"

너울은 충담을 소로 안내했다.

두 사람은 소 가까이 있는 바위로 다가가 앉았다.

소의 물은 수정같이 맑은 데다 달마저 내려와 너울너울 춤을 추고 있었다. 그것은 파문 때문이었다.

충담은 입술이 탔다. 지금의 심정을 어떻게 하면 그네에게 전할 수 있을까. 난생 처음 상사의 가슴앓이를 했다.

오랜 가슴앓이 끝에 충담은 "너울 낭자, 이 몸은 떠난다 해도 마음은 이곳에 두고 갈 것입니다." 하는 말을 겨우 꺼냈다.

"……"

"그런데도 내게는 징표 하나 주고 갈 것이 없소."

"그런 걱정은 하지 마셔요. 낭도님의 마음을 알았으니까요. 소녀도 낭도님을 생각하면서 잊지 않고 살아가겠습니다."

"낭자를 생각해서라도 곧 돌아오겠소."

"낭도님, 급히 돌아오려고 서둘지 마셔요. 훈련이나 무사히 마치고 당당한 국선이 된 뒤에 돌아와도 늦지 않습니다."

"낭자, 고맙소. 너그럽게 이해해 주니."

그때 구름 속으로 들어갔던 달이 고개를 내밀었다.

"낭도님, 절 두고두고 잊지 않으시겠지요?"

"잊다니, 천벌을 받을 것이오."

"저를 잊으셔도 좋으나 천벌을 받아서는 아니 됩니다."

"낭자, 나, 낭자…"

충담은 입술이 바싹 탔다.

하고 싶은 말은 목구멍에 걸려 좀체 나오지 않았다.

이럴 때는 여성이 남성보다 당돌할 수도 있다는 듯이 이를 눈치 채고 너울이 말문을 터 주었다.

"낭도님! 저어, 부탁이 하나 있습니다."

"말해 봐요, 들어줄 수 있을지…"

"눈을 꼭 감고 계셔요. 제가 눈을 뜨라고 할 때까지."

"그런 것도 부탁이라고 합니까?"

충담은 이 부탁이야말로 이 세상에서 들어주기 가장 힘든 것임을 뒤늦게 깨닫는다.

충담은 눈을 감았다. 눈을 감아도 너울이 보였다.

이 세상 그 무엇과도 바꿀 수 없는 너울. 어느 결인지 그네는 충담의 넓은 가슴을 비집고 들어와 자리를 차지하고 있었는지도 모른다.

"낭도님, 이제 눈을 뜨셔도 됩니다."

충담은 눈을 떴다. 눈을 뜬 순간, 꿈같은 현실이 눈앞에 있었다.

소의 건너편 너럭바위 위에 너울이 서 있지 않는가.

서 있는 그네의 모습은 사람이 아니었다.

달 속에 있다는 광한전에 사는 전설의 선녀 항아(姮娥)가 내려와 목욕을 하고 물기를 훔치기 위해 서 있는 모습과 흡사했다. 충담은 세상을 한껏 포옹한 것 같은 충만감으로 온몸을 떨어댔다.

"낭자, 정말 아름답소! 이 세상 그 무엇보다도…"

"고맙습니다, 낭도님."

충담은 그네에게 다가가기 위해 몸을 일으켰다.

낭도가 몸을 일으키자 그네가 다급하게 말했다.

"나, 낭도님, 건너오려 하지 마셔요."

순간, 충담은 숨이 딱 하고 멎는 것 같았다. 어쩔 수 없이 연신 숨을 들이쉬면서 입안 가득히 고인 침을 꼴깍 삼켰다.

깊은 산 속이라 달빛은 더욱 눈부셨다.

눈부신 달빛이 너울의 목을 타고 내려오다가 불룩한 앞가슴에 머물면서 부드럽고 고운 살결에 동양화의 여백을 채웠다.

그네의 가슴 밑은 달빛 그늘이 졌으나 어렴풋이 윤곽을 드러냈다. 가슴과 그 밑으로 흐르는 엉덩이며 다리의 각선미는 봄이면 싹을 틔우는 새 순, 만지면 터질 것 같은 여리고 앳된 새 순이었다.

충담은 그네의 몸에서 미래의 싹, 삶을 읽었다.

달빛이 빚어내는 태깔이며 미끄럼을 타는 빛의 생명, 그것도 미래의 빛이 흐르고 있음을 분명히 읽을 수 있었다.

한없이 흡입시키는 신비의 빛, 그 빛은 영롱한 빛을 발산하는 보석과도 같았다. 아니, 몸 그 자체가 보석이나 진배없었다.

그네를 소유하게 되면 가치를 상실한 보석, 자연의 생명력을 잃은 보석이 된다. 가슴에 숨겨 두고 갈고 닦아야 한다.

그랬으니 충담은 부탁을 들어주기가 얼마나 힘들었는지 모른다.

너울의 속내는 따로 있었다.

사내란 한번 가면 쉬 돌아오지 않는다. 그를 빨리 돌아오게 하려면 강한 인상을 남겨줘야 한다고 생각했다. 그것은 충담이 그네의 마음속에 자리를 잡았을 때부터 생각한 것이었다.

그네는 쓰러져 있는 낭도를 본 순간, 흙이 묻고 피가 낭자했으나 길 잃은 왕자라고 생각했다. 깊은 산 속에 외로이 산 탓도 있었으나 충담이 처녀의 부푼 가슴을 흔들어놓을 만큼 잘 생긴 탓도 있었다.

내일이면 낭도와 헤어져야 한다.

그래서 그네는 하늘이 선물한 사랑만이 할 수 있는 대담한 행동을 할 수 있었던 것이다.

드디어 헤어져야 하는 날은 밝았다.

세상없이 아쉬워도 두 사람은 헤어져야 했다.

너울은 밤새 눈물을 보이지 않겠다고 다짐하고 다짐했는데도 눈물이 흘러내려 배웅할 수도 없었다. 다만 문설주에 기대어 충담의 멀어져 가는 발자국 소리만 오래오래 주워 담았다.

충담이 승이 된 것은 너울 때문이었다.

몇 달에 걸친 수련을 무사히 마치자 그토록 소망했던 화랑이 되었다. 화랑이 되자 충담은 지체 없이 낭산으로 너울을 찾아갔으나 그네를 만날 수 없었다. 천연두를 앓다가 고열로 목숨을 잃은 너울은 이미 이 세상을 등진 지 오래였던 것이다.

충담은 너울의 묘에서 사흘 밤낮 명복을 빌었다. 그것으로도 부족해 국선의 명부에서 이름을 뽑고 승이 되었다.

그는 승이 되어 그네의 명복을 빌었다.

명복을 빌면서 수도하기 30여 년, 이제 화랑의 기개마저 사라져 가고 있어 마음은 안타깝다 못해 타고 타 시도한 것이 찬기파랑가를 짓는 것이었으나 지금껏 노래를 완성하지 못해 안달했던 것이다.

충담은 알천 시냇가로 내려갔다.

수정같이 물이 맑다고 해서 알천(閼川)이라고 했던가.

충담은 시내에 널려 있는 조약돌을 집어 들었다. 집어든 조약돌은 윤기가 나고 매끄러웠으며 이끼조차 끼지 않았다.

충담은 집어든 조약돌을 수면을 향해 힘껏 던졌다.

파문이 일었다. 이어 파문은 이내 사라졌다. 파문이 사라지면서 하늘이 그대로 내려와 한 자리를 차지했다. 달은 보이지 않았다.

그것은 구름 때문이었다.

이윽고 구름 속에 들어갔던 달이 배시시 얼굴을 내밀었다.

순간, 충담은 감전이라도 된 듯 무릎을 탁 쳤다.

열치매
나타난 달이 있는데
흰 구름 좇을 수야

충담은 소 건너편에 서 있던 너울, 실오라기 하나 걸치지 않은 너울의 알몸을 가린 달그림자를 얼마나 원망했던가.

달이 구름 속을 헤치고 나오자 그네의 알몸을 볼 수 있었듯이, 그렇게 애 태우던 기파랑의 윤곽이 떠오른 것이 아닌가.

충담은 기파랑의 품성, 인격, 지조의 기림을 기상천외의 고매한 시상으로 승화시키기 위해 한 마디 언급도 없이 벽공찬출(劈空撰出)로 돌려 달과의 문답으로 에둘렀다.

벽두부터 냅다 던져놓은 '열치매'는 구름을 헤치고 나온 달을 의미, 아닌 밤중에 홍두깨 같은 기발한 수법을 동원했으나 그런데도 읊을수록 불만만 쌓여 갔다. 그것은 벽두부터 화랑 본래의 모습, 진면목을 제대로 구현하지 못한 자기불만이 컸기 때문이었고 시도했던 화랑의 활달한 모습은 온 데 간 데 없고 문사며 구도자하며 성자적인 성품, 아니 상무(尙武)의 기골 찬 품격과는 인연이 먼, 오상고절(傲霜孤節)의 고아함을 흠모하는 선비의 나약한 풍모만 맴도는 것 같아서였다.

충담은 그런 시상을 전환하기 위해 또 배회했다.

배회하다가 발길을 멈추고 흘러가는 알천 시냇물을 응시했다. 실바람이 불자 잔물결이 일었다.

그러자 인 물결에 달빛이 부서졌다.

달빛이 부서지는 물결에는 알천에서만 볼 수 있는, 30년이 지난 지금에 와서도 뇌리를 온통 지배하고 있는, 가슴에 화인(火印)이 되었고 순백의 공간에 한 덩이 파란 물이 떨어져 파랗게 물들일 것만 같은 너울의 얼굴이 담겨 있지 않는가.

충담은 그네의 환한 모습에 얼굴과 가슴을 데었었다.

옥색 저고리, 남치마 맵시가 용광로의 쇳물처럼 가슴 속에 흘러내렸고 깊은 산속의 신비란 신비는 다 간직한 듯한 목소리, 순결이란 여과지(濾過紙)를 통과한 눈빛이 너무도 눈부신 데다 눈물이 미끄럼을 타고 흘러내려 되레 눈을 감지 않을 수 없었다.

별리(別離)! 정을 준 남정네와의 별리!

가슴은 오죽이나 아팠을까. 풀잎처럼 연약하고 백합처럼 희디흰 살결, 너무나도 투명했던 눈빛, 얌전한 태깔, 잘록한 허리, 뽀얀 목덜미, 무언가 간절히 애원하는 듯한, 아니 달빛이 너무 눈부셔서 그네의 입술이 파르르 떨리는 것까지 볼 수 있었다.

충담은 너울의 환상을 지우기 위해 고개를 흔들었다.

그러자 그네의 모습이 사라지면서 기파랑의 얼굴이 나타났다.

환한 얼굴은 아니었으나 마음은 한없이 고아(高雅)해 보였다.

충담은 기파랑의 품성, 인격, 지조의 기림을 기상천외한 시상으로 돌려

놓기 위해 알천 맑은 시냇물을 빌려 직서했다.

새파란 시냇물에
기랑의 모습이 잠겼는데……

결코 달, 흰 구름, 시냇물은 약동하는 기개, 죽음도 불사하는 용감한 화랑도의 표상은 아니었다.
약동하는 표상은커녕 미동도 하지 않는 정태만 구현한 것 같았다. 더욱이 기파랑의 표정만 흐르고 있어 화랑의 굴곡진 얼굴은 아니었다.
새삼 충담은 새로운 시상을 짜내지 않을 수 없었다.
저 백제의 6백년 사직을 짓밟고 의자왕을 꿇렸으며 난공불락의 평양성마저 함몰시킨 기백, 동양을 제패한 당의 세력을 반도에서 몰아내고 대동강 이남을 차지했던 기상은 어디로 가고 심신이나 닦고 가락이나 즐기면서 산수에 노닐던 소극적인 면모만 담은 것 같았다.
그것은 화랑의 일면이지 전면은 아니었다.
해서 더 더욱 가슴이 쓰리고 아팠다.
지난 시대의 유물일 수 없는 화랑, 이를 타개하기 위해 온갖 노력을 했으나 돌파구를 찾지 못해 또 충담은 안달했다.
제 아무리 시대가 바뀌고 변했다고 하더라도 화랑의 기개만은 변할 수 없었다. 아니, 결코 변해서는 아니 되었다.
벌써 밤은 삼경을 지난 지 오래였다.
통일의 벅찬 감격과 흥분이 가신 지 1백여 년, 화랑에게 남겨진 유물이라곤 자체 세력의 현저한 위축과 퇴화만이 전 재산, 시대의 변혁에 눌려 무기력할 수밖에 없는 화랑, 이를 감안하더라도 삼국이 정립했던 시대의 화랑상이 아닌 태평성대에도 존경받는 화랑상이 절실했다.

알천의 드러난 조약돌마다 달빛이 부서졌다.

그 순간이었다. 달빛이 부서지는 조약돌을 구체화시켜 실마리를 풀 수 있지 않을까 하는 발상이 떠올랐다.

그렇다. 화랑의 외면에 치우치기보다는 깊숙한 내면세계에 초점을 맞추자. 그렇게 초점을 맞추다 보면 역사의 뒤안길에서 푸대접받는 화랑의 참다운 모습을 다소나마 구현할 수 있겠지. 외부세계에 관심을 기울일 경우는 득오가 노래했듯이, '아름다운 그 모습/ 세월 흘러 주름살졌으니'와 같이 넋두리로 끝내기 십상일 테지. 그럴 게야.

충담은 안간힘을 쏟아 전형적인 화랑의 귀감으로 새로이 기파랑을 창조해서, 그것도 숭고한 파고를 과시해서 예찬한 노래를 지었으나 그렇게 노력했는데도 기파랑의 초상을 역사라는 밀실에 유폐시킬 수밖에 없어 더 더욱 안타까웠다. 위안이라고 한다면 유장한 생명력을 지속시키면서 어떠한 외부세력으로부터 간섭받거나 침해될 수 없는 미래 지향 속에 기파랑의 전승을 맡겼다는 데 있다고 할까.

충담은 달과 흰 구름, 시내와 조약돌의 소재를 동원해서 천상과 피안, 무위의 안주를 누리도록 일필을 가했다.

알천 조약돌마다 어린
낭의 지닌
마음의 끝을 좇고저

최고의 기기묘묘(奇奇妙妙), 기절혼절(氣絶昏絶)할 시상으로 전환시켜 '마음의 끝을 좇고저'로 집약시켰다.

이제는 사라진 화랑, 부운 따라 달이 흘러가듯 무주(無住)라는 비법을 원용해 출세간을 초월하게 했으며 현실에서보다는 미래에서나마 의연하게 안주할 수 있도록 배려까지 했다.

마음에 든다면 달과 물에 대유시켜 화랑이 통일의 원천임은 물론 국가 기틀의 상징, 구원한 나라의 표상임을 불어넣은 점이랄까.

달은 새파란 시냇물에 잠겨 무궁한 세월을 노닐 수 있으며 시냇물 또한 강을 이루고 강물은 도도한 바다, 무한의 세계로 흘러갈 수밖에 없는 지극히 당연한 생리를 지니고 있지 않는가.

이런 절창은 화랑도에게 더할 수 없는 광영이자 긍지로 남아 대대로 전승되었으면 하는 비원이 빚어낸 결과라고 할까.

그런데도 충담은 기파랑을 노래하는 데 있어 보람을 느꼈다기보다는 일생일대의 뼈아픈 후회만 남았다.

그 까닭은 현실과 절연된, 아니 완전히 밀폐된 공간에 골동품을 진열하듯이 기파랑을 가둬 버렸고 미력하나마 아직도 남아 있는 화랑의 상은 제쳐둔 채 의도적으로 주조해 버렸다는 아쉬움을 떨쳐버릴 수 없어서였다고나 할까.

충담은 화랑의 드높은 기상을 귀중한 자산으로 해서 이를 계승시킬 수밖에 없는 결의를 다지고 최대의 찬양을 잣 가지에 걸어두기 위해 마지막으로 안간힘을 쏟았다.

그런데도 진짜 모습, 기파랑의 진면목은 미동도 하지 않았다.

아아, 잣 가지도 높아라
서리 모를 화랑이여

이렇게 마무리하고도 아쉬움은 남아 있었다.
잣 가지를 빌려 힘찬 기파랑의 드높은 지조며 절개를 정서했으나 그것이 도리어 아쉽고 안타까웠고 표현을 절한 시, 기기묘묘(奇奇妙妙)한 시,

저 그리스의 문, 답, 결의 삼부악(三部樂)과도 우연히 일치하는 희한한 기법까지 동원했으나 불만은 여전했다.

  밤은 사경을 지나 여명을 향해 달려가고 있었다.

  충담은 기파랑가를 완결짓기 위해 꼬박 밤을 밝혔는데도 방으로 돌아와서는 지체 없이 먹을 갈고 붓을 들어 노래를 옮겼다.

열치매
나타난 달이 있는데
흰 구름 좇을 수야
새파란 시냇물에
기랑의 모습 잠겼는데……
알천 조약돌마다 어린
낭이 지닌
마음의 끝을 좇고저
아아, 잣 가지도 높아
서리 모를 화랑이여

咽嗚爾處米
露曉邪隱月羅理
白雲音逐于浮去隱安支下
沙是八陵隱汀理也中
耆郎矣皃史是史藪邪
逸烏川理叱磧惡希
郎也持以支如賜烏隱
心未際叱肹逐內良齊

阿耶栢史叱枝次高支好
雪是毛冬乃乎尸花判也

　　마침내 미완의 찬기파랑가(讚耆婆郞歌) 때문에 경덕왕에게 영승으로 지목당해 안민가(安民歌)를 지었으며 그런 찬기파랑가를 완성하려고 여섯 달이나 가슴앓이 한 끝에 찬기파랑가를 완성했다.
　　충담은 향찰로 옮겨놓고 흥을 돋워 읊었다.
　　그런데도 여전히 아쉬움과 미련이 남았다. 그렇다고 가장 화려했던 시대로 끌어올려 찬양할 수도 없었다. 그것이 기파랑이 당면한 현실인 데야 가인 충담으로서도 어찌할 수 없었던 일인지도 모른다.
　　어느 새 동녘이 훤히 밝아오고 있었다.
　　충담은 여명을 바라보며 김유신을 떠올렸다.
　　그러자 까짓 노래 한 편쯤이야 하는 생각이 들어 가사를 적은 종이를 태웠다. 재는 천장을 타고 여명의 하늘로 사라졌다.
　　이를 지켜보면서 충담은 아미타불을 염송했다.
　　그것은 너울의 환상이 떠올랐기 때문인지도 모른다.

―
　　구름을 헤치고 나타난 달이 있는 데야
　　흰 구름 좇을 수야…
　　화랑의 귀감(龜鑑)일까, 기파랑(耆婆郞)은.
　　시내와 알천 조약돌,
　　달과 흰 구름, 천상과 피안,
　　무위의 안주를 바란 탓일까.

아아, 잣 가지도 높아라,
서리 모를 화판이여.

찬기파랑가(讚耆婆郎歌)는
천년 뒤 어느 달 밝은 밤
동방 서라벌 알천 시냇가 조약돌,
서천을 향한 동경, 머나 먼 이상
희한하게도 골동품이
아닌 절창(絕唱)의 노래로
오늘날에도 회자(膾炙)되고 있음이니
한국 시가의 최고 품격일 테지.

— 시 「충담사」

메나리

소설 창작 과정 3

 충만한 자존심을 가지고 다음 소설을 감상해 보기로 하자.
 향랑의 시집살이는 현실적으로 믿어지지 않을 수도 있다. 그런데도 이것은 어디까지나 실화니 어쩌지?
 일선(경상북도 구미시 선산읍)지방에서 있었던 가정사인데 소문이 일선 고을에 얼마나 자자했으면, 그리고 오죽이나 끔찍했으면 『일선의열도(一善義烈圖)』란 현지(縣誌)에 실렸을까.
 필자는 이병기 선생의 『가람문선』에 수록되어 있는 향랑의 설화를 제제로 해서 한 편의 소설을 완성했는데 데뷔작이기도 하다.

 석류가 알알이 불어터져 추석을 쏟아놓았다. 추석이라고 들뜬 아이들이 마을 이곳저곳으로 몰려다녔다.
 몰려다니던 아이들이 흩어지자 나는 고향 떠난 서러움이 몰려와 나른하기까지 했다. 게다가 날이 저물면서 달마저 돋아 올라 가뜩이나 싱숭생숭한 마음을 뒤흔들어 놓았다.
 쏟아지는 달빛은 벼논에서 헤엄쳤고 바람결에 떠맡겨 흘러내리다가 내 마음 속속들이 걸터앉더니 쇠를 녹이듯 녹아 내렸다.

나는 방안에 있을 수 없어 문을 박차고 바깥으로 나섰다.

들판은 은한이 하얀 속살을 드러낸 채 황금물결 위에서 노닥대며 가을을 노략질하고 있었다.

나는 달빛에 취해 논둑길을 마냥 걸었다. 논둑길을 걸어 오솔길로 들어서는 바로 그때였다.

물살무늬 같은 달무리가 여음을 달고 와서 귓전을 후려쳤다.

신경을 곤두세운 채 소리 나는 방향으로 귀를 기울였다. 이어 "산유화다! 메나리의 산유화다!" 하는 탄성으로 가슴이 설랬다.

도대체 어디쯤에서 나는 소리일까. 동구 밖일까.

나는 마을 어귀로 내달렸다. 그런데 구성진 여음, 한을 빚어 우려내는 메나리는 동구 밖을 벗어난 느티나무 아래였다.

나는 여운을 놓치지 않으려고 느티나무를 향해 줄달음질했다.

마을 어귀에는 왕릉만한 동산이 하나 있었고 동산 주위에는 느티나무 두 그루가 이십여 보 간격으로 마주보고 서 있었다.

이들 고목은 아이들이 드나들 만큼 속이 텅 빈 채 연륜을 헤일 수 없는 오랜 세월을 침묵으로 일관하고 있었다.

어떤 사내 하나가 바로 그 느티나무 둥치에 걸터앉아 눈물을 마시고 그 한을 하늘에 뿜으며 과거를 토했다.

메나리여, 메나릴라
하늘이 높사높사
저따이 넓아넓아
천지는 가이없어
서러서러 이내사설

열일곱에 시집가
스무살에 소박과부
이몸둘데 바이없어
어복에나 장할거나
메나릴라 메나리여.

사내는 메나리로 메기고 받는 산유화, 민요조로 시나위가락으로 불러대는 메나리를 눈물 젖어 흐느끼는 듯한 애달픈 가락을 한없이 서러운 마음으로 곡조로 메기며 이어나갔다.

나는 매복한 옆으로 적들이 바짝 스쳐 지날 때처럼 사색이 되었고 온몸이 부르르 떨렸다. 사내가 우려내는 가락이 까닭 모를 회환과 비감을 실어 왔기 때문만은 아니었다.

사내의 노래가 끝났는데도 긴 여운은 황금물결을 건너뛰어 하늘을 뒤흔들었고 달빛이 펴놓은 비단 보자기에 휑하니 쏟아졌다.

사내는 한 가락을 토해놓고는 제전의 향불마냥 담배를 피워 물었다. 뿌연 연기는 동그라미를 만들며 아스라한 하늘로 올라가다가 과거를 슬그머니 그려내고 있었다. 이를 지켜보는 사내의 투명한 눈망울에는 맑은 물기가 대롱대롱 매달렸다.

나는 산유화에 얽힌 내력을 실어 나르다가 인기척을 냈았다.

그랬는데 의외에도 사내는 "좀 전부터 알고 있었습니다. 이리로 가까이 오이소. 선상님." 하는 것이 아닌가.

나는 놀랐다기보다는 사내의 노래를 방해했다는 노파심을 한 아름 안고 있었는데 사내가 오히려 스스럼없이 말을 건네 오자 다소 미안한 마음을 덜 수 있어 마음이 놓였다.

"그 뒤, 학교로 한번 찾아뵙는다는 것이 차일피일하다 보니…… 이거

인사가 말이 아입네다. 지가 숙이 아빕네다."

언젠가 수업시간이었다. 숙이가 공부는 제쳐두고 산유화의 가사만 베껴 쓰는 낙서버릇으로 부모를 소환했을 때 본 그 사람이었다.

"이런 데서 만나 뵙게 되다니…"

나는 묘한 인연도 있다 싶어 겸연쩍은 웃음을 실실 흘렸다.

밤하늘은 함지박을 엎어놓은 듯 아주 가깝게 느껴졌다.

"지 딸애가 선상님 속을 꽤나 끓이지요. 모두가 어미 없는 탓입니다. 아니, 아니지요. 지 탓이구만요. 한동안은 딸애의 어미도 산유화를 멋들어지게 불러 젖혔는디 말입네다그려."

사내는 숙명의 너울을 물씬 풍기기까지 했다.

모진 마음도 허물 것만 같은, 비장의 기법이라도 쏟아놓을 것만 같은 분위기는 오곡이 익어가는 내음으로 무너져 내렸다.

"선상님이 산유화에 얽힌 내력을 알고 싶어 한다는 것을 지도 진작부터 알고는 있었어요. 그런데도 여름이 다 지나가도록 선상님을 찾아뵙지 못했으니, 이거 인사가 영 말이 아닙네다요."

그의 말은 내 마음을 저울질하듯 했다. 나는 예의적이긴 했으나 "그야 바쁜 일에 쫓기다 보면 누구나…" 하고 얼버무리기는 했다.

그런데 생각지도 않은 산유화의 실마리를 풀 수 있다는 기대감에 젖어 체면도 도둑맞을 수밖에.

사내는 한참이나 뜸을 들이다가 "저희 집안은 대대로 산유화를 전수받아 이어 오는 가풍이 있었지요. 그 덕에 저도 산유화를 웬만큼 부를 수 있습네다. 그런데도 이 즈음에 들어서는 옛날 같은 정취가 없어요. 세월 탓인지 모르긴 하지만서도……" 하더니 말을 흐렸다.

세월의 연륜(年輪)이 왕 자(字)처럼 주름진 이마에 매달려 있는 사내는 전설 같은 이야기를 한 토막 툭 잘라냈다.

나는 딸꾹질마저 가로채며 사내를 채근하듯 응시했다.

바로 이 느티나무를 중심으로, 한 그루는 큰아기들과 새댁들이 원무를 그리며 메나리의 산유화를 메겼다고 한다. 또 한 그루는 총각들과 남정네들이 무나리의 수유화로 받았다고 한다.

나리골은 산유화를 메나리로, 수유화를 무나리로 메기고 받았다. 메기는 노래 산유화에 깃들인 구성진 여음, 청승맞은 가락은 단오절로, 한가위 달밤으로 느티나무 아래에서 메아리쳤다.

느티나무는 메나리의 가락에 젖어 싱싱하게 자랐고 무나리의 육자배기로 잎새는 더 더욱 무성했다.

나리골 사람들은 태어난 지연(地緣)으로, 시집 온 인연으로 누가 가르쳐준 것도 아닌 귀동냥으로 풍월을 읊듯이 메나리를 익히곤 했다.

메나리는 소녀들이 부를 노래가 아니었다.

시집갈 큰아기들이나 비녀 얹은 새댁들이 원무와 함께 들러리로 돌아가며 함께 불러야 직성이 풀린다.

달밤으로 한 무리, 또 한 무리, 강강술래처럼 손에 손을 잡고 돌아가며 큰아기들이 메나리를 메기면, 남정네들이 거나한 육자배기로 받는 무나리는 서쪽으로 기울던 달마저도 멈춰 서게 했다는…

이윽고 사내는 회한에 젖은 듯 말을 이었다.

"지금에 와서야 다 부질없는 일이 아닌가 배여. 시상이 변했으이, 인심도 변할 수밖에요. 굳이 눌 탓할 수도 없게 됐습네다."

"민속 붐이 일고 있는데, 후원을 받아 재현해 보시지 않고요?"

"재현이라니요? 말로야 쉽지만 다 부질없는 짓이여."

나는 사내의 우울함에 눌린 탓인지 그만 말문이 막혀 버렸다.

"보여 드릴 것이 있습네다. 저희 집으로 가시지요."

"밤도 깊었는데 폐나 끼치지 않을는지요?"

비록 말은 그랬으나 마음속으로는 안달이 들었다고나 할까.

"보여 드릴 것이 있습네다. 시간이 허한다면 가십시다."

사내는 부득부득 일어섰다. 나는 비단 요를 펼친 하얀 꿈을 놓치지 않으려고 사내의 뒤를 바싹 따라붙었다.

내가 사내의 방으로 들어서니 호롱불은 벼락에 콩 구워 먹고 전등 불빛이 세월의 앙금을 토해내는 방은 뜻밖에 정갈했다.

사내는 시렁 위에 덩그렇게 얹힌 고리짝을 들어 내렸다. 고리짝의 도배는 아이가 싸 발라 놓은 어눌한 똥색이었다.

사내는 소중한 물건이라도 다루듯 뚜껑을 열었다.

그는 속에서 빛바랜 두루마리를 집어 들었다. 불빛이 초벽에 웅크린 어둠을 한 움큼 물어뜯다가 혀를 날름 내밀며 두루마리에 앉았다.

"자, 선상님, 어서 펴 보시지여."

순간, 나는 어떤 환상을 서쪽 산에 걸린 그믐달처럼 고정시킨 채 두루마리를 펼쳤다. 늘 한번 보았으면 하고 짠했던 메나리의 수사도(水死圖), 이어 뒤늦게 꿈이 아닌 이 현실임을 깨닫고도 도깨비에 홀린 듯이 화지가 북 찢어지도록 그림을 응시했다.

저 멀리 보이는, 한없이 중압감을 자아내는 산 산 산. 푸른 물결은 금세라도 소용돌이치듯이 거센 탁류를 휩쓸어 올 것만 같은, 그리하여 수십 수백의 인명을 삼킬 듯한 분노로 어느새 꿈틀거렸다.

노한 물결은 둑에 서 있는 사람을 당장 채어갈 것만 같은 악마들의 몸짓, 먹장구름이 두리둥실 피어나는 하늘과 맞닿은 수면, 전면에는 아리따운 여인이 진솔 모시치마를 뒤집어쓰고 물로 뛰어들려는 찰나.

그런데 한창 꽃다운 여인의 등전에서 묻어나는 땅이 꺼질 듯한 회한, 체념이 웅어리진 심연은 그대로 생동하는……

이상이 수사도에 담겨져 있는 그림의 내용이다.

흔히 볼 수 있는 전통적인 기법, 화제(畵題)와 그 격이 근본적으로 다른, 넘치는 기량과 필운(筆韻)이 넘실대는, 체험이 구현된 놀라운 경지를 이룬 실경 산수화였다.

그러기에 그 표현은 섬세하고 가냘프기 그지없으며 인정이 서려든 수택, 아쉬운 느낌마저 감도는 짜임새, 끝내 무명의 화공도 여성이기에 이런 미련을 저어할 수 없었던 문자 그대로 고졸(古拙)이었다.

수사도는 향랑투강수사도(香娘投江水死圖)란 원제와 향랑여초녀도(香娘與樵女圖)란 부제가 달린 가로 한 자 두 치에, 세로 넉 자 세 치의 두루마리인데 아호나 낙관이 없는 민화였다.

"그런디 말입네다. 선상님, 일자무식인 초녀가 이런 그림을 그릴 수 있었을까요? 아무리 생각해도 지로서는 믿기지가 않습네다."

"저도 그림에 대한 조예가 없어서 안목이래야 별 것도 아니지만, 첫눈에 보아도 그림 솜씨가 보통이 아닌 것만은 분명합니다."

"그림을 응시하는 선상님은 눈빛부터 달라 보입네다."

"전통적인 구성과 화법을 무시한 민화라고나 할까요. 그런데도 제가 지금껏 보아 온 민화하고는 어딘가 다른 것 같기도 합니다."

"그럴 수밖에 없겠지요. 일자무식인 초녀의 그림이니까요."

"그림을 입수하게 된 내력이라도 들려주셨으면…."

사내는 정적을 씹고 있었다.

내가 거듭 채근해서야 공허한 마음을 다잡아 지나온 과거를 실타래 풀 듯 한 올 한 올 풀어냈다.

"지 당숙 되는 원당노인(元堂老人)으로부터 이 그림을 물려받으면서, 그림을 그리게 된 동기며 향랑의 행적을 들었습네다."

불빛이 사내의 주름진 이마에 매달려 묵은 과거를 일깨우자 나는 오금이 저려왔고 사내에게 압도당해 옴짝달싹할 수도 없었다.

"이 그림을 그린 초녀야말로 향랑이 물로 뛰어든 것을 두 눈으로 본 장본인이라 합디다. 그네의 구박받은 기구한 사연은 초녀에게도 한으로 맺혀 후세에까지 그림으로나마 전하려고 다짐했답네요."

사내는 여기서 일단 뜸을 들이었다.

초녀는 틈틈이 붓을 잡았다. 일자무식인 주제에 더구나 아녀자인 체신머리에 붓을 잡아 뭣에 쓸 거냐고 서러움도 많이 받았다.

또한 얽은 데다 째지는 가난으로 혼처도 나서지 않았다.

이도 저도 못해 처녀귀신이나 면해 보려고 나이가 차 후처로 들어앉기는 했으나 못생겼다고, 그림에만 매달려 사발농사만 짓는다고 갖은 구박 끝에 쫓겨났다.

그 뒤로부터는 만사 제쳐두고 오직 그림에만 몰두했다.

환갑을 맞이하던 바로 그해였다. 초녀는 평생을 바쳐 닦아온 기법으로 혼신의 힘을 다해 수사도를 그렸다.

그녀가 그림을 그리는 주위는 서광이 차일을 친 것만 같아 아무도 근접할 수 없었다.

그녀는 무슨 영험이 씌어 신들린 듯 혼신의 필력을 쏟아 한 여인이 물이 무서워, 아니 죄인만 여겨 물로 뛰어들지 못해 애태우는 얼굴에 진솔 모시치마를 씌움으로써 그림을 완성했다.

그림을 완성한 초녀는 몸져누웠다.

그녀는 끝내 일어나지 못한 채 영영 이생을 하직하고 말았던 것이다.

전해 오는 말에 의하면, 초녀의 얼이 그림 속으로 빨려 들어가고 남은 것은 빈 육체뿐이었다고.

사내의 이야기는 내가 일선의열도(一善義烈圖)란 현지(縣誌)를 훑어본 기록과도 대개 일치했다.

향랑은 남편의 환상으로 몸 둘 바를 몰랐다.

자나 깨나 남편의 환상이 구석구석 숨어 있다가 불쑥불쑥 튀어나왔다. 때로는 흉기로 변해 천정에 매달렸다가 곧장 떨어져 목에 박힐 것만 같은 가위에 눌려 지냈으며 신경이 극도로 쇠약해져 바람소리에도 놀라고 신발 끄는 소리만 들려도 가슴이 철렁했다.

아니, 촛불을 밝히고 앉았거나 방안을 서성거려도 독버섯처럼 돋아 올라 갈피마다 앙탈을 했다.

심지어 뒷간까지 따라와서는 은밀한 곳을 헤집고 깔깔대면 온몸이 바르르 떨려 나오던 똥마저도 저만큼 달아났던 것이다.

아니나 다를까. 출타했던 칠봉은 작부 같은 계집까지 대동하고 마당으로 들어서기가 무섭게 날벼락이 떨어졌다.

그는 닥치는 대로 살림살이를 집어 들고 향랑을 향해 냅다 던졌다.

밥상은 마당 가운데 내동댕이쳐져 외마디 소리로 박살이 났고 사발대접은 그녀의 얼굴을 스쳐 맞은편 벽에 부딪치자 신들린 화필처럼 물벼락으로 흩어졌다. 더욱이 굶주린 이리 떼 마냥 억센 주먹으로 향랑을 요절내다 못해 마루에 내동댕이쳤고 거품을 질질 흘리며 태질을 했다.

그런데도 화가 풀리지 않은 칠봉은 발악을 해댔다.

끝내 칠봉은 향랑을 마당으로 끌어내어 진흙탕에 처박고 발로 짓이겼다. 허옇게 내비치는 향랑의 속살은 핏빛으로 얼룩졌고 아미에서는 후줄근한 피가 수채화를 그리며 흘러내렸다. 옷은 드라큘라의 입처럼 피범벅이 되었다. 끝내 아이들이 개구리를 잡아 공중으로 힘껏 던지면 땅바닥에 떨어져 바르르 떨듯이 기척이 없었다.

"나가라는데두, 삼신할미 귀신이 썬 게여. 찰거머리처럼 악착스레 달라붙게. 나가 뒈질, 물에라도 빠져 뒈질……"

그런 가관은 세상에 도시 없을 성 싶었다. 어디서 어떻게 굴러 들어왔는지 따라온 계집마저 한통속으로 엉겨 붙었던 것이다.

"서방 하나 간수 못하는 년이 붙어 있긴 지금껏 왜 붙어 있어, 있기를. 이제부터는 내 서방이니까, 당장 꺼질러 나가여. 저 잘난 꼬라지를 보이기절복통하고도 남지, 남아."

계집은 향랑의 머리채를 움켜잡고 디딜방아를 찧어대자 머리털이 뭉텅 뽑혀 그네의 손에 들려 있었다.

머슴 지기는 남의 일처럼 구경만 하는 살판난 동네 사람들을 비집고 뛰어들어 향랑을 빼돌려 피신시켰다.

그런 연후에 막혔던 봇물이 터지듯 욱한 울분이 터졌고 계집을 진흙탕에 꼬다 박은 채 지근지근 밟아버렸다.

그 꼴을 본 칠봉은 분함을 참지 못해 눈알을 허옇게 뒤집어쓰고 지기를 다그쳤다. 패다 둔 장작으로 팽이를 치듯 후려치곤 했다.

지기의 온몸은 한 다발의 흑장미 꽃잎을 뿌려놓은 듯 피멍울로 얼룩졌다. 그는 웃는 듯한, 우는 듯한 종의 비애가 울컥 치받쳤다.

그것은 교미를 하려던 수캐가 강자에게 암캐를 빼앗긴 순간의 처절한 절규와도 같은 비애였으며 설사를 참고 참아도 끝내는 목구멍을 통해 올라와서 입으로 토할 것 같은 메스꺼움으로 넋을 잃은 것과도 같았다.

지기는 칠봉이와 계집을 엎어놓고 함께 짓이겨 버렸다.

그러자 소동은 삽시간에 임씨 문중으로 번졌다.

문중 청년들이 구름처럼 몰려왔던 것이다.

지기는 청년들에게 동네매를 맞았다. 이 사람 저 사람들로부터 뜸질을 당했다. 그는 정신이 가물거리다가 흰자뿐인 눈동자를 드러낸 채 하늘을 이불 삼아 쓰러지고 말았다.

그날 이후로 향랑은 어쩔 수 없이 시집에서 또 쫓겨났다.

시집에는 그림자도 얼씬할 수 없었다.

칠봉이 그녀의 그림자만 어른거려도 죽이려고 생거품을 해물어서였다.

향랑은 날이면 날마다 숫돌을 갈 때 나오는 잿빛의 물처럼 눈물이 어려 첫날밤의 악몽을 헹구어내곤 했다.

촛불은 나긋나긋한 원앙금침을 비추다가 봉황을 수놓은 병풍에서 침묵을 침전시키고 있었다. 한창 꽃다운 나이 열일곱. 그 나이에 맞는 신혼 초야는 한껏 부푼 꿈을 아로새기는 것이 당연했으나 향랑은 그럴 수 없었다. 차라리 두려움에 젖어들다 못해 공포로 찌들었다.

그것은 자기의 결혼이 기울어가는 가문을 부지하려는 마지막 안간힘으로 치러졌음을 너무나 잘 알고 있어서만은 아니었다.

하마나 고대하던 신랑은 밤중을 지나도 신방으로 들어서는 기미가 없었다. 시간이 지나면 지날수록 향랑은 초조하다 못해 안절부절못했고 몸은 화석처럼 그대로 굳어버릴 것만 같았다.

첫닭이 홰를 틀자 바깥이 소란해졌다.

사람들에게 떠밀려 신랑이라는 사람이 신방으로 처박히듯 굴러 들어왔다. 술로 주눅이 든 신랑, 그의 몽롱한 시선은 신부가 쥐구멍을 찾을 여유마저 주지 않았다. 신랑은 야수로 돌변해 있었다.

그는 거친 숨결을 몰아쉬며 족두리를 내팽개치고 옷고름을 북 찢었다. 무지막지한 손으로 저고리를 찢어 발리고 치마마저 발기발기 찢어버렸다. 그런 신방은 공포의 도가니라고나 할까.

병풍 속에서 촛불과 놀아나던 봉황이 그녀의 희디 흰 꿈을 무거리로 무너뜨리자 뼈를 깎는 아픔이 폭우로 쏟아져 내렸다.

갑자기 괴성이 진동을 했다. 결코 들어본 적이 없는 괴성이었다.

그런 괴성이 신방을 뒤흔들었다. 으흐히 흐흑.

몇 번이고 괴성을 지르던 신랑은 아랫도리를 홀렁 벗어젖히고 신부에게 알몸을 들이밀었다. 한데 응당 달렸어야 할 부자지는 반쯤 잘려 나간 채 흉물이 억지 춤을 추며 하늘거렸다.

"이걸 보란 말여. 내빼고 싶지? 시집으로 내빼란 말여."

신랑은 선웃음으로 자지러들었고 으흐흐 하는 괴성이 그의 울먹한 목구멍 속에서 발발 기어 나왔다.

어린 시절, 칠봉은 개에게 부자지를 물어 뜯겼었다.

어려서는 아무 것도 모르고 자랐으나 철이 나면서부터 불구라는 자격지심이 중증으로 굳어져 괴팍한 성격과 함께 행동마저 개차반으로 포악해졌다. 돌변한 환경의 충격으로.

결혼이라는 거대한 장벽에서 헤어날 수 없는 불구, 더구나 먹음직스럽게 영근 과일과도 같은 신부를 앞에 두고 어찌할 수 없는 병신이라는 자학이 거대한 충동을 일으켰고 세찬 물결을 가르며 발작했다.

신부는 맨땅에 발가벗긴 채 내동댕이쳐졌다.

신랑은 신부를 타고 앉아 물고 뜯고 할퀴며 발악했다. 성도착증의 공연이랄까. 신랑의 광기는 새벽마저 밀어냈다.

신부는 찍 소리 한번 못한 채 소리 없는 신음만이 비눗방울처럼 공중으로 떠돌다가 사라져버렸다.

향랑은 생각하면 할수록 헛바닥은 진풀을 먹인 것처럼 푸석푸석했다.

하물며 그녀는 쫓겨나 남의 집 구석방에 틀어박혀 숨어 지내는 순간순간, 초점을 잃어버린 시선은 커졌다 작아졌다 했다. 더욱이 시집살이 삼년이 아물거려 오만간장을 도려내곤 했다.

향랑은 금지옥엽으로 자랐다. 그만큼 꿈을 먹고 자라났다고 할까. 그런데도 배울 것은 다 배우고 알 것은 남만큼 알고 있었다.

특히 시집살이 석 삼년은 귀 먹고 눈 먼 듯 참고 또 참아야 한다는 것쯤은 귀에 딱지가 앉을 정도였다.

죽어도 시집에 가 죽고 귀신이 되어도 시집 귀신이 되라는 돼 먹지 않은 말은 누누이 들어 못이 박혀버렸다.

　곱게 자란 향랑은 첫날밤부터 헌 짚신처럼 소박맞은 천덕꾸러기가 되었으나 남편보다는 시집 식구들을 지성으로 섬겼다.

　누가 지성이면 감천이라고 했을까. 칠봉에게는 먹혀들 리 없었다.

　칠봉의 행패는 눈덩이를 굴리면 굴릴수록 커진다는 짝으로 하루도 뜸할 날이 없었다. 꼴뚜기가 뛰면 망둥이도 덩달아 뛰듯이 무슨 조그마한 반응이 있어야 하는데도 이건 향랑이 죽어지낼수록 혼자 북 치고 장구 두드리며 놀아났다.

　날이 갈수록 향랑에 대한 칭송이 능남골에 자자하면 칠봉의 행패는 꼬리에 꼬리를 물고 일선 고을을 들먹였다.

　이를 두고 보다 못해 임부순(林扶淳)은 아들을 불러 일렀다.

　"내 보기엔 그럴 수 없이 착한 며늘아기다. 들어온 복을 어디가 못마땅해서 낮이고 밤이고 넌 행패를 부려. …아무리 데려온 식구라구, 그래선 못 써. 남의 이목이 두렵고 무섭지도 않아. 천벌을 받을 것이구만."

　"……"

　"그보다 착한 며느리는 눈 씻고 찾아도 이 고을엔 없다. 나무랄 데 없이 착한 것도 죄냐? 굴러들어온 복을 마다하고 찰 것까지야 없어. 내 말이 틀린 데 있나. 이잉, 꼬락서니하군…"

　"아부진 그 년이 어떤 기집인 줄 알기나 해요. 밤마다 능글능글 비웃으며 절 조롱한단 말이오. 세상에 그런 독종은 없어요."

　"독종이라니, 천벌 받을 소릴…"

　"독종이잖구요. 지가 불군 줄 알고 성한 체하는 꼴이란, 나 참. 고런 년은 밤마다 주리를 틀어도 설치를 못해요."

　칠봉은 내친 김에 향랑에게 가 매가 참새를 후리듯 했다.

　향랑은 날이 새는 것이 원수만 같고 밤이 오는 것이 몸서리쳐졌으나 부모의 가슴에 한을 심지 않으려고 시집살이를 했다. 아니, 살아주었으나 더 이상은 도저히 감내할 수 없었다.

향랑의 몸은 불덩이 같았다. 온몸에 신열이 돋아 눈을 붙일 수 없었다. 독기 어린 칠봉의 서슬이 눈꺼풀에 매달려 바위처럼 짓눌렀고 식은땀을 줄줄 흘리며 며칠 밤을 지새웠다.

꼭두새벽에 물동이를 이고 들어서던 아낙이 "불쌍하기도 해라. 지기가 포졸에게 묶여 개처럼 끌려간다오." 하고 혀를 내둘렀다.

향랑은 또 가슴이 철렁 내려앉는 것만 같았다.

지기는 임씨 집안에 꼴머슴 적부터 들어와 종살이를 했다. 그는 부모의 진 빚을 몸으로 때우려고 팔려온 것이나 진배없었다.

머슴살이야 몸이 으스러져도 견딜 수 있었으나 칠봉의 노리개 노릇은 정말 하늘이 준 생명을 스스로 끊지 못해 살아가는 형벌이었다.

칠봉은 개에게 물어뜯긴 부자지를 대신해서 지기의 사타구니를 가지고 놀며 못 살게 굴었다. 심통이 났다 하면 지기의 사타구니를 꺼내놓게 하고 막대기로 두들기는 노리개의 대상이 되곤 했다.

칠봉은 아내를 맞이한 후에도 그런 버릇을 개에게 주지 못했다. 해서 향랑은 지기를 두둔하다 경을 친 적도 한두 번이 아니었다.

한번은 그랬다. 봄비가 추접스럽게 종일 질척였다.

지기는 그 비를 맞으며 가래질을 하다 날이 저물어 들어왔다.

그는 입은 것이 없어 마냥 턱을 떨었다.

향랑은 늦은 저녁이긴 했으나 오죽 떨었겠느냐 싶어 김이 무럭무럭 나는 국 한 그릇을 바쳐 지기 방으로 들여보냈다. 그로 인해 아닌 밤 홍두깨 마냥 집안은 난장판이 벌어졌다.

칠봉은 뚱해 담쟁이덩굴처럼 향랑에게 엉겨 붙었다.

"이 화냥, 지기를 섬겨? 머슴 놈과 붙어먹은 재미가 어때?"

칠봉은 생트집을 잡고 향랑을 태질하며 족쳐댔다.

"머슴 놈과 배가 맞아? 달아날, 내빼서 같이 못 살아 안달하는 연놈들. 그래, 이 연놈들아, 지금 당장 도망가거라."

칠봉은 입에 담지 못할 악담은 침으로 튀었으며 허연 거품을 물어냈고 아내의 머리채를 낚아채 진땅에 곤두박곤 지근지근 밟았다.

향랑은 눈알이 뒤집혀 초저녁 하늘마저 밀어냈다.

"당장 나가 뒈질, 나무에 목을 매고 뒈질, 물에라도 빠져 뒈질, 저 뻔뻔스런 낯짝 좀 보래지. 저 년이 날 비웃고 있어. 죽어 뒈지면서도 조롱을 해대는 저 독종… 내 설치를 하고 말 것이야. 두고 보라지."

칠봉은 얼마나 식식댔으면 제풀에 힘이 쭉 빠져 버렸을까.

지기는 동네 굿을 지켜보며 가슴이 메어지는 듯했다.

그는 향랑 아씨가 오고부터 비로소 사람대접을 받을 수 있었고 사람 구실을 한다는 보람을 느꼈으며 아씨와 한 지붕 밑에서 한솥밥만 먹는다면 갖은 학대도 달게 받으리라 다짐했었다.

그만큼 아씨를 생각했다.

지기는 자기 탓으로 공연히 경을 친다고 가슴 아파하다 못해 서방님을 밀어내고 아씨를 피신시킨 뒤, 땅에 넙죽 엎드렸다.

"서방님, 절 때리시여. 동네 애들에게 매 맞으면 화풀이 했듯이 저에게 행패를 부리시오. 자, 절 때리시오."

"어어, 년 놈이 한패로 엉켜 붙어? 이놈, 재미는 지들만 보고, 어디다 큰 소리를 쳐, 이 노옴, 이 죽일 놈!"

"서방님, 벼락 맞아 죽을 소리요. 남들이 들을까 두렵소."

"얼라, 이게 어디다 훈계질이여."

칠봉은 그 꼬락서니에 기승을 더했다. 장작으로 패다 만 몽둥이를 들어 불나비처럼 춤을 추며 수도 없이 지기를 향해 날렸던 것이다.

임부순은 피해 있는 며느리를 불러 앉혔다.

"내 착한 널 두고 이 이상 두고 볼 면목이 없다. 당분간이라도 친정에 가 피신해 있거라. 워낙 불구라고 응석받이로 자랐으니… 이 모두가 자식 잘못 둔 내 죄다. 이 길로 친정에 가 있어. 내 조용해지면 인편을 보내 데려오도록 하마. 그리 알고 가거라."

"아버님, 죽어도 시집식구이온데 그리할 수는 없습니다."

임부순은 앙금을 실은 연륜을 실룩였다.

"듣기 좋은 소리에 지나지 않아. 친정에나 가 있거라. 이런 집안 망신도 한두 번이라야지. 낸들 어찌할 수 없어. 편을 들자고 해도 그 화풀이가 너에게 돌아가니 들 수도 없구. 그리 알고 가거라."

향랑은 부들부들 떨며 전신으로 오열했다. 급기야 눈자위에 안개가 서리다 못해 이슬이 피어 주룩 흘러내렸다.

그러자 이슬방울마다 어머니의 환상이 방울방울 매달렸다.

향랑은 저간의 집안사정을 너무나 잘 알고 있었다. 섶을 지고 불로 뛰어드는 심정으로 시집살이를 헤쳐 나가리라 다짐했었다.

그랬는데 시집을 쫓겨나 오도 가도 못하고 친정으로 들어섰다가 향랑은 어머니의 죽음을 낳는 불효를 저질렀다.

박자갑(朴自甲)은 들어서는 딸을 보고 성화를 끓였다. 딸을 본 순간, 자갑의 눈에는 초례청의 악몽이 되살아났던 것이다.

"그래, 시집살일 못해 쫓겨 와. 서까래에 목이라도 매어 당장 설치를 할 것이지, 오긴 왜 지발로 쫓겨 와."

당시 일선 고을은 상형곡(上形谷)에 뿌리를 내렸던 해양 박씨가 기울어지고 그 대신 구말 임씨가 대두했다.

이 두 문중은 서로 못 잡아먹는 앙숙이었다.

더욱이 신임부사 임한덕(林漢德)은 전날의 앙심이 음흉하게 들여다보이는 수작으로 박자갑에게 청혼을 들고 나왔다.

박자갑은 혼사문제로 말미암아 한다하는 뼈대 있는 집안으로서 그런 모욕은 없었고, 목숨을 부지하고 살아 있는 동안 치욕과 비탄이 점철되는 나날이 아닐 수 없었다.

"그래, 너만이라도 제발 하느라고 시집에서 쫓겨나지 말구, 살아 주기를 바랬는데, 이 꼴로 돌아오다니. 죽어도 시집에서 죽고 귀신이 되어도 시집 귀신이나 되지, 오긴 왜 와. 내 속을 이토록 끓여."

솔내 댁은 딸을 시궁창으로 쓸어 넣듯이 시집을 보내고 화병으로 몸져 누웠다가 남편의 역정에 정신이 번쩍 들었다.

"네가 우짠 일로 오나? 말이라도 속 시원히 털어 놓으라무나."

솔내 댁은 굽실도 못하는 몸을 이끌고 문지방을 내려서다가 마당으로 굴러 떨어졌다. 그 길로 한을 품고 그 한을 하늘에 뿜으며 운명했다.

집안은 당장 홍수가 할퀴고 지나간 뒤처럼 황량했다. 날마다 한숨이 나래를 퍼덕였고 밑 빠진 독처럼 한을 씹었다.

향랑은 한을 품고 죽은 어머니의 가슴에 못을 빼어 드리려는 아픈 마음을 쓸어안고 곱든 싫든 능남골 시집으로 들어섰다.

그랬는데 아니나 다를까.

이때다 하고 기다렸다는 듯 칠봉은 향랑을 냅다 걷어차고 태질쳤다.

"꺼질러 가더니, 왜 또 왔어? 빌어 처먹든지 뒈지든지 할 것이지, 오긴 왜 와. 날 비웃고 조롱하러 왔어? 그도 아니면, 지기 놈과 붙어 지내려고 왔어? 어디 변명이래두 해. 이 오라질…"

나이가 들고 철이 나면, 좀 수그러질 줄 여겼으나 칠봉은 뼈대만 더욱 굵어져 힘만 늘었으며 그의 행패는 풍선처럼 부풀어 가을 하늘을 붕붕 떠돌아다녔다.

가을도 깊게 여물자 칠봉은 새로운 행패 하나가 늘었다.

일선 고을을 뻔질나게 드나들면서 술주정까지 달고 다녔던 것이다.

관아에 들어서면 한덕이 조카를 앉혀놓고 부추겼다.

"박자갑은 우리 집안과 철천지원수여. 그 복수를 해야 하네. 내가 뭣 때문시리 박씨 문중으로 혼살 정했겠나. 다 원수를 갚자는 게지. 자네 처를 구박 줘 쫓아내야 되네. 그래야 자갑이 놈, 신병 나 뒈지지. 그렇게만 해. 자넬 거두고 관기도 붙여주지."

일선의열도에도 삼촌인 임한덕이 사주했다고 기록해 놓았다.

그러나 그의 사주라기보다는 아리따운 아내를 사랑할 수 없는 불구에서 오는 자학과 자괴감이 심화되다가 마침내 중중인 조울중으로 인해 아내를 구박하고 학대하는 성도착중에 빠진지도 모른다.

물론 이런 기록은 보이지 않으나 결혼과 더불어 의처증이 중중으로 굳어져 겉으로 나타난 것만으로도 짐작이 간다.

"하다 안 되면 거 있지 않는가. 외간 남자라도 들여보내란 말이여. 그렇게 해서 누명을 덮어씌우란 말이네. 자네 집에 머슴 있지 않는가. 그 머슴 놈과 배가 맞아 놀아난다고 소문을 동네방네 퍼뜨리게. …당장 목을 매지 않고는 못 배길 터이니…"

한덕이 표독스런 관기마저 붙여 그런 분란을 치르게 했던 것이다.

향랑의 마음속에서는 까마귀가 꺼우꺼우 울었고 때때로 칠봉의 독살스런 서슬에 주눅 들어 실신도 여러 차례 했다.

하루는 죽먹던 힘을 다잡아 최후의 단안을 내려 시아버지를 만났다.

"아버님, 저 탓으로 집안만 우사시켜 뵈올 면목이 없사오나……"

향랑이 용건을 말하기도 전에 임부순은 선수를 쳤다.

"그런 말 할 것 없다. 내가 널 대할 면목이 없어. 자식 하나 잘못 둔 죄로 남의 귀한 자식 데려다 그 고생을 시켰으니. 하니, 이제라도 딴 마음 먹지 말고 마음을 고쳐 다른 데로 개가하도록 해라."

"아버님, 지아비가 있사온데 어찌 다른 데로 개가를 하라 하시오이까. 전 받들 수 없습니다. 저는 다만 제 자신이 박복한 년이라고 탓할 따름이옵니다. 그리고 이제나 저제나 지아비의 마음만 돌아서길 바랄 뿐입니다. 아버님, 못난 저의 소원을 저버리지 마셨으면 하옵니다. 다름이 아니옵고 아직 지아비는 나이도 어리고 철도 들지 않았다 여기오니, 동구 앞에 움막이라도 하나 지어주시면, 수절하다 지아비가 철이 들면 지아빌 지성으로 모시겠사옵니다. 움막 하나 지어 주시옵소서."

임부순은 갈증에 시달리다 못해 물을 한 바가지 들이키면, 물을 질질 흘리면서 마시듯이 땀을 뻘뻘 흘리며 말까지 더듬었다.

"마, 마음씨야 갸륵하다만, 나, 나이가 젊어."

"저의 마지막 소청이옵니다. 아버님, 움막이라도 지어 주신다면 평생이라도 혼자 살겠습니다. 제발 들어주셔요."

임부순은 나락으로 떨어져 내리는 것 같았으나 연약해지려는 마음에 모진 채찍을 들었다. 그러는 그는 이마에 깊이 파인 연륜이 실룩이면서 입술을 꾹 깨물어 본의 아니게도 며느리에게 엄한 못을 박았다.

"나도 이제야 바른 말이다 마는 이 이상 곁에 두고 보는 것마저도 진절머리를 앓는 사람이여. 세상에 사람 하나 잘못 데려와 집안 망신을 이렇게도 하다니. 뭘 더 바라 움막을 지어 달래는 게냐? 더 이상 날 괴롭히지 말고 멀리 떠나가 살도록 해라."

향랑은 실낱같은 희망마저 천근 무게로 무너지는 것 같았다.

"오직 믿고 의지하며 살아온 분이 있었다면 아버님 한 분뿐이었는데 아버님마저도 그런 말씀을 하시다니…"

향랑의 말끝은 자지러들었고 바람 앞에 알몸을 드러낸 촛불처럼 체념을 울려낼 수밖에 달리 방도가 없었다.

계절의 속살이 어김없이 잡혔고 단풍나무 잎들이 연지를 찍자 가을바람에 먹을 감은 잎들마저 울긋불긋 성장을 했다. 더욱이 하얀 이를 드러낸 가을 기운이 저주연을 시샘하고 있었다.

길야은(吉冶隱) 저주연은 더없이 넓었다.

못가로 능수버들이 칭칭 늘어져 물빛은 푸르다 못해 검기까지 했고 물결은 바람 따라 출렁이었다.

한 여인이 둑을 따라 걸으며 하염없이 배회하고 있었다. 소복단장을 한 여인, 머리는 풀려 바람에 나부꼈고 얼굴은 핏기마저 가신 피투성이였다. 그녀의 얼굴은 덤덤해 보였으나 다만 미심쩍어 하는 기색으로 시선을 한 곳에 고정시킨 채 가슴을 쓸고 또 쓸었다.

그녀가 가슴을 쓸고 있는 바로 그 시각이었다.

어린 초녀(樵女)가 마른 나무를 한 짐 지고 둑을 지나가고 있었다.

여인이 초녀를 불러 지게를 벗어놓게 했다.

"초녀야, 네 나이가 몇 살이지?"

초녀는 의아해 하면서 시선을 늘어뜨렸다.

"네 나이가 몇 살이냐고 물었단다." 하고 재차 독촉해서야 마지못해 어린 초녀는 "열세 살입니다." 하고 대답했다.

"열세 살이라… 그건 그렇다 치고, 넌 어느 마을 뉘 댁 아이고?"

"……"

말없이 고개를 갸웃하기만 하는 초녀에게 향랑은 애원했다.

"내게 대답해 줄 수 없겠니? 어서 대답해 다오."

"저는 나리골에 사는 성씨 댁 딸입니다."

"내 고향과는 그리 먼 곳이 아니니 다행이다." 하고 한참 뜸을 들이다가 "너에게 한 가지 간절한 부탁이 있단다. 내 말 좀 들어줄 수 없겠니?" 하자 초녀가 고개를 끄덕였다.

여인은 살아온 시집살이 3년이 고체로 굳어져 가슴에 철각(鐵刻)을 새기는 한을 삼키고 삼켜 차분하게 말했다.

"나 죽은 후에라도 여한이나 없게 해 다오. 내 이제 물에 빠져 죽게 되면 상형곡 박 씨 종택에 알려만 주는 부탁이란다."

그러자 초녀는 무서워 벌벌 떨었다. 그녀가 정갈한 옷으로 갈아입었다고는 하나 상처투성이라 무서워하는 것도 당연했다.

"애야, 제발 무서워 말아 다오. 어린 너를 만났으니 내 망정이지, 남정네를 만났대도 말 못할 것이고, 큰 여인네를 만났더래도 못 죽게 말릴 것 아니냐. 그러니 이는 천행인데 제발 무서워 말아 다오."

초녀는 드러내놓고 벌벌 떨었다.

"제발, 그런 표정 좀 짓지 말고 내 말에 귀 기울여 다오. 내 징표 없이 죽으면 친정 부모나 시집식구들 남정네와 눈이 맞아 몰래 달아났다고 여기지 않겠니. 그것이 원통해서 이런 부탁을 하는 거란다. 넌 나이가 어리니 나 죽는 것을 말리지 못할 것이고, 영리해 보이니 내 말을 들었다가 부모에게 전할 것이니, 이보다 다행한 일이 어디 있겠느냐."

향랑은 초녀를 못가로 데리고 갔다.

그녀는 저고리와 신을 벗어들고 "이것을 내 부모에게 전해 주어 내 죽은 것을 명백하게 해 다오." 하더니 노래를 한 가락 뽑기 시작했다.

노래를 다한 향랑은 물로 뛰어들려고 했다.

그러자 그녀는 무서워 달아나려는 초녀를 붙들고 애원했다.

"부탁이란다. 무서워 달아나지 말아 다오. 내가 너에게 노래를 가르쳐 줄 것이니 네가 외워 두었다가 이곳을 지나다니면서 메나리로 불러 다오. 그러면 나는 네가 온 줄을 알 것이며 물결이 빙빙 치솟아 돌거든 내 영혼이 너를 반기는 줄로 알려무나."

그녀는 노래를 구성지다 못해 청승맞게 불러 제꼈다.

푸줏간의 전기 칼이 오가는 대로 썰려나오는 살점처럼 썰어지는 인생을 사각사각 녹였고 대패로 살을 밀고 다리미로 데려가며 과거를 하나하나 울어냈다. 인간 세상에서 우러나오는 것이 아닌, 천상의 세월 잃은 앙금을 낱낱이 쏟아놓았던 것이다.

어허로다 어허로라
산유화래 산유화라
이내신세 어이타가
영결저승 머나먼길
누굴바라 따라나서
저승길이 멀다한들
적삼들렁 초혼하는
물가인걸 저승길이
산유화래 산유화라
어허로라 어허로다.

 별안간 주위는 구성진 여음으로 젖어들었다. 물결은 요동을 치고 능수버들은 제 몸을 가누지 못해 휘청거렸다.
 한 지아비만 지성으로 섬기라는 친정어머니의 가르침, 죽어도 시집 귀신이 되라는 여인의 오직 이 한 길, 일부종사(一夫從事)에 희생물이 되어 스스로 목숨을 저버리지 않을 수 없는 향랑이었다.
 그런 탓인지 그네의 창곡은 두서없다기보다는, 흩어졌다기보다는 운명에 오히려 체념한, 아니, 아니, 아니었다. 고요하고 차분히 가라앉은 마음에서 우러나왔다.
 저 열반(涅槃)에 입적한 득도승의 경지에 이르렀다고나 할까.

무아경을 맴돌아 저류하는 음조는 여한을 빚어내고 설움을 빚어 흘러나오는 산유화가 될 수밖에 없었는지 모른다.

어허로다 어허로라
메나리는 메나릴라
이내몸은 누구땜에
한도많은 설움빚어
이팔청춘 죽어가서
능수버들 가지마다
이내한을 자아내랴
산유화는 산유활라
무나리는 물나릴라.
어허로다 어허로라

노래를 다한 향랑은 물로 뛰어들 채비를 했다. 그러다 몸을 고쳐 사리고는 "내 죽기로 작심을 했으나 물을 보니 죄인 같은 생각이 드는구나. 내 차라리 물을 보지 않으리라." 했다.

순간, 그녀는 살아온 만큼의 피 빛 진한 생채기가 뼈를 썰었고 썰려 나온 뼈마디 마디마다 날카로운 쇠톱으로 갈아대었다. 그것마저도 이제는 진하고 뜨거운 액체에 씻겨 달관으로 돌변했다.

향랑은 진솔 모시치마를 홀렁 뒤집어쓰고 물로 뛰어들었다.

사나운 물결은 텀벙 소리마저 삼켜버렸다. 아니, 이제는 향랑마저 물결에 가세해서 밀려오고 있었다.

지기는 어금니를 악 물고 옥(獄)을 탈출했다. 그는 수소문 끝에 저주연을 찾아갔으나 향랑이 죽은 지 훨씬 뒤의 일이었다.

그 마음 어찌 말로 다할 수 있을까.

그는 침통에 젖어 못가를 한없이 배회했다. 그날도 그 다음날도, 그리고 또 다음날도…

지기는 못 가를 배회하다 어디론지 사라졌다.

"그런데, 들리는 뜬소문이 꼬리에 꼬리를 이어졌답니다. 보이지 않던 향랑의 시체가 지기의 정성으로 떠올랐다는 둥, 그녀의 묘를 손수 써 주었다는 둥, 지기도 향랑을 따라 물에 빠져죽었다는 둥, 꽤나 헛소문이 나돌았다고 합네다. 그리고 메나리를 메기면 받아넘겨야 할 수유화의 무나리 가락은 후세 사람들이 지어 불렀을 게요."

언제 어디서부터 유래했는지 자세히는 알 수 없었으나 지기를 두고 수유화의 무나리가 불리어지기 시작했다.

향랑의 메나리에 이어 불리어진 수유화의 무나리는 누가 지어 부른 노래가 아닌, 어느 한 사람의 손으로 된 것은 더구나 아닌, 여러 사람들에 의해 여러 곳에 흩어져 저마다 자기 심미대로 불려졌다.

무나리의 노래는 겨울채비에 부산한 둥지에서 숨을 돌리다가 그 뒤로는 고을 사람들의 입과 귀와 가슴에 모락모락 피어올랐다.

어허로다 어허로라
낭아낭아 향랑아
시집살이 전생의죄
소박맞고 쫓겨나도
머슴사랑 뿌리칠까
종살이 한만빚고

향랑아씨 못내잊어
아씨따라 물귀되랴
저리푸른 물만이
저전설 들려주나
수유화라 무나리랴
어허로라 어허로다.

시적이며 수필 같은 소설

　1930년대 발표된 단편소설 중에서 가장 뛰어난 소설이라고 정평이 나 있는, 「최후의 만찬」과도 같은 시적이며 수필적인 단편소설, 이효석의 「메밀꽃 필 무렵」을 아래에 싣는다.

　「메밀꽃 필 무렵」은 토속적 세계를 지향하려는 신비나 애수의 자연성이 꽃을 피운 원초적 세계, 청초하고 세련된 감각과 상상의 미학을 낳아 1930년 대 단편소설의 금자탑을 이룩했다는 찬사를 받는 것이 당연하게 받아들여지는 단편소설의 백미다.

　가장 뛰어난 소설이라고 하더라도 새삼 관심을 가지고 꼼꼼하게 읽어 보면, 지금과는 달리 어색한 부분, 미숙한 표현 등 매끄럽지 못한 문장이나 문맥이 더러 있음을 알게 될 것이다.

　「메밀꽃 필 무렵」을 그런 점에서 보다 관심을 가지고 주의 깊게 읽으면서 나라면 이런 경우 이렇게 표현하는 것이 보다 적확한 표현이 될 수 있을 텐데, 왜 그렇게 밖에 묘사하거나 표현하지 못했을까 하고 따져 읽는다면 창작을 하는데 보다 많은 도움이 될 수 있을 것이다.

메밀꽃 필 무렵

여름장이란 애시당초에 글러서, 해는 아직 중천에 있건만 장판은 벌써 쓸쓸하고 더운 햇발이 벌려 놓은 전 휘장 밑으로 등줄기를 훅훅 볶는다. 마을 사람들은 거지반 돌아간 뒤요, 팔리지 못한 나무꾼 패가 길거리에 궁싯거리고 있으나, 석유 병이나 받고 고기 마리나 사면 족할 이 축들을 바라고 언제까지든지 버티고 있을 법은 없다. 춥춥스럽게 날아드는 파리 떼도, 장난꾼 깍다귀들도 귀찮다.

얽음뱅이요, 왼손잡이인 드팀전의 허생원은 동업의 조선달에게 나꾸어 보았다.

"그만 거둘까?"

"잘 생각했네. 봉평 장에서 한번이나 흐뭇하게 사 본 일이 있을까. 내일 대화 장에서나 한 몫 벌어야겠네."

"오늘밤은 밤을 새서 걸어야 될 걸."

"달이 뜨렸다?"

절렁절렁 소리를 내며 조선달이 그 날 산돈을 따지는 것을 보고 허생원은 말뚝에서 넓은 휘장을 걷고 벌려 놓았던 물건을 거두기 시작하였다. 무명필과 주단 바리가 두 고리짝에 꼭 찼다. 멍석 위에는 천 조각이 어수선하게 남았다. 다른 축들도 벌써 거진 전들을 걷고 있었다. 바야흐로 떠나는 패도 있었다. 어물 장수도, 땜쟁이도, 엿장수도, 생강 장수도 꼴들이 보이지 않는다. 내일은 진부와 대화에 장이 선다. 축들은 그 어느 쪽으로든 밤을 새며 육칠십 리 밤길을 타박거리지 않으면 안 된다. 장판은 잔치 뒷마당같이 어수선하게 벌어지고 술집에서는 싸움이 터져 있었다. 주정꾼 욕지거리에 섞여 계집의 앙칼진 목소리가 찢어졌다. 장날 저녁은 정해 놓고 계집의 고함소리로 시작되는 것이다.

"생원, 시침을 떼두 다 아네. …… 충줏집 말야."

계집 목소리로 문득 생각난 듯이 조선달은 비죽이 웃는다.

"화중지병이지. 연소 패들을 적수로 하구야 대거리가 돼야 말이지."

"그렇지두 않을 걸. 축들이 사족을 못 쓰는 것두 사실은 사실이나, 아무리 그렇다군 해두 왜 그 동이 말일세. 감쪽같이 충줏집을 후린 눈치거든."

"무어 그 애숭이가? 물건 가지구 나꾸었나 부지. 착실한 녀석인 줄 알았더니."

"그 길만은 알 수 있나. ……궁리 말고 가보세나그려. 내 한 턱 씀세."

그다지 마음이 당기지 않는 것을 쫓아갔다. 허생원은 계집과는 연분이 멀었다. 얽음뱅이 상판을 쳐들고 데어들 숫기도 없었으나, 계집 편에서 정을 보낸 적도 없었고 쓸쓸하고 뒤틀린 반생이었다. 충줏집을 생각만 하여도 철없이 얼굴이 붉어지고 발밑이 떨리고 그 자리에 소스라쳐 버린다. 충줏집 문을 들어서 술좌석에서 짜장 동이를 만났을 때에는 어찌된 서슬엔지 발끈 화가 나 버렸다. 상 위에 붉은 얼굴을 쳐들고 제법 계집과 농탕치는 것을 보고서야 견딜 수 없었던 것이다. 녀석이 제법 난질꾼인데 꼴 사납다. 머리에 피도 안 마른 녀석이 낮부터 술 처먹고 계집과 농탕이야. 장돌뱅이 망신만 시키고 돌아다니누나. 그 앞에 우리들과 한몫 보자는 셈이지. 동이 앞에 막아서면서부터 책망이었다. 걱정두 팔자요 하는 듯이 빤히 쳐다보는 상기된 눈방울에 부딪힐 때, 결김에 따귀를 하나 갈겨 주지 않고는 배길 수 없었다. 동이도 화를 쓰고 팩하게 일어서기는 하였으나 허생원은 조금도 동색하는 법 없이 마음먹은 대로 다 지껄였다. ……어디서 주워 먹은 선머슴인지는 모르겠으나 네게도 아비 어미 있겠지. 그 사나운 꼴 보면 맛 좋겠다. 장사란 탐탁하게 해야 되지, 계집이 다 무어냐. 나가거라, 냉큼. 꼴 치워.

그러나 한 마디도 대거리하지 않고 하염없이 나가는 꼴을 보려니, 도리어 측은히 여겨졌다. 아직도 서름서름한 사인데 너무 과하지 않을까 하고 마음이 섬짓해 졌다. 주제도 넘지. 같은 술 손님이면서두 아무리 젊다고 자식 낳게 되는 것을 붙들고 치고 닦아세울 것은 무어야 원. 충줏집은 입술을 쫑긋 하고 술 붓는 솜씨도 거칠었으나, 젊은 애들한테는 그것이 약이 된다나, 하고 그 자리는 조선달이 얼버무려 넘겼다. 너 녀석한테 반했지? 애숭이를 빨면 죄 된다. 한참 법석을 친 후이다.

담도 생긴데다가 웬일인지 흠뻑 취해보고 싶은 생각도 있어서 허생원은 주는 술잔이면 거의 다 들이켰다. 거나해짐을 따라 계집 생각보다도 동이의 뒷일이 한결같이 궁금해졌다. 내 꼴에 계집을 가로채서는 어떡할 작정이었누 하고 어리석은 꼬락서니를 모질게 책망하는 마음도 한편에 있었다. 그러기 때문에 얼마나 지난 뒤인지 동이가 헐레벌떡거리며 황급히 부르러 왔을 때에는, 마시던 잔을 그 자리에 던지고 정신없이 허덕이며 충줏집을 뛰어 나간 것이었다.

"생원, 당나귀가 바를 끊구 야단이에요."

"깍다귀들 장난이지 필연코."

짐승도 짐승이려니와 동이의 마음씨가 가슴을 울렸다. 뒤를 따라 장판을 달음질하려니 개심츠레한 눈이 뜨거워질 것 같다.

"부락스런 녀석들이라 어찌는 수 있어야지요."

"나귀를 몹시 구는 녀석들은 그냥 두지는 않을 걸."

반평생을 같이 지내온 짐승이었다. 같은 주막에서 잠자고 같은 달빛에 젖으면서 장에서 장으로 걸어 다니는 동안에 이십 년의 세월이 사람과 짐승을 함께 늙게 하였다. 까슬어진 목뒤털은 주인의 머리털과도 같이 바스러지고 개진개진 젖은 눈은 주인의 눈과 같이 눈꼽을 흘렸다. 몽당비처럼 짧게 슬리운 꼬리는 파리를 쫓으려고 기껏 휘저어 보아야 벌써 다리까지는 닿지 않았다. 닳아 없어진 굽은 몇 번이나 도려내고 새 철을 신겼는지 모른다. 굽은 벌써 더 자라기는 틀렸고 닳아버린 철 사이로는 피가 빼젓이 흘렀다. 냄새만 맡고도 주인을 분간하였다. 호소하는 목소리로 야단스럽게 울며 반겨 한다.

어린 아이를 달래듯이 목덜미를 어루만져 주니 나귀는 코를 벌름거리고 입을 투르르 거렸다. 콧물이 튀었다. 허생원은 짐승 때문에 속도 무던히도 썩었다. 아이들의 장난이 심한 눈치여서, 땀 배인 몸둥아리가 부들부들 떨리고 좀체 흥분이 식지 않는 모양이었다.

굴레가 벗겨지고 안장도 떨어졌다. 요 몹쓸 자식들, 하고 허생원은 호령을 하였으나 패들은 벌써 줄행랑을 논 뒤요, 몇 남지 않은 아이들이 호령에 놀라 비슬비슬 멀어졌다.

"우리들 장난이 아니우. 암놈을 보고서 혼자 발광이지."

코홀리개 한 녀석이 멀리서 소리쳤다.

"고 녀석 말투가."

"김첨지 당나귀가 가 버리니까 온통 흙을 차고 거품을 흘리면서 미친 소같이 날뛰는 걸. 꼴이 우스워 우리는 보고만 있었다우. 배를 좀 보지."

아이는 앙돌아진 투로 소리를 치며 깔깔 웃었다. 허생원은 모르는 결에 낯이 뜨거워졌다. 뭇 시선을 막으려고 그는 짐승의 배 앞을 가리어 서지 않으면 안 되었다.

"늙은 주제에 암샘을 내는 셈야. 저놈의 짐승이."

아이의 웃음소리에 허생원은 주춤하면서 기어코 견딜 수 없어 채찍을 들더니 아이를 쫓았다.

"쫓으려거든 쫓아 보지. 왼손잡이가 사람을 때려."

줄달음에 달아나는 깍다귀에는 당하는 재주가 없었다. 왼손잡이는 아이 하나도 후릴 수 없다. 그만 채찍을 던졌다. 술기도 돌아 몸이 유난스럽게 화끈거렸다.

"그만 떠나세. 녀석들과 어울리다가는 한이 없어. 장판의 깍다귀들이란 어른보다도 무서운 것들인 걸."

조선달과 동이는 각각 제 나귀에 안장을 얹고 짐을 싣기 시작하였다.

해가 꽤 많이 기울어진 모양이었다.

드팀전 장돌림을 시작한 지 이십년이나 되어도 허생원은 봉평장을 빼놓은 적은 드물었다. 충주 제천 등의 이웃 군에도 가고, 멀리 영남지방도 헤매기는 하였으나, 강릉쯤에 물건하려 가는 외에는 처음부터 끝까지 군내를 돌아다녔다. 닷새만큼씩의 장날에는 달보다도 확실하게 면에서 면으로 건너다녔다. 고향이 청주라고 자랑삼아 말하였으나 고향에 돌보러 간 일도 있는 것 같지 않았다. 장에서 장으로 가는 길의 아름다운 강산이 그대로 그에게는 그리운 고향이었다.

반날 동안이나 뚜벅 뚜벅 걷고 장터 있는 마을에 거지반 가까웠을 때 지친 나귀가 한바탕 우렁차게 울면 ……더구나 그것이 저녁녘이어서 동물들이 어둠 속에 깜박거릴 무렵이면 늘 당하는 것이건만 허생원은 변치 않고 언제든지 가슴이 뛰놀았다.

젊은 시절에는 알뜰하게 벌어 돈푼이나 모아 본 적도 있기는 있었으나 읍내에 백중이 열린 해 호탕스럽게 놀고 투전을 하고 하여 사흘 동안에 다 털어버렸다. 나귀까지 팔게 된 판이었으나 애끓는 정분에 그것만은 이를 물고 단념하였다. 결국 도로 아미타불로 장돌림을 다시 시작할 수밖에 없었다. 짐승을 데리고 읍내로 도망해 나왔을 때에는 너를 팔지 않기 다행이었다고 길가에서 울면서 등을 어루만졌던 것이었다. 빚을 지기 시작하니 재산을 모을 염은 당초에 틀리고 간신히 입에 풀칠을 하려 장에서 장으로 돌아다니게 되었다. 호탕스럽게 놀았다고는 하여도 계집 하나 후려 보지는 못하였다. 계집이란 쌀쌀하고 매정한 것이었다. 평생 인연이 없는 것이라고 신세가 서글퍼졌다.

일신에 가까운 것이라고는 언제나 변함없는 한 필의 당나귀였다.

그렇다고는 하여도 꼭 한번의 첫 일을 잊을 수는 없었다. 뒤에도 처음에도 없는 단 한번의 괴이한 인연! 봉평에 다니기 시작한 젊은 시절의 일이었으나 그것을 생각한 것만은 그도 산 보람을 느꼈다.

"달밤이었으나 어떻게 해서 그렇게 됐는지 지금 생각해두 도무지 알 수 없어."

허생원은 오늘 밤도 또 그 이야기를 꺼집어내려는 것이었다. 조선달은 친구가 된 이래 귀에 못이 박히도록 들어왔다.

그렇다고 실증을 낼 수도 없었으나, 허생원은 시침을 떼고 되풀이할 때로 되풀이하고야 말았다.

"달밤에는 그런 이야기가 격에 맞거든."

조선달 편을 바라는 보았으나 물론 미안해서가 아니었다.

달빛에 감동하여서였다. 이지러는 졌으나 보름을 가장 지난 달은 부드러운 빛을 흐뭇이 흘리고 있다.

대화까지는 팔십 리의 밤길 고개를 둘이나 넘고 개울을 하나 건너고 벌판과 산길을 걸어야 된다. 길은 지금 긴 산허리에 걸려 있다. 밤중을 지난 무렵인지 죽은 듯이 고요한 속에서 짐승 같은 달의 숨소리가 손에 잡힐 듯이 들리며 콩 포기와 옥수수 잎새가 한층 달빛에 푸르게 젖었다.

산허리는 온통 메밀밭이어서 피기 시작한 꽃이 소금을 뿌린 듯이 흐뭇한 달빛에 숨이 막힐 지경이다. 붉은 대궁이 향기 같이 애잔하고 나귀들의 걸음도 시원하다.

길이 좁은 까닭에 세 사람은 나귀를 타고 외줄로 늘어섰다. 방울소리가 시원스럽게 딸랑딸랑 메밀밭께로 흘러간다. 앞장 선 허생원의 이야기 소리는 꽁무니에 선 동이에게는 정확히는 안 들렸으나 그는 그대로 개운한 제 멋에 적적하지는 않았다.

"장선, 꼭 이런 날 밤이었네. 객주집 토방이란 무더워서 잠이 들어야지. 밤중은 돼서 혼자 일어나 개울가에 목욕하러 나갔지. 봉평은 지금이나 그제나 마찬가지지. 보이는 곳마다 메밀밭이어서 개울가나 어디 없이 하얀 꽃이야. 돌밭에 벗어도 좋을 것을 달이 너무도 밝은 까닭에 옷을 벗으러 물방앗간으로 들어가지 않았나. 이상한 일도 많지. 거기서 난데없는 성서방네 처녀와 마주 쳤단 말이네. 봉평서야 제일가는 일색이었지. ……팔자에 있었나 부지."

아무렴 하고 응답하면서 말머리를 아끼는 듯이 한참이나 담배를 빨 뿐이었다. 구수한 자줏빛 연기가 밤기운 속에 흘러서는 녹았다.

"날 기다린 것은 아니었으나 그렇다고 달리 기다리는 놈팽이가 있는 것두 아니었네. 처녀는 울고 있단 말야. 짐작은 대고 있으나 성서방네는 한창 어려워서 들고 날 판인 때였지. 한 집안 일이니 딸에겐들 걱정이 없을 리 있겠나? 좋은 데만 있으면 시집도 보내련만 시집은 죽어도 싫다지. -그러나 처녀란 울 때같이 정을 끄는 때가 있을까. 처음에는 놀라기도 한 눈치였으나 걱정 있을 때는 누그러지기도 쉬운 듯해서 이럭저럭 이야기가 되었네. -생각하면 무섭고도 기막힌 밤이었어."

"제천으로 줄행랑을 놓은 건 그 다음 날이렸다."

"다음 장도막에는 벌써 온 집안이 사라진 뒤였네. 장판은 소문에 발끈 뒤집혀 고작해야 술집에 팔려 가기가 상수라고 처녀의 뒷공론이 자자들 하단 말이야. 제천 장판을 몇 번이나 뒤졌겠나. 허나 처녀의 꼴은 꿩 궈 먹은 자리야. 첫날밤이 마지막 밤이었지. 그때부터 봉평이 마음에 든 것이 반평생인들 잊을 수 있겠나."

"수 좋았지. 그렇게 신통한 일이란 쉽지 않어. 항용 못난 것 얻어 새끼 낳고 걱정 늘고 생각만 해두 진저리나지. -그러나 늘그막바지까지 장돌뱅이로 지내기도 힘 드는 노릇 아닌가? 난 가을까지만 하구 이 생계와두 하직하려네. 대화쯤에 조그만 전방이나 하나 빌리구 식구들을 부르겠어. 사시장천 뚜벅뚜벅 걷기란 여간이래야지."

"옛 처녀나 만나면 같이 살까. 난 꺼꾸러질 때까지 이 길 걷고 저 달 볼 테야."

산길을 벗어나니 큰 길로 틔어졌다. 꽁무니의 동이도 앞으로 나서 나귀들은 가로 늘어섰다.

"총각두 젊겠다. 지금이 한창시절이렷다. 충줏집에서는 그만 실수를 해서 그 꼴이 되었으나 설게 생각 말게."

"처, 천만에요. 되레 부끄러워요. 계집이란 지금 웬 제 격인가요. 자나 깨나 어머니 생각뿐인데요."

허생원의 이야기로 실심한 끝이라 동이의 어조는 한풀 수그러진 것이었다.

"아비 어미란 말에 가슴이 터지는 것도 같았으나 제겐 아버지가 없어요. 피붙이라고는 어머니 하나뿐인 걸요."

"돌아가셨나?"

"당초부터 없었어요."

"그런 법이 세상에……"

생원과 선달이 야단스럽게 껄껄들 웃으니, 동이는 정색하고 우길 수밖에 없었다.

"부끄러워서 말하지 않으랴 했으나 정말이에요. 제천 촌에서 달도 차지 않은 아이를 낳고 어머니는 집을 쫓겨났죠. 우스운 이야기나, 그러기 때문에 지금까지 아버지 얼굴도 본 적 없고, 있는 고장도 모르고 지내와요."

고개가 앞에 놓인 까닭에 세 사람은 나귀를 내렸다. 둔덕은 험하고 입을 벌리기도 대견하여 이야기는 한 동안 끊겼다. 나귀는 건듯하면 미끄러졌다. 허생원은 숨이 차 몇 번이고 다리를 쉬지 않으면 안 되었다. 고개를 넘을 때마다 나이가 알렸다. 동이 같은 젊은 축이 그지없이 부러웠다. 땀이 등을 한바탕 씻어 내렸다.

고개 너머는 바로 개울이었다. 장마에 흘러 버린 널다리가 아직도 걸리지 않은 채로 있는 까닭에 벗고 건너야 되었다. 고의를 벗어 띠로 등에 얽어매고 반 벌거숭이의 우스광스런 꼴로 물속에 뛰어들었다. 금방 땀을 흘린 뒤였으나 밤 물은 뼈를 찔렀다.

"그래 대체 기르긴 누가 기르구?"

"어머니는 하는 수 없이 의부를 얻어 술장사를 시작했죠. 술이 고주래서 의부라고 전 망나니예요. 철들어서 맞기 시작한 것이 하룬들 편한 날 있었을까. 어머니는 말리다가 채이고 맞고 칼부림을 당하고 하니 집꼴이 무어겠소. 열여덟 살 때 집을 뛰쳐나서부터 이 짓이요."

"총각 낫세론 동이 무던하다고 생각했더니 듣고 보니 딱한 신세로군."

물은 깊어 허리까지 찼다. 속 물살도 어지간히 센데다가 발에 채이는 돌멩이도 미끄러워 금새 훌칠 듯하였다. 나귀와 조선달은 재빨리 거의 건넜으나 동이는 허생원을 붙드느라고 두 사람은 훨씬 떨어졌다.

"모친의 친정은 원래부터 제천이었던가?"

"웬 걸요. 시원스리 말은 안해 주나 봉평이라는 것만은 들었죠."

"봉평, 그래 그 아비 성은 무엇이구?"

"알 수 있나요. 도무지 묻지를 못했으니까."

"그, 그렇겠지."

하고 중얼거리며 흐려지는 눈을 까물까물 하다가 허생원은 경망하게도 발을 빗디디었다. 앞으로 고꾸라지기가 바쁘게 몸째 풍덩 빠져 버렸다. 허위적거릴수록 몸을 건잡을 수 없어 동이가 소리를 치며 가까이 왔을 때는 벌써 퍽이나 흘렀었다. 옷째 쫄닥 젖으니 물에 젖은 개보다도 참혹한 꼴이었다. 동이는 물속에서 어른을 해깝게 업을 수 있었다. 젖었다고는 하여도 여윈 몸이라 장정 등에는 오히려 가벼웠다.

"이렇게까지 해서 안됐네. 내 오늘은 정신이 빠진 모양이야."

"염려하실 것 없어요."

"그래 모친은 아비를 찾지는 않는 눈치지?"

"늘 한번 만나고 싶다고는 하는데요."

"지금 어디 계신가?"

"의부와도 갈라져 제천에 있죠. 가을에는 봉평에 모셔 오려고 생각 중인데요. 이를 물고 벌면 이럭저럭 살아 갈 수 있겠죠."

"아무렴 기특한 생각이야. 가을이랬다?"

동이의 탐탐한 등허리가 뼈에 사무쳐 따뜻하다. 물을 다 건넜을 때에는 도리어 서글픈 생각에 좀 더 업혔으면 하였다.

"진종일 실수만 하니 웬 일이요, 생원?"

조선달은 바라보며 기어코 웃음이 터졌다.

"나귀야. 나귀 생각하다 실족을 했어. 말 안했던가. 저 꼴에 제법 새끼를 얻었단 말이지. 읍내 강릉집 피마에게 말일세. 귀를 쫑끗 세우고 달랑달랑 뛰는 것이 나귀 새끼 같이 귀여운 것이 있을까. 그것 보러 나는 일부러 읍내를 도는 때가 있다네."

"사람을 물에 빠치울 젠 따는 대단한 나귀 새끼군."

허생원은 젖은 옷을 웬만큼 짜서 입었다. 이가 덜덜 갈리고 가슴이 떨리며 몹시도 추웠으나 마음은 알 수 없이 둥실둥실 가벼웠다.

"주막까지 부지런히들 가세나. 뜰에 불을 피우고 훗훗이 쉬어. 나귀에겐 더운 물을 끓여주고. 내일 대화 장 보고는 제천이다."

"생원도 제천으로……?"

"오래간만에 가보고 싶어. 동행하려나, 동이?"

나귀가 걷기 시작하였을 때, 동이의 채찍은 왼 손에 있었다. 오랫동안

아둑신이 같이 눈이 어둡던 허생원도 요번만은 동이의 왼손잡이가 눈에 띄지 않을 수 없었다.

  걸음도 해깝고 방울소리가 밤 벌판에 한층 청청하게 울렸다. 달이 어지간히 기울어졌다.

―이효석

극적 반전의 소설

영화 「벤허」의 한 장면을 소개한다.

로마 전함의 사령관인 아리우스가 전선을 둘러보다가 노 젓는 노예의 강렬한 눈빛과 마주친다.

아리우스는 그 노예를 보고 "이곳에 온 지 얼마인가?"하고 묻는다.

벤허는 아리우스를 똑 바로 쳐다보며 "이곳에 온 지 하루가 지나면 만한 달, 노 젓기는 3년이 지났습니다."고 단호하게 말한다.

전투가 시작되자 이를 명심하고 있던 사령관은 그 노예의 쇠사슬을 풀어주라고 명령한다. 치열한 해전 중에 사령관은 적과 싸우다가 바다에 빠져 죽음의 위기에 놓인다. 때마침 쇠사슬에서 풀려난 벤허는 바다에 빠져 허우적대는 사령관을 죽음 직전에 구출한다.

마침내 해전은 로마의 대승리로 끝나고 개선한 아리우스는 유다 벤허를 양자로 삼으면서 밴허의 인생은 반전된다.

단편소설도 이 벤허의 일생과 마찬가지다.

벤허의 강렬한 눈빛이 아리우스 사령관에게 강한 인상을 심어주었듯이 소설도 강렬한 그 뭔가를 숨겨둬야 독자에게 보다 어필할 수 있다.

다음 단편소설은 한국전쟁을 배경으로 한 소설이다.

그것도 배경을 38선 부근으로 설정해서 전쟁의 비극을 풋풋한 우정으로 그려낸 매우 감동적인 소설이다.

학

 삼팔 접경의 이 북쪽 마을은 드높이 개인 가을 하늘 아래 한껏 고즈넉했다. 주인 없는 집 봉당에 휜 박통만이 휜 박통을 의지하고 굴러 있었다. 어쩌다 만나는 늙은이는 담뱃대부터 뒤로 돌렸다. 아이들은 또 아이들대로 멀찌감치서 미리 길을 비켰다. 모두 겁에 질린 얼굴들이다.
 동네 전체로는 이번 동란에 깨어진 자국이라곤 별로 없었다. 그러나 어쩐지 자기가 어려서 자란 옛 마을은 아닌 성 싶었다.
 뒷산 밤나무 기슭에서 성삼이는 발걸음을 멈추었다. 거기 한 나무에 기어올랐다. 귓속 멀리서, 요놈의 자식들이 또 남의 밤나무에 올라가는구나 하는 혹뿌리 할아버지의 고함 소리가 들려 왔다.
 그 혹뿌리 할아버지도 그새 세상을 떠났는가. 몇 사람 만난 동네 늙은이 가운데 뵈지 않았다.
 성삼이는 밤나무를 안은 채 잠시 푸른 가을 하늘을 쳐다보았다.
 흔들리지도 않은 밤나무 가지에서 남은 밤송이가 저 혼자 아람이 벙글어 떨어져 내렸다.

 임시 치안대 사무소로 쓰고 있는 집 앞에 이르니 웬 낯선 청년 하나이 포승에 꽁꽁 묶이어 있다. 이 마을에서 처음 보다시피 하는 젊은이라, 가까이 가 얼굴을 들여다보았다. 깜짝 놀랐다.
 바로 어릴 적 단짝 동무였던 덕재가 아니냐?
 천태에서 같이 온 치안 대원에게 어찌된 일이냐고 물었다.
 농민동맹부위원장을 지낸 놈인데, 지금 자기 집에 잠복해 있는 걸 붙들어 왔다는 것이다.
 성삼이는 거기 봉당 위에 앉아 담배를 피워 물었다. 덕재를 청단까지

호송하기로 되었다. 치안 대원 청년 하나가 데리고 가기로 했다.

성삼이가 다 탄 담배꽁초에서 새로 담배 불을 당겨 가지고 일어섰다.

"이 자식은 내가 데리구 가지요."

덕재는 한결같이 외면한 채 성삼이 쪽을 보려고도 하지 않았다.

동구 밖을 벗어났다.

성삼이는 연거푸 담배만 피웠다. 담배 맛을 몰랐다. 그저 연기만 기껏 빨았다, 내뿜곤 했다. 어려서 어른들 몰래 담 모퉁이에서 호박 잎 담배를 나눠 피우던 생각이 났다.

그러나 오늘 이깐놈에게 담배를 권하다니 될 말이냐?

한번은 어려서 덕재와 같이 혹뿌리 할아버지네 밤을 훔치러 간 일이 있었다. 성삼이가 나무에 올라갈 차례였다. 별안간 혹뿌리 할아버지의 고함 소리가 들려왔다. 나무에서 미끄러져 떨어졌다. 엉덩이에 밤송이가 찔렸다. 그러나 그냥 달렸다. 혹뿌리 할아버지가 못 따라올 만큼 멀리 가서야 덕재에게 엉덩이를 돌려댔다. 밤 가시 빼 내는 게 더 따끔거리고 아팠다. 절로 눈물이 찔끔거려졌다. 덕재가 불쑥 자기 밤을 한 줌 꺼내어 성삼이 호주머니에 넣어 주었다…

성삼이는 새로 불을 당겨 문 담배를 집어던졌다. 그리고는 이 덕재 자식을 데리고 가는 동안 다시 담배는 붙여 물지 않으리라 마음먹는다.

고갯길에 다달았다. 이 고개는 해방 전전 해 성삼이가 삼팔이남 천태 부근으로 이사 가기까지 덕재와 더불어 늘상 골 베러 넘나들던 고개다.

성삼이는 와락 저도 화가 치밀어 고함을 질렀다.

"이 자식아, 그 동안 사람을 몇이나 죽였냐?"

그제야 덕재가 힐끗 이쪽을 쳐다보더니 다시 고개를 거둔다.

"이 자식아, 사람 몇이나 죽였어?"

덕재가 고개를 다시 이리로 돌린다. 그리고는 성삼이를 쏘아본다. 그

눈이 점점 빛을 더해 가며, 제법 수염발 잡힌 입 언저리가 실룩거리더니,
"그래 너는 사람을 그렇게 죽여 봤니?"
"이 자식이!"
그러면서도 성삼이의 가슴 한복판이 환해짐을 느꼈다. 막혔던 무엇이 풀려 내리는 것만 같은, 그러나
"농민동맹부위원장쯤 지낸 놈이 왜 피하지 않구 있었어? 필시 무슨 사명을 띠구 잠복해 있는 거지?"
덕재는 말이 없다
"바른 대로 말해라. 무슨 사명을 띠구 숨어 있었냐?"
그냥 덕재는 잠잠히 걷기만 한다.
역시 이 자식 속이 꿀리는 모양이구나. 이런 때 한번 낯짝을 봤으면 좋겠는데 외면한 채 다시는 고개를 돌리지 않는다.
성삼이는 허리에 찬 권총을 잡으며,
"변명은 소용없다. 영락없이 넌 총살이니까, 그저 여기서 바른 대루 말이나 해 봐라."
덕재는 그냥 외면한 채
"변명은 하려구두 않는다. 내가 제일 빈농의 자식인데다 빈농군이라고 해서 농민동맹부위원장 됐던 게 죽을 죄라면 하는 수 없는 거구, 나는 예나 이제나 땅 파먹는 재주밖에 없는 사람이다……"
그리고 잠시 사이를 두어
"지금 집에 아버지가 앓아누웠다. 벌써 한 반년 된다."
덕재 아버지는 홀아비로 덕재 하나만 데리고 늙어 오는 빈농군이었다. 연전에 벌써 허리가 굽고 검버섯이 돋던 얼굴이었다.
"장간 안 들었냐?"
잠시 후에

"들었다."

"누와?"

"꼬맹이와."

아니, 꼬맹이와? 거 재주 있다. 하늘 높은 줄은 모르고 땅 넓은 줄만 알아, 키는 작고 뚱뚱하기만 한 꼬맹이, 무던히 새침더기였다. 그것이 얄미워서 덕재와 자기는 번번이 놀려서 울려 주곤 했다. 그 꼬맹이한테 덕재가 장가를 들었다는 것이다.

"그래 애는 몇이나 되나?"

"이 가을에 첫 애를 낳는대나."

성삼이는 그만 저도 모르게 터져 나오려는 웃음을 겨우 참았다. 제 입으로 얘가 몇이나 되느냐 묻고서도 이 가을에 첫 애를 낳게 됐다는 말을 듣고는 우스워 못 견디겠다는 것이다. 그러지 않아도 작은 몸에 큰 배를 한 아름 안고 있을 꼬맹이, 그러나 이런 때 그런 일로 웃거나 농담을 할 처지가 아니라는 걸 깨달으며,

"하여튼 피하지 않구 남아 있는 건 수상하지 않아?"

"나두 피하려구 했었어. 이번에 이남서 쳐들어오면 사내란 사낸 모조리 잡아 죽인다구, 열일곱에서 마흔 살까지의 남자는 강제루 북으로 이동하게 됐어. 할 수 없이 나두 아버질 업구라도 피난 갈까 했지. 그랬더니 아버지가 안된다는 거야. 농삿군이 다 지어 놓은 농살 내버려 두구 가긴 어딜 간단 말이냐구. 그래 나만 믿구 농사일로 늙으신 아버지의 마지막 눈이나마 내 손으로 감겨 드려야겠구, 사실 우리같이 땅이나 파먹는 것이 피난 갔댔자 별 수 있는 것두 아니구…"

지난 유월 달에는 성삼이 편에서 피난을 갔었다. 밤에 몰래 아버지 더러 피난 간 이야기를 했다. 그때 성삼이 아버지도 같은 말을 했다. 농삿군이 농사일을 늘어놓구 어디로 피난 간단 말이냐. 성삼이 혼자서 피난을

갔다. 남쪽 어느 낯 설은 거리와 촌락을 헤매 다니면서 언제나 머리에서 떠나지 않는 건 늙은 부모와 어린 처자에게 맡기고 나온 농사일이었다. 다행히 그 때나 이제나 자기네 식구들은 몸 성히들 있다.

고갯마루를 넘었다. 어느 새 이번에는 성삼이 편에서 외면을 하고 걷고 있었다. 가을 햇볕이 자꾸 이마에 따가왔다. 참 오늘 같은 날은 타작하기에 꼭 알맞은 날씨라고 생각했다.

고개를 다 내려온 곳에서 성삼이는 문득 발걸음을 멈추었다.

저 쪽 벌 한가운데 흰 옷을 입은 사람들이 허리를 굽히고 섰는 것 같은 것은 틀림없는 학떼였다. 소위 삼팔선 완충지대가 되었던 이곳, 사람이 살고 있지 않은 그 동안에도 학들만은 전대로 살고 있는 것이었다. 지난 날 성삼이와 덕재가 아직 열 두어 살쯤 났을 때 일이었다. 새끼로 날개까지 얽어매 놓고는 매일 같이 둘이서 나와서는 학의 목을 쓸어안고는 등에 올라탔다. 야단을 했다.

그러한 어느 날이었다. 동네 어른들이 소곤거리는 소리가 들렸다. 서울서 누가 학을 쏘러 왔다는 것이다. 무슨 표본인가를 만들기 위해서 총독부의 허가까지 맡아 가지고 왔다는 것이다.

그 길로 둘이는 벌로 내달렸다. 이제는 어른들한테 들켜 꾸지람 듣는 것 같은 건 문제가 아니었다. 그저 자기네의 학이 죽는다는 생각뿐이었다. 숨 태울 겨를도 없이 잡풀 사이를 기어 학 발목의 올가미를 풀고 날개의 새끼를 끌렀다. 그런데 학은 잘 걷지도 못하는 것이다.

그 동안 얽매어 시달린 탓이리라.

둘이서 학을 마주 안아 공중에 던졌다. 별안간 총소리가 들렸다. 학이 두서너 번 날개 짓을 하다가 그대로 내려왔다. 맞았구나, 그러나 다음 순간 바로 옆 풀숲에서 펄럭 단정학 한 마리가 날개를 펴자, 땅에 내려앉았던 자기네 학도 긴 목을 뽑아 한번 울음을 울더니 그대로 공중에 날아올라, 두 소년의 머리 위에 둥그러미를 그리며 저쪽 멀리로 날아가 버리는 것이었다. 두 소년은 언제까지나 자기네 학이 사라진 푸른 하늘에서 눈을 뗄 줄 몰랐다.

'얘, 우리 학 사냥이나 한번 하고 가자.'
성삼이가 이런 말을 했다.
덕재는 무슨 영문인지 몰라 어리둥절하고 있는데
"내 이걸로 올개미를 만들어 놀께 넌 학을 몰아 오너라."
포승줄을 풀어 쥐더니 어느 새 성삼이는 잡풀 새로 기는 걸음을 쳤다.
대번 덕재의 얼굴에서 핏기가 걷혔다. 좀 전에, 너는 총살감이라던 말이 퍼뜩 머리를 스치고 지나갔다.
이제 성삼이가 기어가는 쪽 어디서 총알이 날아오리라.
저만큼서 성삼이가 홱 고개를 돌렸다.
"어이, 왜 맹추같이 게 섰는 게야? 어서 학이나 몰아 오너라."
그제야 덕재도 무엇을 깨달은 듯 잡풀 새를 기기 시작했다.
때마침 단정학 두세 마리가 높푸른 가을 하늘에 큰 날개를 펴고 유유히 날고 있었다.

—황순원

4부
선인들의 멋과 맛

해동 육룡이

최고운전

진이의 삶과 문학

여성예찬

김시습의 생애와 문학

민담은 재치 있게

이삭은 주어야 보배

해동 육룡이

중국 5천년 역사는 끊임없는 통합과 분열의 역사라고 정의를 내릴 수 있다. 5천년 역사 중에서 단지 70년의 평화만 유지했다.

청의 강희에서 건륭 왕조 사이뿐이다.

분열 시에는 혁명이 초래했다. 혁명이 발발하면 지위가 높고 재력가며 명예를 가진 자부터 제거되었다.

인간학을 복상과 흉상으로 분류하기도 한다.

오나라 부차는 아버지의 원수를 갚기 위해 와신(臥薪)했으며 범려는 월의 구천을 도와 상담(嘗膽)케 해서 오나라를 멸망시키고 월을 부흥시키자 다른 나라로 도망을 쳐 목숨을 부지했다.

이것이 와신상담(臥薪嘗膽)이다.

소하는 조참과 견원지간인데도 국가를 위해 더 이상의 인물이 없다고 생각해서 그를 유방에게 천거했다.

소하는 진퇴출처가 분명했다. 이를 수기치인(修己治人)이라 한다.

한신은 유방을 도와 천하통일에 크게 이바지했으나 만년에는 역적으로 몰려 죽임을 당했다.

이런 역사의 이면을 들여다보면 개국공신은 공을 과시하고 기득권을 유지하려다 끝내 제거 당하기 일쑤였던 것이다.

세종이 정음을 창제하고 맨 먼저 시도한 것이 실용성을 검토하는 프로젝트였는데 그 의도는 어디에 있었을까?

여기에 대한 답은 학자나 시각에 따라 달라질 수도 있다.

여기서는 배려를 전제로 했기 때문에 필자로서는 그 해답을 자연 이런 범주 안에서 풀어나갈 수밖에 없다.

우리 민족 5천년 역사에 있어 위대한 왕이 여럿 있을 수 있으나 가장 위대한 왕으로 추앙받는 왕으로는 세종임에 이의가 있을 수 없겠다.

세종은 1397년 5월에 태어나 1450년 3월에 승하했으며 1418에서 1450까지 제위에 있은 조선조 제4대 왕이다.

세종은 정안군 이방원과 부인 민 씨의 셋째 아들로 태어났다.

첫째 왕자 이제(李禔)가 세자에서 폐위되면서 세자로 책봉되었고 부왕 태종의 선위로 즉위했다. 세종은 재위 동안, 과학·경제·국방·예술·문화 등 찬란한 업적을 많이 남겨 위대한 성군으로 존경받는 인물이 되었다. 그 중에서도 최대의 업적은 1443년, 과학적이며 실용적인 문자인 훈민정음을 창제한 데 있다. 훈민정음이야말로 세계에서 가장 과학적이며 실용적인 문자라는 데 이의가 있을 수 없다. 그런데 당시로서는 세종이 훈민정음을 창제하는 데는 경이적인 용단이 필요했다. 당시 문자 창제는 중국과의 직접적인 외교마찰을 야기할 수도 있는 민감한 사안이다.

우리가 북한의 핵 위협에 맞서 핵을 개발하려 한다면 당연히 미국과의 마찰은 불가피함과 같은 맥락이라고 보면 이해가 될 것이다.

정음 창제에 있어 최만리 등은 문자를 만드는 자체를 반대한 것이 아니라 중국과의 외교적 마찰을 우려했기 때문이었으며 중국과 다른 문자를 만드는 것은 사대외교에 어긋나는 것일 뿐 아니라 스스로 오랑캐가 되는 것이라고 극구 반대했던 것은 아는 사람은 다 알고 있다.

그런데도 세종이 그 모든 반대를 지존에 대한 불경으로 물리쳤고 더욱이 중국과의 외교마찰까지도 일단 어의로 물리치면서까지 훈민정음(訓民正音)을 창제하려고 한 속뜻은 어디에 있었을까? 물론 예의인 '세종어제 훈민정음'에 그 뜻이 나타나 있긴 하지만.

예의는 겉으로 드러난 의도에 지나지 않는다. 그렇다면 진정한 의미의 의도는 다른 데 두지 않았을까? 정음을 창제한 뒤, 반포하기 전에 문자로서 기능을 발휘할 수 있는지 없는지, 이를 시험하기 위해 집현전 학자들에게 그런 글의 전범을 짓게 한 데서 짐작할 수는 있다.

세종이 즉위하기까지 우여곡절도 많았다.

할아버지 이성계가 역성(易姓)을 일으켜 500년 고려왕조를 무너뜨리고 이씨 왕조를 세운 것<化家爲國>은 그렇다 치더라도 뒤를 이어 아버지 정안군 방원이 2차에 걸쳐 왕자의 난을 주도해서 스스로 왕위에 올랐으니, 이는 어떤 이유로도 민초들에게는 정당화될 수 없었다.

이성계는 한 씨 소생 여섯 왕자와 계비 강 씨 소생으로 방번과 방석을 뒀는데 방석을 1938년 8월, 세자로 책봉했다. 이에 한 씨 소생들, 특히 정몽주를 제거했고 공양왕을 폐위시켜 개국의 공이 많은 방원의 불만은 대단했다. 게다가 삼봉 정도전(鄭道傳) 등은 왕실의 힘을 약화시키기 위해 계획적으로 사병 혁파를 서둘렀다. 이에 불안을 느낀 방원은 하륜 등의 도움을 받아 정도전 남은 등과 세자 방석 형제를 무참히 살육하기에 이른다. 이것이 바로 1차 왕자의 난이다.

하륜 등이 방원을 세자로 책봉하려고 했다. 방원은 이를 사양하면서 사태의 추이를 관망하다가 방과를 세자로 세워 즉위시키니 이 분이 정종이다. 정종은 소생이 없어 세자 책봉에 미묘한 갈등이 발생했다. 박포 등이 방간을 충동질해서 방원과 대립했다. 방원은 수의 우세를 틈타 박포와 방간을 제거한다. 이것이 2차 왕자의 난이다.

드디어 1400년 방원은 정종으로부터 왕위를 선양받아 왕위에 오르니

이가 곧 3대 태종이다.

고려 500년의 국시였던 불교를 폐지하고 유교를 국시로 역성혁명을 한 지 얼마 되지도 않았는데 태종이 유교의 덕목인 장자 세습의 정통성을 스스로 부정한 데다 골육상쟁의 난을 두 번이나 일으켰으니 민심이 어떻게 돌아가고 있는지 세종은 너무나 잘 알고 있었을 것이다.

조선조는 고려의 폐단보다도 훨씬 못한 수제비 나라라고 고려 유민들은 여겼을 것이 분명하지 않은가.

민심은 이씨 왕조를 이탈했음을 누구보다도 영특한 세종 자신이 더 잘 알고 있었을 것이다. 그리고 세종 자신마저도 우여곡절 끝에 장자가 아닌 셋째가 세자가 되고 왕이 되었으며 4년간 방원의 섭정을 받는 동안 장인과 처남들에게 사약을 내려 죽이기도 했으니 그로서는 아킬레스 건, 그도 아니면 컴프렉스가 되었을 것이다.

이를 수습할 책무를 느낀 세종은 그 영특한 두뇌로 생각해낸 것이 문자 창제에 복안을 둔 것은 아니었을까? 또한 기존의 문자인 한자는 생업에 바쁜 백성들이 쉽게 익혀 쓸 수 있는 문자가 아니기 때문에 누구나 쉽게 익혀 쓸 수 있는 문자를 생각해 낸 것은 아니었을까?

훈민정음이야말로 곧 세종이 우리말 표기에 알맞도록 몸소 지은 고유하고도 독특한 문자다. 실로 세종의 정음 창제는 기형적인 민족문화를 본격적으로 궤도에 올려놓았으며 국문학도 비로소 정상적인 발달을 하게 되는 계기를 마련하게 되었던 것이다.

정음을 창제한 연대는 세종 25년 음력 12월(1443)이다.

그리고 이를 반포한 해는 3년 후인 세종 28년 음력 9월 상한(1446)이니 지금으로부터 약 560여 년 전의 일이다.

정음 창제는 세종의 영명(英明)이 아니면 불가능했다.

정음을 창제한 동기 내지 목적은 세종이 몸소 창제한 '세종어제훈민정음(世宗御製訓民正音)'의 취지를 예의에 분명히 밝혀 놓았다.

곧 우리나라 말은 중국의 그것과 달라 한문을 모르는 무지한 백성들로 하여금 생각한 것을 표현할 수 있는 길을 열어 주기 위해 창제한 것이 주된 목적이라고 했다.

유구한 역사와 특이한 부착어(附着語)를 사용한 우리 민족은 고대부터 고유문자를 가져보지 못한 탓으로 우리말을 어떻게 해서라도 문자화시켜 보려고 노력했을 것이다. 그러다가 표음문자(表音文字)를 희구하던 염원이 직접 또는 간접적으로 원동력이 되어 표음문자인 정음을 창제하는데 직접적인 계기가 되었을 것이며, 그러한 노력의 결정이 세종에 이르러 이루어졌다고 볼 수 있다.

정음은 세계 문자 발달사상 가장 과학적인 체계에 의해 만들어졌다. 세계에서 가장 과학적인 문자란 근거는 바로 자음체계를 두고 한 말이며, 그것은 현대 음성학의 이론에 적용시켜 봐도 한 치의 오차도 없다는 데 있을 것이다. 왜냐하면 발성기관을 본 따 만들었기 때문이다.

그런데 모음체계는 천·지·인을 상형해서 이를 상하좌우로 운용했기 때문에 과학적이라고 하긴 어폐가 있다.

비록 중국의 음운체계- 명의 『홍무정운(洪武正韻)』-를 본받기는 했으나 초성인 자음은 발성기관의 발음 모양을 본 따 17자를 만들었다.

중성인 모음은 천(天), 지(地), 인(人)의 삼재(三才)를 형상화한 상형문자를 기본자형으로 해서 철학의 태극 원리에 맞춰 양성과 음성을 각각 다섯 자씩, 여기에 중성 한 자를 합쳐 11자를 만들었다.

그렇게 만들어진 정음의 자모체계는 다음과 같다.

● 자음(초성)

아음: ㄱ, ㅋ, ㆁ
설음: ㄴ, ㄷ, ㅌ
반설음: ㄹ
순음: ㅁ, ㅂ, ㅍ
치음: ㅅ, ㅈ, ㅊ
반치음: ㅿ
후음: ㅇ, ㆆ, ㅎ

● 모음(중성)

천(양성): ㆍ, ㅏ, ㅑ, ㅗ, ㅛ
지(음성): ㅡ, ㅓ, ㅕ, ㅜ, ㅠ
인(중성): ㅣ

이상 28자의 자모는 순수한 단음문자다.

'범자필합이성음(凡字必合而成音)'이라는 중국의 음운 원리인 음절문자의 운용법을 본받았기 때문에 용자례는 반드시 자음인 초성과 모음인 중성이 결합되어야 소리가 난다. 그리고 받침인 종성은 따로 만들지 아니하고 '종성부용초성(終聲復用初聲)'의 원칙에 따라 초성인 자음을 부연해 사용함으로써 자모의 수를 최대한 줄였던 것이다.

세종은 그 어떤 반대에도 불구하고 이를 모두 불경으로 물리치고 어렵게 만든 정음을 두고 겉으로는 글자로서 제 기능을 발휘할 수 있는지 없는지를 시험하기 위해 집현전 학자들에게 글을 지으라고 했다.

그러나 실은 세종으로서는 이씨 왕조의 화가위국의 정당성을 민심이 떠나간 백성들에게 주입시키기 위해 집현전 학자들로 하여금 『용비어천가』를 짓게 했던 것은 아니었을까?

필자는 아쉬움 하나를 떨쳐 버릴 수 없다.

세종은 정인지·안지·권제 등에게 지시해 어렵게 어제한 정음을 사용해 최초의 글을 짓게 했듯이 과거의 덕목에 넣어 정음으로 지은 글을 장원으로 삼거나 급제를 시켰다면 조선조 사회는 한문보다 정음이 일반화되어 세계 문화의 첨단을 달렸을 것이 분명하다.

그런데 온갖 반대를 불경으로 물리치며 만들어놓기만 하고 과거 덕목에 넣어 시행하라고 강력한 어명을 내리지 않았는지 생각할수록 세종의 영명이 안타깝기 그지없다고 하겠다.

세종의 명을 받은 정인지·안지·권제 등이 어의(御義)를 최대한 배려해서 지은 글의 타이틀을 『용비어천가(龍飛御天歌)』로 결정했다.

세종은 이를 읽고 성삼문·박팽년·이개·하위지 등에게 주석케 했다.

어느 민족치고 신화는 미화되지 않은 것이 없듯이 『용비어천가』 또한 신화시대가 아닌 조선조 초기에 만들어진 신화 곧 이씨 왕조의 창조된 화가위국(化家爲國)의 신화라고 할 수 있지 않는가.

현재 우리는 안보의 위험 속에 살고 있다.

그것은 북한 때문이다. 북한정권은 초시대적인 신화를 창조해 이를 실천하고 있기 때문에 지금도 신화시대에 살고 있지 않는가.

곧 김일성 주체사상을 신격화해서 주민들에게 강제로 주입시키고 있으며 이를 바탕으로 세계에서 유례를 찾아볼 수 없는 김가 왕국을 3대에 걸쳐 존속시키고 있음에야.

그런 북한 사회에 비해 남한 사회는 어떤가? 아직도 신화시대에 살고 있는 북한사회를 동조하는 세력이 대낮에도 활개를 치고 있으며 그들을 사조직화해서 국회까지 입성케 해 활동하고 있지 않는가.

『용비어천가』는 10권 5책 목판본으로 1445년 4월에 편찬해서 1447년 5월에 간행된 조선왕조 창업을 송영한 노래다.

　『용비어천가』는 총 125장이며 정음으로 엮은 최초의 책이다.

　내용은 조선 건국의 유래가 유구함과 조상들의 성덕을 찬양하고 태조의 창업이 천명에 의한 것임을 밝힌 다음, 후세 왕들에게 경계하여 자자손손 대를 이어 번영을 구가하는 내용으로 일관하고 있다.

　구성은 장마다 2행 4구로 되어 있다.

　그러나 1장은 3구, 125장은 9구로 된 것만이 예다. 3장에서 109장까지는 첫 구에 중국 역대 제왕의 위업을 칭송했고 후구에는 목조·익조·도조·환조·태조·태종 등 6대의 사적을 칭송했다. 110장에서 124장까지는 물망장이라고 해서 '잊지 마르소서.'로 끝내고 있다.

　『용비어천가』의 형식은 『원인천강지곡』에 버금 갈 정도로 원문 다음에 한역과 언해를 덧붙였다. 특히 1·2·3·4·125장은 곡을 지어 여민락(與民樂)·치화평(致和平)·취풍형(醉豊亨)·봉래의(鳳來儀) 등 악보를 만들어 조정의 연회시마다 연주케 했는데 『세종실록』 권14 「악보」에 가사와 악보가 실려 현재까지 전해 오고 있다. 『용비어천가』와 같은 갈래를 두고 악장이라고 하는데 악장은 다름 아닌 응제시(應製詩)를 일컫는다. 응제시란 왕의 명제에 의해 지어진 시라 할 수 있다.

　악장으로는 과거시(科擧詩<동시(東詩)>)가 있으며 외교교린문서나 왕에 관계되는 시문·제향·의례 등이 있다.

　『용비어천가』의 창제 동기는 정인지의 서에 나타나 있듯이 자주정신·애민정신·실용주의에 있으나 그 이면에는 이씨 왕조의 화가위국, 곧 역성혁명을 정당화한 작업의 일환이라는 의미가 숨겨져 있다.

　조선조는 고려조와의 차별화로 유교를 국시로 내세워 건국했으나 10년도 채 못 되어 이씨 왕조의 권위는 추락할 대로 추락했다. 개국 초부터 장자 세습제가 무너지고 두 번이나 왕자끼리 죽고 죽이는 난까지 일으켰으니 백성들이 왕실을 곱게 볼 리 만무하다.

이런 현실을 감안한 세종은 그 영명(英明)한 두뇌로 실추된 왕실의 이미지를 제고하려고 했을 것임은 말할 필요도 없다.

예를 하나 들면, 정적인 탓도 물론 있었겠으나 너무나 사실적으로 서술한 정도전의 『고려사』를, 세종은 모두 거둬 불태우게 했다.

이어 정인지로 하여금 조선조 개국의 관점에서 본 사관, 고려의 긍정적인 면보다는 부정적인 면을 보다 강조해서 서술한 새로운 『고려사』를 편찬케 한 점만 보아도 짐작이 간다.

한문은 너무 어려워 생업에 바쁜 백성들은 쉽게 익혀 쓸 수 없었다. 그래서 상의하달보다는 하의상달의 필요성을 느끼고 새로운 문자를 창안했는지의 여부는 앞에서 밝혔다.

이런 세종의 뜻을 최대한 살린 『용비어천가』는 화가위국의 역성혁명을 천명사상(天命思想)으로 합리화했으며 근엄과 화려함을 더해 신화를 만들어냈다. 이런 내용을 다룬 것을 악장이라고 하는데 악장은 노래로 부르기 위해 지은 시가로 일정한 곡조를 바탕으로 곡을 붙여 부른 노래이며 음악성을 감안한 시가다. 그러기에 악장은 문학적인 음미에 앞서 음악적인 율조의 파악이 선행되어야 하며 국악의 바탕을 이해하고 이를 근거로 분석해야 비로소 완전한 이해가 가능하다.

그러기 위해서는 정간법(井間法)에 의해 채보된 옛 악보의 풀이와 해석이야말로 논평에 앞서는 과제가 되며, 속요·별곡·시조·가사 등도 가락과 장단이 보다 중요하다. 특히 여민락은 지금도 연주가 가능하며 장중한 흐름과 박자를 더욱 중시했음도 간과할 수 없다.

이성계가 고려 왕조를 전복시키고 새 왕조를 세우자 추종자들은 환희에 넘쳐 춤을 췄다. 유신들은 고려의 적폐였던 불교사회를 벗어나 유교사회가 돌아왔음을 자축했다. 폭정으로 시달리고 신음하던 서민들도 새로운 군왕을 향해 만세를 불렀다. 고려 말의 풍조는 사라지고 신흥 기풍이 일어 비로소 안도의 길을 얻어 새 생활을 꾀하게 되었다.

왕조 또한 국기확립과 국민 민복의 대계를 세우는 데 여념이 없었으니 태평세월이 바야흐로 도래한 듯했으나 실은 조선조 초기는 그렇지 못했다. 그랬기에 세종 때는 송축을 집대성한 작품이 나온 것은 지극히 시대적인 요청이라고 할 수 있다.

그것이 바로 『용비어천가』라는 장편 서사시다. 이 작품은 종래의 시가에서는 볼 수 없는 특이한 형식이다.

그런데 초기의 시가는 창업의 위대함을 송축하고 국가의 융성과 국왕의 만수를 송축하는 작품이 대부분이다.

그러면 『용비어천가』의 1장부터 아래에 인용해 보기로 한다.

海東(해동) 六龍(육룡)이 ᄂᆞᄅᆞ샤 일마다 天福(천복)이시니

古聖(고성)이 同符(동부)ᄒᆞ시니

(해동에 여섯 마리 용이 태어나시니 일마다 하늘의 복이신 데다 또한 옛 중국의 성인마저 함께 하셨도다.)

海東六龍飛 莫非天所扶

古聖同符

1장은 강령(綱領)으로 대서사시의 서장에 해당된다. 반정의 정당성을 밝혔으며 근왕사상(勤王思想)을 고취하고 있다.

해동 육룡은 곧 하늘의 명복(冥福)을 전제로 천명관(天命觀)을 나타낸 것이 중국 성인들의 고사와 함께 했음도 밝혔다.

이 정도의 미사여구는 애교 정도로 받아들일 수 있지 않을까.
2장을 인용해 보기로 하겠다.

불휘 기픈 남ᄀᆞᆫ ᄇᆞᄅᆞ매 아니 뮐씨 곶 됴코 여름 하ᄂᆞ니
시미 기픈 므른 ᄀᆞᄆᆞ래 아니 그츨씨 내히 이러 바ᄅᆞ래 가ᄂᆞ니.
(뿌리가 단단히 박힌 나무는 바람에 아니 흔들리기 때문에 꽃이 화려하고 열매도 많이 달리며, 샘이 깊은 물은 가물에 아니 마르기 때문에 내를 이뤄 바다에까지 이른다.)

根深之木 風亦不扤 有灼其華 有蕡其實
源遠之水 旱亦不竭 流斯爲川 于海必達

만세 누릴 나라임을 천명하고 거룩한 국가임도 밝혔다. 이 정도면 미사여구도 점입가경(漸入佳境)이라고 하겠다.
125장은 1연 3절로 결사에 해당된다.

千歲 우희 미리 定ᄒᆞ샨 漢水 北에 累仁開國ᄒᆞ샤 卜年이 ᄀᆞᆺ 업스시니 聖神이 니ᅀᆞ샤도 敬天勤民ᄒᆞ샤ᅀᅡ 더욱 구드시리이다 님금하 아ᄅᆞ쇼셔 洛水(낙수)예 山行 가 이셔 하나빌 미드니잇가.
(천 년 전부터 정한 한강 북쪽에 덕을 쌓아 나라를 열었으니 왕조의 지속이 끝이 없다고 하더라도 성신이 뒷받침하고 하늘을 공경하며 백성들을 위해 부지런히 힘 써야 나라가 더욱 굳건해 질 것이니. 임금이시여 아르소서, 낙수에 산행 가 있으면서 할아버지를 믿었단 말입니까?)

千歲默定 漢水陽 累仁開國 卜年無彊 子子孫孫 聖神雖繼 敬天勤民 洒盆

永世 嗚呼 嗣王監此 洛表遊畋 皇祖其恃

  계고(戒告), 경천권민(敬天勸民), 덕치(德治)가 핵심이다.
  125장에 이르러 조선조 개국을 찬양하기 위한 신하들의 배려는 극치에 이뤘으며 그것도 미사여구로 절정을 이뤘다.
  『용비어천가』는 신하들이 조선 왕조를 찬양하되 세종의 뜻을 최대한 배려하고 존중해서 지은 극히 드문 악장이라 하겠다.

「최고운전」

「쿼 바디스(Quo vadis domine)」는 폴란드 작가 헨리오 시엔키애비츠가 쓴 정통적인 역사소설이다. 그는 노벨상을 수상하기도 했다.

이 소설을 1951년 머빈 르로이 감독이 영화화했다.

로마 귀족 청년 비키니우스가 전쟁에 참천해서 승리를 쟁취하고 로마로 돌아온다. 그때 인질로 잡혀온 기독교인 리지아의 미모에 반한다. 비키니우스는 네로의 총신이며 삼촌인 페트로니우스에게 부탁해서 리지아를 데려 오려고 하나 기독교인들이 그녀를 데려간다.

그러자 비키니우스는 그녀를 찾으러 간다.

그런데 리지아의 충복 거인 무르수스와 싸우다 부상을 당해 그들의 치료를 받으면서 비키니우스는 자연스럽게 그녀와 사랑에 빠진다.

네로의 황녀 유니스는 비키니우스를 짝사랑했다. 그녀는 비키니우스가 리지아를 사랑하는 것을 알고 질투한다.

유니스는 리지아가 기독교인임을 알고 네로에게 기독교인을 말살하라고 충동질한다. 네로는 로마 시내에 불을 지른다.

화재로 두 사람은 헤어지나 뒤에 다시 만나 약혼을 하며 비키니우스는 기독교인으로 개종한다.

그 무렵, 화재로 인해 로마 시민들의 분노가 걷잡을 수 없게 된다. 그러자 네로는 방화의 주범이 기독교인이라고 뒤집어씌워서 그들을 무참히 도륙한다. 기독교인 리지아는 원형 극장에 끌려나와 물소의 먹이가 되기 직전에 충복 무르수스의 도움으로 살아난다. 비키니우스는 그녀를 구하려고 극장으로 뛰어들었다가 오히려 네로에게 죽임의 직전에 이른다.

그런데 죽임의 찰나에 로마 병사들이 네로에게 반기를 드는 바람에 그는 살아난다. 네로는 그 길로 자살해 생을 마감한다.

비키니우스와 리지아는 결혼한다. 그리고 시칠리아로 가 행복한 여생을 보낸다는 종교적인 영화다.

여기에 등장하는 베드로의 명대사가 "쿼 바디스(Quo vadis domine(주여 아디로 가십니까?)"인데 이를 타이틀을 정했다고 한다.

「쿼 바디스」를 생각하면서 역사소설인 「최치원」을 읽는 것도 의미가 있지 않을까 해서 줄거리 중심으로 발췌해 싣는다.

헨리오 시엔키애비츠의 「쿼 바디스」처럼 우리도 역사적인 인물을 모델로 쓴 역사소설로 한문소설인 「최고운전」이 있다.

「최고운전」의 이본으로는 「최치원전」, 「최문헌전」 등이다.

「최고운전」은 실존인물인 최치원을 모델로 한 한문소설인데 박인량이 찬한 「수이전」의 전기성은 사라지고 도교적 인물로 승화되었다.

신라 말기는 귀족이 되려면 반드시 진골 출신이어야 했으며 6두품, 4두품, 2두품 등 골품제제도가 철저하게 시행되고 있었다.

그런 제도 탓인지 모르겠으나 강수(強首)마저도 한때는 왕의 외교문서를 전담하기도 했으나 불교 아닌 유학에 전념했다. 설총(薛聰)도 「花王戒」를 지어 왕을 일깨우기도 했다.

신문왕 때는 국학을 설치했고 원성왕 때는 경전(經典)을 보급했으며 독서삼품과(讀書三品科)란 제도를 마련해 인재를 등용했다.

신라인들은 당으로 유학을 가 과거에 급제해 당의 인재로 등용되기도 했다. 신라인으로 빈공과(賓貢科)에 급제한 사람이 58인이나 된다.

최치원도 당으로 유학 가 동국문종(東國文宗), 개산시인(開山始人)으로 추앙받았으나 귀국한 뒤로는 6두품 출신 탓으로 당에서 익힌 이상을 실현하려다 실패하고 가야산으로 들어가 은거했다.

최치원의 자는 고운(孤雲), 호는 해운(海雲)이다.

출생지로는 『삼국사기』에 사량부, 『삼국유사』에는 본피부, 『요제지이』에는 고군산도라고 기록되어 있다.

그는 12세에 입당해서 18세 때 빈공과(배찬 주관)에 장원했으며 모화론자(慕華論者)로서 가장 이상적인 영달의 전형이 되기도 했다.

당에서 치원은 선천(宣州) 율수현위(溧水縣尉)를 지냈으며 황소(黃巢)의 난 때는 고병(高駢)의 종사관으로 참전하기도 했다.

격황소서(檄黃巢書)는 명문으로 '다만 천하의 사람들이 너-황소-를 죽이려고 생각할 뿐 아니라 지하의 귀신마저도 이미 몰래 죽일 것을 의논했다.'는 구절에 황소가 걸상에서 떨어졌다고 한다.

귀국 후에는 『계원필경집(桂苑筆耕集)』- 고변의 종사관 시절의 군 문서 수록- 을 지어 헌강왕에 헌납했으며 나이 40 전후해서 가야산으로 들어가 시작(詩作)에 몰두하다가 죽어 신선이 되었다고 한다.

이런 인물이라면 소설의 주인공으로 손색이 없다.

악마제치설화

최충은 만년에 문창의 영에 제수된다.

그런데 문창지방은 새로운 수령이 부임하면 부인을 괴수에게 탈취를 당한다는 괴상한 소문이 돌아 충은 걱정이 태산 같다.

충은 부임하는 날부터 나이 든 고로(古老)들의 충언에 따라 괴물의 납치에 대비해 부인의 다리에 실을 매어 놓는다. 그러던 어느 날 대낮이었다. 뇌성벽력이 몰아치더니 아내가 홀연 사라졌다.

충은 이적을 데리고 실을 따라가니 실은 뒷산 큰 바위 틈새로 사라졌다. 이 바위는 한밤중이 되면 스스로 열린다는 이적의 말에 따라 충은 되돌아왔다가 밤이 되자 바위로 가서 바위가 들리기를 기다린다.

말 그대로 밤중쯤 되자 바위가 스스로 들리며 안에서 빛이 쏟아져 나왔다. 충은 빛을 따라 안으로 잠입한다.

어떤 집에 이르자 안에서 말소리가 들려나왔다.

충이 안을 들여다보니 금 돼지가 자기 아내의 무릎을 베고 누워 자고 있는데 수십 명의 미녀들이 둘러싸고 있었다.

충은 사전 약속한 대로 약주머니를 풀어 냄새를 안으로 흘러 넣는다. 이에 금돼지가 깨어나 인간 냄새가 난다고 하자 충의 부인이 제가 이곳에 온 지 얼마 되지 않아 냄새가 가시지 않아서 그렇다고 변명하면서 금돼지가 사슴 가죽을 꺼리는지를 묻자 금돼지는 조금도 의심하지 않은 채 그렇다고 대답한다. 충의 부인은 금돼지를 물리치는 방법을 알았으나 사슴 가죽이 없어 골몰하다가 문득 차고 있는 가죽 주머니가 사슴 가죽임을 깨닫고는 주머니 끈을 씹어 금돼지의 목 뒤에 붙인다.

그랬더니 거짓말처럼 금돼지가 죽어 버린다.

금돼지가 죽자 충은 아내뿐 아니라 전에 탈취당한 수령들의 부인 10인까지 데리고 관아로 돌아온다.

도교적 인물로 전이

충의 부인은 임신한 지 석 달 만에 납치당했고 돌아온 지 여섯 달이 되자 아이를 낳으니 발톱이 이상했다.

　이를 확인한 충은 금돼지의 자식이라고 해서 시녀에게 아이를 내다 버리라고 윽박지른다.

　시녀가 아이를 버리려고 집을 나서 길을 가는데 아이가 죽은 지렁이를 보더니 一자라고 한다. 시녀는 이를 신이하게 여겨 되돌아와서 충에게 사실을 아뢴다. 그러자 충은 버럭 화를 내며 재차 갖다 버리라고 다그친다.

　시녀는 어쩔 수 없이 또 버리려 간다.

　아이가 죽은 개구리를 보더니 하늘 天이라고 한다.

　이에 놀란 시녀는 되돌아와는 충에게 사실대로 아뢴다. 그런데도 충은 끝까지 아기를 버리라고 협박한다.

　끝내 아이는 버림을 받는다.

　아이를 길에다 버리니 우마가 피해 갔다. 게다가 밤이면 천녀가 내려와 아기를 품고 젖을 먹이기까지 했다.

　연못에 버리니 부용이 감싸고 하늘에서 백학이 내려와 아기를 돌본다.

　아이를 버린 지 몇 달이 지났다. 아이가 바닷가에서 노니는데 모래 위에는 문득 글이 쒸어지고 새의 울음소리가 아기의 책 읽는 소리로 들린다.

　이런 보고를 받은 충은 아이의 신이함을 비로소 알고 데려오고 싶으나 사람들의 웃음거리가 될까, 끝내 데려오지 못한다.

　부인이 꾀를 내어 아이를 버린 탓으로 사또가 병이 들었으니 아이를 데려오려고 한다고 소문을 퍼뜨린다.

　그런데 막상 아이를 데려오려 하나 이제는 아이가 버릴 때는 언제고 데리려 왔느냐고 힐난하면서, 자식이 부모의 영을 거역하는 것은 도리 아니오나 소자는 잠깐 남의 몸을 빌려 세상에 나왔다고 하면서 돌아가는 것을 거절한다.

　그러자 충은 아이가 비바람을 피할 수 있도록 월영대를 지어 주고 글씨를 쓰라며 석 자 쇠막대를 붓 대신 준다.

아이는 쇠막대를 가지고 모래 위에다 글을 얼마나 썼던지 석 자 쇠막대가 석 치로 줄어들었다.

중국 황제와의 대결을 예비하다

어느 달 밝은 밤이었다. 중국 황제가 후원에 나와 거닐고 있는데 문득 시 읊는 낭낭한 소리가 들려온다.

이에 황제는 신하에게 하문한다.

신하는 달 밝은 밤이면 편소지국인 신라에서 들려온다고 아뢴다.

황제는 이를 시험해 보기 위해 시문이 능한 학사를 파견한다.

학사는 신라 바닷가에 닿아 달 밝은 밤인 탓인지 바닷가에서 놀고 있는 아이를 보고 시문으로 문답했다.

"犬吠蒙蒙可也 猪亦可乎?"

(개가 멍멍 짖는 것은 옳으나 돼지 또한 멍멍 짖는가?)

아이가 망설임 없이 대답한다.

"鳥啼嗺嗺可也 鼠亦可乎"

(새가 짹짹 짖는 것은 옳으나 쥐 또한 짹짹 짖는가?)

이에 학사는 아이의 기재에 탄복하고 신라에는 너 같은 문장가가 얼마나 되느냐고 묻는다. 아이가 나 같은 문장가는 콩을 수레에 실을 만큼 헤아릴 수 없을 정도로 많다고 대답한다.

그러자 두 학사는 지레 겁을 먹고 신라 서울에는 들리지도 않은 채 곧장 당으로 되돌아가 황제에게 보고한다.

황제는 몹시 노해 석함을 신라로 보내어 그에 합당한 시를 지어 보내되 시가 석함에 합당하지 않을 때는 신라를 침공하겠다고 협박한다.

이때 아이는 서울로 들어간다. 아이는 나 승상의 딸이 마음에 들어 거울을 고치는 장사치로 위장하고 접근한다.

나 소저가 깨진 거울을 가져와 수리를 맡긴다.

아이는 수리하는 척하다가 일부러 거울을 떨어뜨려 깨뜨리고는 거울을 깨뜨렸으니 파경노를 자청하며 노비가 되겠다고 한다.

노비로 삼은 나 승상이 파경노에게 후원을 가꾸게 한다.

그러자 밤마다 하늘에서 천녀가 내려와 꽃밭을 가꾸니 하룻밤에 황폐한 후원에는 꽃들이 만개했으며 새들마저 날아들어 둥지를 틀고 벌 나비가 꽃 사이를 날아다니며 노닌다.

나 소저가 꽃밭을 구경하고 싶어도 파경노가 있어 구경을 못한다는 말을 듣고 파경노는 고향에 간다고 핑계를 대고는 후원으로 몰래 들어가 숨는다. 파경노가 고향에 간 틈을 타 나 소저는 후원으로 가 꽃을 구경하면서 "花笑檻前聲未聽"(난간 앞에 핀 꽃은 미소를 짓는데 그 소리 들을 수 없네.)하고 읊자마자, 문득 숲속에서 "鳥啼林下淚難看"(숲에서 우는 새는 눈물을 볼 수 없네.)으로 화답하지 않는가.

이에 놀란 나 소저는 급히 후원을 나온다.

신라왕은 함에 대한 합당한 시를 짓지 못하자 나 승상에게 함을 주며 합당한 시를 지어 바치지 못하면 일족을 멸하겠다고 협박한다.

그런데도 나 승상은 합당한 시를 짓지 못하고 자리에 들어 눕는다.

그렇게 되자 집안은 당장 초상집이 돼 버렸다. 파경노는 이때다 하고 내심 반긴다. 그는 시를 지을 테니 그 대가로 나 소저와의 결혼을 조건으로 제시한다. 집안이 반대했으나 나 소저가 자청해 결혼한다.

첫날밤이었다. 나 소저가 시 짓기를 재촉한다. 아이는 벽에 종이를 붙이고 발가락 사이에 붓을 끼우더니 잠을 청한다.

그런데 잠든 사이 하늘에서 청룡이 내려와 함을 감싸고 반의(班衣) 입은 동자 10여 인이 나타나 함을 둘러싸고 노래를 부르는데 벽에 붙인 종이에는 어느 새 시가 씌어져 있었다.

團團石中物
半白半黃金
夜夜知時鳴
含情未吐音

단단한 함 속 물건은
반은 희고 반은 황금
밤마다 때를 알고 울려 해도
품은 정 말할 수 없네.

아이가 지은 시는 승상의 손을 거쳐 신라왕에게, 신라왕은 당나라 황제에게 전달한다. 황제는 지은 시를 보고 크게 화를 낸다.

황제의 적반하장

황제는 '단단한 함 속 물건은 반은 희고 반은 황금, 밤마다 때를 알고 울려 해도 품은 정 말할 수 없네. 라는 시를 보고, "반은 희고 반은 황금은 맞으나 밤마다 때를 알고 울려 해도 품은 정 말할 수 없네라는 것은 틀렸어."하더니 함을 깨뜨리라고 한다.
신하들이 함을 깨뜨려 속을 보여 주자 솜에 쌓인 계란은 이미 부화해서 병아리가 되어 죽어 있었다.
이를 보고 황제는 석함에 적합한 시를 지은 기재에 놀란다.

황제가 이는 소국이 대국을 능멸한 것이라며 시를 지은 장본인을 당장 당으로 보내라고 신라왕에게 명령한다.

이렇게 되자 나 승상은 아이가 시를 지었다고 실토하지 못한 채 스스로 당에 가려고 길을 서둔다.

그때 파경노가 나서더니 "나 아니면 그 누구도 황제와 대결해서 살아오지 못한다."고 하면서 자청한다.

승상이 이 사실을 왕에게 아뢰자 신라왕은 아이를 불러 나이를 물었다. 아이는 열두 살이라고 대답했다.

그러자 아이에게 어떻게 황제에게 대항하겠느냐고 묻는다.

아이는 대국이 소국을 대접하는 그대로 상대할 것이며, 저 또한 대국이 하는 그대로 응대할 것입니다. 하물며 대국이 소국을 대하는 도리를 어긴다면, 단호히 황제를 질타하겠다고 대답한다.

아이는 왕 앞을 물러나서야 스스로의 이름을 최치원이라고 하면서 가족과 이별한 뒤, 서쪽으로 가 배를 타고 당나라를 향해 나아간다.

도교적 인물로의 전이

치원은 배를 타고 가다가 첨성도란 섬에 이르러 용왕의 아들 이목을 만나 배에 태워 동행한다.

중이도란 섬에 이르렀다. 섬은 바야흐로 가뭄으로 고사 직전이다.

치원은 이를 딱하게 여겨 이목으로 하여금 비를 내리게 한다.

비가 그치자 하늘에서 청의노승이 이목을 벌주려고 내려왔다.

청의노승이 "이곳 섬사람들은 음식 찌꺼기를 함부로 버려 이를 죄 주기 위해 비를 내리지 않았는데 이제 이목이 들어 비를 내리게 했으니 그를 죽이려 왔다."고 말한다.

치원이 들어 비를 내리게 한 것은 나니, 나를 벌주라고 한다.

그러자 청의노승이 구차하게 변명했다.

"천제께서 이제 내려가면 치원이 들어 이목을 살리려 할 것이다. 치원은 천제에 있을 때, 반도가 익지도 않은 것을 익었다고 거짓으로 내게 아뢰어 적세시켰으니 그가 원하면 살려 주게."

하고 말씀하셨다면서 이목을 살려준다.

치원이 비를 내리게 한 이목의 변신을 보고 싶어 했다.

이에 이목이 변신의 몸을 보여주자 치원은 그 모습에 몹시 놀라 뒤따르겠다는 그를 돌아가게 하고 단신으로 중원을 향해 나아간다.

절강성에 이르러 어떤 노파를 만난다. 그네는 치원에게 부적을 준다. 치원은 부적을 가지고 중원으로 들어간다.

황제와의 대결

황제는 치원을 죽이려고 지나는 길목에 함정을 파고 4문을 설치한다.

치원이 낙양에 도착하니 중국 학사가 "일월이 하늘에 걸려 있다면 하늘은 어디에 걸려 있는가?"하자 "산수는 땅에 실려 있다면 땅은 어디에 실려 있는가?"하고 응수해 저들을 서늘케 한다.

치원이 첫째 문에 이르러 뾰족한 뿔 달린 모자를 쓰고 들어가다가 뿔이 문에 걸리자 "소국의 문도 뿔이 걸리지 않는데 대국의 문이 어찌 이렇게 낮을 수 있느냐."고 힐난하자 문을 헐어 통과시켰다.

둘째 문을 지나는데 땅속에서 시끄러운 음악이 흘러나오자 붉은 부적을 던지니, 부적이 사람으로 변해 "신라 대문장가인 최치원 선생이 지나가니 조용히 하라."고 하자 이내 조용해졌다.

땅을 파서 악사들을 숨겨놓은 셋째 문에 이르자 요란한 소리가 천지를 진동시켰다. 이에 치원이 흰 부적을 던지니 악사들은 손이 얼어 연주를 하지 못하고 쩔쩔 매고 있었다.

비단 휘장 안에 코끼리를 숨겨둔 넷째 문에 이르러 누런 부적을 던졌다. 부적이 구렁이로 변해 코끼리 입을 감자 그 틈을 타 무사히 문을 통과해 황제 앞에 이르니, 황제가 "네 문을 무사히 통과했으니 천신이로다." 하고 매우 놀라워했다.

황제는 치원을 상좌에 앉히고 4문을 어떻게 무사히 통과했는지 하문까지 하며 의아해 한다.

시신들이 잘 차려진 밥상을 치원이 앞에 갖다놓았다. 그런데 새가 밥에 독약이 들어 있어 먹으면 죽는다고 속삭였다.

치원은 이를 알아듣고 비록 소국이라고 할지라도 간장으로 국을 끓이지 불을 붙이는 기름으로 죽을 끓이지 않는데 대국에서는 불을 붙이는 기름으로 죽을 끓이느냐고 황제를 힐난하며 사정없이 질타한다.

황제는 불을 밝히는 기름으로 죽을 끓인 것을 모른 채 치원을 힐난하다가 기름으로 끓인 국임이 드러나자 오히려 크게 무안을 당한다.

태학궁에서 과거를 베풀었다. 치원은 장원급제해 문신후로 책봉된다.

몇 년이 지났다.

황소가 난을 일으키자 황제는 치원을 대장에 제수한다. 치원은 토황소 격서를 써 싸우지도 않고 적을 굴복시켜 명성을 천하에 떨친다.

황제가 식읍을 늘려주고 총애하자 뭇 신하들이 시기하고 질투한다. 해서 치원은 참소를 받아 남해도로 귀양을 간다.

치원은 귀양지 남해도에 이르러 노온이 준 간장 묻힌 솜을 씹고 이슬을 받아먹으며 무인고도에서 석 달을 보낸다.

남해도를 지나던 뱃사람들이 치원의 명성을 듣고 배를 멈추고 뭍에 올라 시를 지어 달라고 부탁한다.

치원은 시를 지어준다. 뱃사람들이 지은 시를 황제에게 바친다.

황제는 이런 명시는 치원이 아니면 그 누구도 짓지 못한다고 하면서 마침내 하늘이 내린 사람은 어떻게 죽일 수 있겠느냐고 해서 낙양으로 치원을 불러올린다. 치원은 황제 앞에 이르러 "재주를 시기하고 참소하는 소인배들의 말만 믿고 황제가 귀양까지 보냈으니, 그런 황제의 나라라면 군자가 머물 곳이 못된다."고 황제를 질타한다.

帝 "普天之下 莫非王土 率土之濱 莫非王臣 以此言之 汝雖新羅人 新羅之地 亦我土 亦我之臣也 汝叱我使者何也."

致遠遂書 一字空中 躍踞其上曰 "然則 是亦 陛下之地乎."

皇帝大懼 顚倒下床 頓首謝罪.

(황제가 말했다. "무릇 천하의 영토는 왕의 영토 아님이 없고 그 영토에 살고 있는 백성들 또한 왕의 신하 아님이 없다고 했다. 이로 미루어 보건대, 너는 비록 신라인이라고 하더라도 신라의 영토 또한 나의 땅이므로 너 또한 나의 신하이거늘 너는 어째서 내 신하를 질타했는고?"

치원이 공중에 한 자 격서를 써 그 위에 올라타고 앉아 말했다.

"그렇다면 이곳 또한 폐하의 땅이오니까?"

황제가 크게 두려워해 의자에서 떨어져 머리 숙여 사죄했다.)

마침내 치원은 신라로 돌아온다. 그는 친구들의 속임에 빠져 사륜마를 사서 타고 유람 나온 왕인 줄 모르고 그 앞을 지나가는 무례를 범하나 왕은 나라에 공이 있어 이번만은 공을 용서한다고 했다.

치원은 가족을 데리고 해인사로 들어가 잠적한다.

어느 하루였다. 나무꾼이 나무를 하러 산으로 들어갔다가 유생과 승려가 바둑 두는 것을 구경했다.

나무꾼은 그들이 주는 솜을 받아 입에 넣고 씹었다.

그러나 씹을 수가 없어 뱉으니 그들은 우리를 따를 수 없다며 이제 가 보라고 한다.

해서 집으로 돌아가려고 도끼를 집으니 자루가 썩어 있었다. 나무꾼이 집에 돌아오니 가족들은 가장이 산에 가서 돌아오지 않자 산으로 들어간 날로부터 3년 상을 치른 뒤였다.

진이의 삶과 문학

왕녀로서 일부종사했던 화순옹주, 그에 비해 진이는 옹주에 비겨 대조적인 삶을 살았던 진정한 자유인이었다.

양반의 서녀였던 진이는 정실이 아닌 첩이 될 운명으로 태어났다. 그 시대는 사대부의 첩이라면 안정적인 생활을 향유할 수 있었는데도 그네는 안정된 생활보다는 자유를 선택했다.

진이는 다른 기녀와는 차이가 많았다. 특히 사대부의 이중성을 고발했는데 그것도 세상의 조롱거리로 만들었으며 양반도 상놈과 다를 바 없다는 것이 고발의 초점이기도 했다.

그런 면에서도 진이는 여성 정서의 전범(典範)임을 자처했다,

진이의 시조부터 아래에 인용한다.

당대 최고의 군자인 종친으로 별명을 벽계수라고 하는 이충남이 개경에 왔을 때 그를 유혹하기 위해 지은 시조부터를 옮긴다.

청산리 벽계수야 수이 감을 자랑 마라
일도 창해하면 다시 오기 어려우니
명월이 만건곤할 제 쉬어간들 어떠리.

가 시조로 인해 이충남은 군자의 허울을 벗어던졌다는 일화를 남겼다.
한양 제1의 소리꾼 이시종과의 만남은 그네로서도 운명적이었다. 사랑을 초월해 예술의 동지, 인생의 반려자가 되었기 때문이다.
이충남과는 6년 동안이나 사귀며 사랑했는데 그와 함께 전국을 유람하면서 시를 지을 때는 조선 최고의 시인이 되기도 했다.

동짓달 기나 긴 밤 한 허리를 베어내어
춘풍 이불 아래 서리서리 넣었다가
어룬님 오신 밤이어든 굽이굽이 펴리라.

자하 신위는 이 시조를 음미하다 못해 칠언절구로 옮겼다.

截取冬之夜半强
春風被裡屈蟠藏
燈明酒欄郎來夕
曲曲鋪成折折長

한시 번역을 보면, 불러 제치는 노래가 아니기 때문에 그네의 곱살스런 심사가 곧장 드러나지 않아서 단가가 갖는 즉흥이 아님을 알 수 있다. 그런데도 비록 기생이라 하지만 그네의 노래는 보통이 아닌 가멸찬 수준 이상이었다.
여기에는 잦은몰이가 언덕을 살짝 넘어가듯 읽는 노래, 보는 노래가 아닌 부르는 노래의 멋이 가락마다 넘쳐나기 때문이다.
화담 서경덕과 박연폭포, 그네를 합쳐 개경 삼절의 하나이긴 하나 노래인 만큼 감칠맛은 거나해도 가슴에 스며드는 입김은 뒤진다.

전통의 새김질이 덜하고 표상이 차지지 못하기 때문이다.

그러나 동짓달 기나 긴 밤, 밤의 한 허리를 베어내어 님이 오시는 밤이면 긴 밤도 짧은 봄밤일시 분명하다.

그에 비겨 이불 속에 서리서리 펴서 단꿈을 꾸겠다는 심사야말로 이 부분의 백미 중의 백미가 아니겠는가.

소세양과의 30일 사랑은 너무나 안타깝다.

이별 없는 사랑은 없다고 한다. 기생이 아니더라도 이별이 잦은 그네였다. 그네와 사랑을 나눈 소세양은 중종 4년, 등과했으며 시문에 능했고 벼슬은 대제학까지 승차한다. 그는 젊은 시절에 여색을 탐했는데도 진이와 30일 동안 사랑 약속은 이를 끝까지 실천하려고 했다.

그러나 다음의 시로 그의 마음은 여지없이 무너졌다.

소세양과 이별할 즈음(送別蘇判書世讓)

달빛 아래 오동잎 모두 지고 月下庭桐盡
찬 서리에 국화는 노랗게 피었네. 霜中野菊黃
다락은 높아 하늘에 닿았는데 樓高天一尺
술은 취해도 잔은 끝이 없네. 人醉酒千觴
흐르는 물소리 거문고마저 찬데 流水如琴冷
피리소리에 감겨드는 매화 향 梅花入笛香
내일 아침 이별한 뒤론 明朝相別後
연모의 정 길어도 거품인 데야. 情與碧波長

가 시로 그네는 소세양의 마음을 돌려 약속했던 30일이 지나 더 사귀기도 했다. 그로 인해 소세양은 친구들로부터 약속을 어겼다고 두고두고 놀림을 당하기 일쑤였다고 한다.

  그네는 그와 이별하면서 이별이 너무 서러워 절창을 낳는다.

  어져 내 일이여 그릴 줄을 모르든가
  있으랴 하더니 제 구태여 가랴마는
  보내고 그리는 정은 나도 몰라 하노라.

  그와 헤어질 때 쓴 이 시조는 절창 중의 절창이다.
  후세에 그네를 두고 미모는 선녀를 압도했으며 시를 짓는 데는 이백과 어깨를 나란히 했다고 칭송이 자자했다.

  靑山은 내 뜻이오 綠水는 임의 情이
  綠水 흘너간들 靑山이야 變홀 손가
  綠水도 靑山을 못 니저 우러 예어 가는고

  그네의 「만원대회고(滿月臺懷古)」는 회고가다. 이 시조는 고려 유신들의 회고가에 뒤지지 않은 작품이다.
  한시 「박연폭포(朴淵瀑布)」는 매우 뛰어나서 이백의 여산폭포에 맞선다고 할 만한 작품이다.
  「별김경원(別金慶元)」은 안스런 여인의 심사를 실타래를 풀어내듯 풀어냈는데 그네가 아낙임을 여실히 드러낸 작품이다.

  삼세의 굳은 인연으로 좋은 짝이더니 三世金緣成燕尾
  이승서는 생사 둘만 남아 此中生死兩心知
  양주의 언약 내 저버리겠소 揚州芳約吾無負

다만 두목처럼 한량이라네 恐子還如杜牧之

앞의 시조를 음미해 보면, 보내고 그리는 정에 스스로 볼모가 되어 벽계수를 탓하는 명월이 되기도 했었다.

그러나 이제는 더는 그렇게 할 수 없어서였던지 이승과 저승의 인연을 맺어준 중매에다 다음의 생까지 약속한 연분은 우리들 자신으로는 좀체 알 수 없는 세상이 아니던가.

비록 두목이 강소성 유흥가 청루에서 논 것을 본받기는 했으나 임이 청류에서 놀고 있는 것을 질투하기보다는 오히려 걱정하고 있으니 안타까운 여인의 심사치곤 너무나 곱살스럽지 아니한가.

백호(白湖) 임제(林悌)가 평양 감사로 부임길에 개경을 지나다가 진이의 무덤을 찾아가 시조 한 수를 읊었다. 그는 한우(寒雨)라는 기생과 화답한 시조 한우가(寒雨歌)로도 유명하다

누군가에 의해 이런 사연이 조정에 득달 같이 전해져 평양에 도착하기도 전에 감사에서 파직 당했다는 일화마저 전해지고 있다.

청초 우거진 골에 자는다 누웠는다.
홍안은 어디 두고 백골만 묻혔나니
잔 잡아 권할 이 없으니 그를 설워하노라.

신분은 비록 미천한 기녀였으나 학문과 예술성을 두루 갖춘 예술인 진이였다. 진이는 한다하는 선비들과 사귀고 그들과 금강산을 유람했으며 남다른 삶을 살았다고 할 수 있다.

그네는 소세양과의 사랑을 끝으로 40세의 생을 마감한다.

1604년 암행어사 신분으로 송도에 갔던 이덕형이 진이의 명성을 듣고

이를 「송도기이」에 기록해서야 이런 사실이 후세에 전해진다.

　아름다운 외모는 선녀에 버금갔다.

　천재 시인이자 절창의 가객인 그네의 작품으로는 「청구영언」, 「해동가요」에 시조 4수, 한시 2수가 전한다.

여성예찬

여성예찬의 연원

여성예찬의 예는 동양 최고의 고전이라고 일컫는 『시경』 첫머리 첫수에 나타나 있다. 아래에 첫수 첫머리 4행을 인용한다.

꾸욱 꾸욱 비둘기	關關雎鳩
강안 뭍에서 울 듯이	在河之洲
얌전한 아가씨야	窈窕淑女
사내의 좋은 배필	君子好逑

　남녀 간의 사랑을 노래한 「관저(關雎)」라는 시는 총 20행인데 '요조숙녀(窈窕淑女)'란 구가 4행이나 차지하고 있듯이 동양 최고의 경전인 『시경』마저 이상적인 여성을 일컫는데 '요조숙녀(窈窕淑女)'라는 형용사를 동원했다. 주석가들은 '요조'를 '幽', '閒(閑)', '貞', '靜'이라고 주석하고 마음이 깊고 그윽하다, 행동거지는 여유가 있고 한가하다, 절개는 곧고 태도 또한 고요하다고 풀이하고 있다.

　『시경』의 여성예찬은 그대로 동양적인 여성예찬으로 굳어져 정적이며 고전적인 여성미의 귀감이 되었다.

우리나라도 『시경』의 그것처럼 예찬의 테두리에서 벗어나지 못했으며 여성 자신 또한 얌전과 고요한 아름다움을 장점으로, 아니 천분으로 여겼는지도 모른다. 조선조소설 중 백미의 하나인 「춘향전」에서 춘향의 거동을 묘사한 부분을 인용한다.

고운 태도, 염용하고 앉은 거동, 백석창파 새 빛 뒤에 목욕하고 앉은 제비 사람보고 놀라는 듯, 별로 단장한 일 없이도 천연의 국색이라. 옥안을 상대하니 여운간지명월이요, 단순을 반개하니 약수중지연화로다.

춘향의 얌전하고 조용한 태깔을 예찬하고 있다.

여성을 예찬하는 말로 '물 찬 제비', '구름 사이의 달', '꼭 다문 입술', '그린 듯이 가지런한 아미 같은 눈썹' 등의 어구는 액세서리처럼 따라다녔다. 미인의 차림새를 두고는 '회장저고리', '긴 치마', '외씨 보선', '수당혜' 등으로 묘사했다.

그런 탓인지 모르겠으나 지금까지도 오랜 전통과 미풍으로 굳어진 탓인지 시인이나 묵객들의 단골 메뉴가 되고 있지 않은가.

이런 여성예찬은 온고지신으로 아름답고 그리운 면이 없는 것은 아니나 우주시대인 지금 이를 답습한다는 것은 환상을 좇는 것과 같아서 아름다운 반동으로 대접받을 우려마저 있다.

시대는 바뀌고 사람의 의식도 변했다. 남녀동등의 시대가 된 지 오래다. 아니, 모든 면에서 여성이 남성을 압도하고 있는지도 모른다. 미 LPGA에서 한국 낭자들의 선전이 이를 단적으로 말해 주고 있다.

이번 벤쿠버 올림픽에서 여자 싱글 피겨사상 최고의 점수를 획득한 김연아의 인기는 세계를 들었다 놓았다 하지 않았는가. 해서 지금은 온전히 여성상위시대가 된 것 같은 느낌마저 든다.

이런 여성상위시대에 '아미같은 눈썹', '외씨 보선'처럼 의고적으로 노래해 보았댔자 그것은 이미 흘러간 꿈, 봉건적인 미에 대한 감상이거나 연민이다. 아니, 시적인 만가에 불과할지도 모른다. '一자로 그린 듯한 초생달 같은 아미', '그믐달 같은 눈썹'이며 '擧案齊眉', 곧 밑으로 내리깐 데다 얌전하며 다소곳한 눈매를 예찬한 것이야말로 여성을 외적으로 쏠리는 관심을 의도적으로 막아 버린 셈이 된다.

'회장저고리', '자주 고름'은 자연스런 가슴의 풍부함과 날랜 활동을 저지했다. '질질 끌리는 긴 치마'는 일생 동안 여성을 안방과 마루의 순례자로 만들어 버렸다.

'외씨 보선', '수당혜'는 일종의 전족, 그네들에게 먼 문밖 활동을 못하게 한 것은 아닌지 생각해 볼 일이다.

여성의 남성적 성향은 수치심의 결여에서도 나타나고 있다.

노랑 저고리, 연분홍 치마가 바람에 휘날리며,
다소곳이 앉아 고름만 잘근잘근 물어뜯던
그런 옛날이 그립습니다.

이런 종류의 동경은 아득한 옛날이 되고 말았다.

현대의 그네들은 귀뿌리의 야릿야릿한 간지러움이나 앵두같은 볼의 불그레함이나 복숭아 빛 볼을 잊은 지 벌써 오래다. 그네들 중 일부는 무화과 잎이나 가랑잎조차 거추장스러울 것이다.

그네들은 반나(半裸)나 전나(全裸) 등 누드를 내세우기도 하고 진이(眞伊)까지 들먹이며 시위까지 하지 않는가.

이런 행동이 전통을 해치는 것은 아닐까. 그런 의미에서 고전문학에 나타난 여성예찬을 일별하는 것도 일리가 있지 않을까 한다.

여성어의 정감

여성의 아름다움을 '샛별 같은 눈매', '초생달 같은 눈썹', '방긋방긋 웃는 웃음', '고운 입술과 박씨같은 이'에서 찾았다.

그런데 그 웃음이 아무리 구름처럼 아름답다고 해도, 그 입술이 석류마냥 곱다고 해도, 그 웃음 끝에 영롱히 빛나는 초승달 같은 언어, 석류 주머니를 열고 도란도란 드러나는 사연이라고 하더라도 여성 예찬은 한낱 병풍에 그린 원앙새 같은 정물에 불과한 것은 아닐까.

여성예찬은 오로지 그네들의 낭랑한 목소리, 교묘하고 변화무쌍한 악센트, 다채롭고 화려한 언어에 있기 때문이다.

그것도 언어 예술의 최고는 바로 시에 있다. 시야말로 최고도로 정화되고 순화된 언어의 결정체란 점에 있어 더욱 그렇다. 여성의 언어는 인류 언어 중에서 최고의 시이다.

따라서 여성은 나면서부터 시인이다.

여성은 여러 가지 의미에서 미래의 시인이 되고도 남는다.

여기에는 평범한 여성조차도 예외가 있을 수 없다. 문제는 여성의 언어가 외국어처럼 황홀하고 난해하다는 데 있다.

그네들의 언어를 이해하려면 민첩한 동시통역이 필요하다. 아니 시의, 여성의 언어는 동시통역이 불가능할 만큼 상징적이다.

그러면 이를 보다 상세히 서술하기로 한다.

첫째, 여성어는 요설(饒舌)과 다변(多辯), 곧 총알처럼 쫑알대는 수다함에 있다. 동서를 막론하고 여성에게 침묵과 무언을 강조한 탓인지 여성을 두고 '유한(幽閒)', '정정(貞靜)'을 즐겨 썼고 서양에서도 '침묵이 금'이라는 금언까지 생겼으니.

그렇다고 해도 절로 흘러나오는 예지의 샘물, 앵무새같이 재잘대고 싶어 하는 자랑과 하소연과 흉내는 막을 길이 없다.

마을의 샘가나 시냇가 빨래터, 도시의 공동수도(지금은 옛날이야기가 됐지만), 그네들의 회의를 볼 것 같으면 본연한 변재(辯才)와 다채로운 토의사항, 언어 경연의 콩쿨대회에 나간 것이나 다름없으니 여기서 부연해 뭣하랴.

때늦은 감은 있으나 지금이라도 여성으로 하여금 마음껏 재잘대게 해서 인생의 하숙이 아닌 삶의 주택에 살게 해야 할 것이다. 그네들의 다변과 수다는 눌려 지내는 불평과 누적된 불만과 약자로서 하소연의 통풍구, 사람의 주택이기 때문이다.

둘째, 언어의 속도다. 그네들의 말씨를 보면 봉건시대에는 한없이 느리면서도 전아함을 특색으로 하고 있다. 국문학에 있어서 궁중문학, 내방문학의 우수성은 주로 그런 데서 찾을 수 있다.

초간택이 되니 선대왕께옵서 용렬한 재질을 천보로 여기시어 과히 융숭히 하시어 각별히 어여쁘게 여기시고 정서왕후께서도 가까이 보시고 선희궁께서는 오시어 간선하는 보계에 오르지 아니하시고…

선인이 들어오셔서 선비께 아 아이 수망을 드리니, "이 어떤 일인가?" 하시고 근심하시니, 선비 말씀하시기를 "한미한 선비의 자식이니 들여보내지 말았으면…" 하시고 양위 근심하시던 말씀을 잠결에 듣고 자다가 깨어 마음이 동하여 자리에서 많이 울고 궁중이 사랑하던 일을 생각하니 놀라워 즐기지 아니하니, 부모 도리어 위로하시고 "아이가 무슨 일을 알리." 하시니 내 초간택 후로 심히 슬퍼하는 것을 괴히 여기시니, 궁중에 들어와 억만창생을 겪어 그리 마음이 스스로 그러하였던가. 일변 괴이하고…

「한중록」 – 원문을 읽기 쉽게 윤문했음. 이하 같음

낸들 무슨 일을 아니 헤아리오마는 동서도 모르는 아이 슬하에서 자라는 것이나 보려고 했더니, 위력으로 앗아다가 가는 곳도 이르지 아니하다가 죽였으니 애가 끓는 듯 살을 베는 듯하니. 서러움을 참지 못하여 어머님이시며 내 일로 서러워 죽은 동생들을 생각하니 이제 죽으면 지하에 가도 부형에게 반가이 뵙지 못하여 부끄러울 것이며 외로이 돌 것이니. 참는 일이 많아 죽지 못하니 무슨 원수로 이런 서러운 일을 볼 것인가, 지은 죄 없으니 설움은 내 받으나 …

– 「계축일기」

앞의 인용문은 사도세자 비인 혜경궁 홍씨가 만년에 회고적으로 쓴 『한중록』의 독백, 뒤는 선조의 계비로 폐모되고 아기까지 무참히 빼앗긴 인목대비가 궁녀에게 답한 내용이다. 말 대신 글이긴 하지만 원래 말도 이런 정도에서 크게 벗어나지 않았을 것이라고 짐작되나 처참한 정황을 서술한 언어인데도 줄기차게 느리고 우아함의 일색이다.

셋째는 여성어의 고저음이다.

여성의 음성은 워낙 금속성이 본질이요 쨍쨍한 것이 특징이다. 여성 성악가 중에서 소프라노가 많다는 것은 이를 단적으로 시사한다.

여성들의 얼굴이 아무리 못 생긴 무염(無鹽)이나 돈흡(敦洽) 같다 하더라도 그네들의 낭랑하고 정다운 목소리는 상상 이상의 동경, 매혹 이상의 감정을 느끼게 한다.

그네들은 웅변가의 억양법과 과장법도 충분히 습득해서 놀라운 일에는 저음을 토하고 대수롭지 않은 일에는 최고의 기성을 발하기 일쑤이다.

아래에 인용한 시조를 감상하면 이해가 될 것이다.

묏버들 가지 꺾어 보내노라 임의 손에
자시는 창 밖에 심어두고 보소서
밤비에 새잎 갓 나거든 날인가 여기소서.

솔이 솔이라 하니 솔만 여겼도다
천심절벽에 낙락장송 내 기로다
길 아래 초동의 졈낫이야 겨뤄 볼 줄 있으랴

앞은 홍랑(洪娘)의 작으로 사뭇 여성적인 고운 말씨로 가련한 처지를 하소연한 노래다. 뒤는 소이의 작으로 속된 남성들이 귀찮게 덤벼드는 것을 야유한 내용이다. 두 편 다 나름대로 특징이 있겠으나 전자는 여린 말씨를 좋아하고 후자는 거센 남성에 대항하는 말씨가 뚜렷하다.

여성어에는 여성 자신의 정서가 깃들어 있다.

남성에게는 여보, 당신, 그이, 자네 등은 살벌한 단어일지 모르나 일단 여성의 입에서 나오는 순간, 언어의 마술사에 홀린 듯 다정한 말씨로 변한다. 최고의 찬사에 값하는 여성의 언어도 반대로 전환하는 예가 없지 않아 있긴 있다.

여성들의 왜곡된 눈썹, 비틀리는 푸른 입술을 통해 나올 때는 딱한 풍경, 성가신 청감(聽感)에 해당되는 경우이겠기 때문이다.

그런데 욕설과 싸움은 때로는 고성이 필요할지 모른다.

그러한 경우에도 어느 시인의 애인, 그네의 꾸지람마저 시적으로 미화하여 아름답고 성스럽게 할 수 있는 장점이 곧 여성어고 여성어의 정서라고 할 수 있을 것이다. 따는 그럴 수도 있지 않을까 싶다.

여성의 작품으로 고조선 때 백수광부 처의 「공무도하가(公無渡河歌)」, 진덕여왕의 「치당태평송(致唐太平頌)」이 있으나 믿을 것이 못된다.

그에 비해 훈민정음이 창제된 뒤 그 보급의 일환으로 불경언해를 추진하면서 내간체가 형성되었다.

이는 여류문학의 원동력이 되기도 했다.

정음이 창제된 이래 『석보상절(釋譜詳節)』과 『월인천강지곡(月印千江之曲)』, 계속된 불경언해(佛經諺解)로 정음이 문자로 정착하게 되었다.

이어 성종의 어머니인 인수대비에 의해 『내훈(內訓)』과 『여사서(女四書)』가 간행되어 여류문학이 뿌리를 내리게 되었으며 『두시언해(杜詩諺解)』와 『소학언해(小學諺解)』 등으로 싹이 텄다.

그러나 삼강오륜의 하나인 남녀유별(男女有別)이 삼종지도, 칠거지악, 남존여비, 남녀칠세부동석 등으로 악용되어 여성들에게 올가미를 씌우더니 급기야 문자 교육까지 금기시했다.

뒤늦게 여성의 배움은 정음이 창제된 이후에도, 정음을 두고 언문(諺文), 안글, 뒷간글이라 해서 배우게는 했으나 편지를 써 안부를 물을 정도의 배움이 전부였으니 딱한 제도의 올가미였다.

그런데도 여류의 작품이 가뭄에 콩 나듯 했으니 그나마 다행이랄까.

신라나 고려에도 총기로 빚은 즉흥적인 노래가 있었다.

향가 14수 중에서 여성의 작으로 유일하다고 알려진 희명의 「도천수대비가(禱千手大悲歌)」야말로 참으로 값진 보배가 아닐 수 없다.

백제 지역의 유일의 시가 「정읍사」, 고려가요의 백미 「서경별곡」 「가시리」, 그리고 「사모곡」 「유구곡」 「상저가」가 이채롭다. 비록 구전되다가 정음이 창제된 뒤 문자로 기록된 것이긴 하지만. 정음의 서문 그대로 사람마다 쉽게 익혀 날마다 쓰는 취지와는 달리 소수의 여성만이 향유해

남은 작품은 손에 꼽을 정도니 생각할수록 안쓰럽다.

　손에 꼽을 정도이나 그 중 혜경궁 홍씨의 「한중록(閑中錄)」은 백미라고 할 수 있다. 의령 남씨(연안 김씨로 알려졌음)의 「의유당일기(意幽堂日記)」, 무명 궁녀의 작으로 알려진 「인현왕후전(仁顯王后傳)」, 영창대군의 궁중비사를 기록한 「계축일기(癸丑日記)」도 함초롭다.

　그외 내방가사하며 「원부가」 「규원가」 등도 있다.

　진이는 자유분방한 삶을 살았다면 그네와는 대조적인 삶을 산 여인이 허 난설헌이다. 진이가 시조와 한시에 능했다면 한시로는 허 난설헌이 독보적이다. 그만큼 그네는 한시에 능했다.

　난설헌은 허균의 여동생으로, 일찍부터 삼당 시인 손곡(蓀谷) 이달(李達)에게 사사까지 받았는데 안타깝게도 27세로 요절했다.

　그네를 두고, 신위(申緯)는 독장으로 다뤘고 황현(黃玹)은 독상으로 대접해서 한시를 높이 샀음은 우연이 아닐 것이다.

　『난설헌집(蘭雪軒集)』은 나라에서 주조한 재주 갑인자로 인출되었고 이어 목판본으로도 찍어냈으며 동래에서는 중간본이 인출되기도 했다. 명나라와 왜에서도 간행될 정도로 유명했다.

　「유흥(遺興)」 8수 중에서 3수를 아래에 옮긴다.

내게 고운 비단 한 단 있는데	我有一端綺
털고 씻어 때깔도 으리으리해	拂拭光凌亂
더욱이 한 쌍 봉황 수 놓여 있어	對織雙鳳凰
그 무늬 어찌나 찬란한지	文章何燦爛
몇 해를 상자 속에 숨겨뒀다가	幾年篋中藏
오늘 아침 님에게 꺼내 드리니	今朝持贈郎
당신 바지 짓는 거야 아깝잖으나	不惜作君袴

남의 치마는 짓게 하지 마셔요　　　莫作他人裳

　진작 삼당 시인으로 일컫는 손곡에게 사사해서 시의 격률을 닦는 솜씨 그대로다. 더구나 아낙의 야무진 속셈을 나름대로 휘감아 마무리한 솜씨는 보석처럼 빛나지 않는가.
　당신의 바지나 저고리를 해 입는 것은 상관없으나 씨앗의 치마감으로 주는 것은 두고 볼 수 없다는 실타래는 사뭇 당부에 불과하긴 하지만.
　이런 심사는 남정네로서는 표현할 수 없을 것이다.
　옥봉의 「만흥증랑(漫興贈郞)」을 옮긴다. 그네는 조원의 소실로도 유명하다. 그네의 시는 『가림세고(嘉林世稿)』에 부록으로 전하며 중국의 『열조시집(列朝詩集)』에 33수나 수록되어 있다.

강 머리 버들 가 오화마 울어	柳外江頭五馬嘶
게슴츠레해져 누각에서 내려온다	半醒半醉下樓時
봄을 타는 야윈 볼 거울 앞에서	春紅欲瘦臨粧鏡
매창에 비껴 눈썹 그리오	試畵梅窓半月眉

　다음으로 매창의 시 「자한(自恨)」을 옮긴다.
　그네는 부안 기생으로 지금도 무덤을 찾는 이가 끊이지 않는 것을 보면 그네의 시가 옹골차기 때문일 것이다.

추운 봄날 옷을 깁는데	春冷補寒衣
햇볕이 따사로워 사창에 기대다	紗窓日照時
고개 숙여 손에 맡겨 두니	低頭信手處
눈물지는구나, 바느질감에	珠漏滴針線

그네의 아름다운 미모와는 달리 시는 대개 눈물로 먹을 갈고 시름으로 붓을 삼아 엮어내서인지 무척이나 구성지다.

비록 몸은 버림을 받았다 할지라도 시만은 눈물방울 방울방울 먹음은 탓인지 관조(觀照)의 경지를 뛰어넘어 동화(童話)같은 그리움을 낳은 것이 그나마 다행이 아닐 수 없다.

끝으로 부용당 운초의 「자조(自嘲)」 첫 수를 옮긴다.

사곡야 화예부인 같이 어렵고	詞難花蕊似
시문으론 어찌 난설헌과 같으리	文豈景樊同
뜬소문이 날 속였구나	浮譽眞欺我
잦은 서울 나들이 번거로울 뿐	頻繁到洛中

이 시를 두고 시어를 풀이함에 있어 미스도 많았다.

화예(花蕊)는 사곡의 명인 화예부인(花蕊夫人)이고 경번(景樊)은 난설헌(蘭雪軒) 허부인의 자인데도 무지의 소치로 말미암아 화예를 꽃술로, 경번을 경치로 풀이하는 어리석음을 범하기도 했다.

여인네의 심사 그대로 선배에게 미치지 못할까, 그것이 안타까워한 의표(意表)를 쿡 찔러 표현해 놓았다.

이밖에 여성이 쓴 가사로 「화전가(花煎歌)」 「원부가(怨婦歌)」 「규원가(閨怨歌)」 등이 있으나 한시에 비해 수준이 떨어진다.

이상을 정리해 보면, 여성어의 보배야말로 언어로 연출한 바로 그네들의 정서에 있다고 하겠다.

김시습의 생애와 문학

매월당의 생애

 김시습의 기록은 김시습의 『상류양양진정서(上柳襄陽陣情書)』, 윤춘년의 『매월당선생전』, 이이의 『김시습전』, 『조선왕조실록』 등에 단편적으로 나타나 있으나 무엇보다도 시로서 일생을 살았기 때문에 시를 통한 생애 추적과 사상 파악이 올바른 연구 자세라고 할 수 있다.
 시습은 1435(세종 7)년 한양 성균관 북쪽에서 김일성의 아들로 태어났다. 생후 8월에 이르러 글자를 해독했다.
 이를 외조인 집현전 학사 최치운이 매우 기특하게 여겨 『논어』에 나오는 첫 구절인 학이시습지 역열호야(學而時習之 亦悅呼也)란 문구에서 따 시습(時習)으로 이름을 지었다고 한다.
 시습은 3세까지 외조에게 「정속(正俗)」, 「유학(儒學)」, 「소학(小學)」 등을 배웠으며 5세 이후로는 이계향(李季向)에게 『대학』, 『중용』 등을 배워 신동으로 소문이 자자했다고 한다.
 승상 허조(許稠)가 소문을 듣고 시습을 찾아가 시험해 보고 시의 기재(奇才)에 감탄을 마지 않았다고 한다.
 이런 사실을 들은 세종대왕은 지신사 박이창(朴以昌)을 보내어 신동인지 아닌지를 한번 시험해 보라고 지시했다.

박이창이 댁으로 찾아가 시습을 앞에 앉혀놓고 먼저 시를 읊었다.

동자지학 백학무청송지말(童子之學 白鶴舞靑松之末).

(동자의 학문은 백학이 푸른 소나무 끝에서 춤을 추는 것과 같도다.)

시습이 이를 음미하자마자 거침없이 대구로 받아서 화답했다.

성주지덕 황룡번벽해지중(聖主之德 黃龍翻碧海之中)

(임금님의 덕은 황룡이 푸른 바다 가운데를 나는 것 같도다.)

이런 화답으로 지신사를 탄복시켰다.

세종대왕은 이런 보고를 받고 직접 시습을 친견했다.

그때 삼각산벽화(三角山壁畵)를 보고 시를 짓게 했으며 지은 시를 보고 감탄해서 명주 50필을 하사하면서 어린 것이 어떻게 가져가는지 그게 알고 싶어 남의 손을 빌리지 말고 직접 가져가게 했다.

어린 시습은 비단 50필을 풀어 끝과 끝을 칭칭 동여매더니 허리에 묶고는 대궐을 빠져나가 종로를 지나가는데 종로 거리가 비단으로 덥혔다는 일화까지 전해오고 있다. -『於于野談』

시습은 13세까지 대사성 김반(金泮)에게 『맹자』, 『시경』, 『서경』, 『춘추』 등을 배우고, 대사성 윤상(尹祥)으로부터는 『주역』, 『예기』, 『제자백가』 등을 배웠다고 한다. 13세시 지은 「여민(旅悶)」이란 시에 '실부모십삼세 제휴외국파(失母十三歲 提携外麴婆)'(『상류양양진정서』에는 '至十五歲 慈母見背')에서 보듯이 13세에 부모를 여의고 강릉으로 낙향해서 외조모 슬하에서 자라다가 외조부마저 작고하기에 이른다.

아버지는 재혼했기 때문에 시습은 이로부터 성정이 일그러지기 시작했으며 혜안은 건강을 잃기 시작했다.

그는 호남의 거유 준상인(峻上人)을 찾아 불도를 익혔으며 선을 문답하기도 했으나 인생무상을 느껴 석교에 관심을 두기도 한다.

시습은 단종 원년, 계유 감시(監試)에 합격한다. 이어 단종 즉위 축하연인 증광시(增廣試)에는 낙방을 한다. 그 뒤로 낙방의 상심인지, 계유정난(癸酉靖難)의 충격인지 삼각산 중흥사로 시습은 잠입한다.

세조의 왕위찬탈 소식을 들은 시습은 대성통곡을 하다가 유서(儒書)를 불태우고 광인으로 자처했으며 방랑의 길로 들어선다.

그는 한양을 떠나기에 앞서 노량진 형장에 나타나 육신의 시신을 걷어 언덕에 매장(오늘날 사육신의 묘)하고 곧장 계룡산 동학사로 내려가 사육신을 치제했으며 단종의 죽임을 듣고 북향해 치제했다고 한다.

그는 동학사를 나와 송도의 명승, 고적을 돌아보았으며 감상에 젖기도 했다. 추색이 짙어지자 관동유람의 길에 나서 금강산으로 들어가 자연에 도취했으며 동학사로 되돌아가 단종의 3년 치제를 지냈다.

그런 다음 한양으로 돌아와 산사를 찾아다니며 시를 짓고 독경을 하면서 겨울을 나자 강릉으로 내려가 선경을 완상했다. 또한 오대산으로 들어가서는 소암을 복축하고 지내기도 했다. 시습은 호남유람의 길에 나서 노사신(盧思愼)을 만났으며 남원 광한루를 탐승하기도 했다.

이처럼 시습은 20대를 방랑과 유람으로 보냈다.

그는 원각사 낙성식이 있던 29세 때는 한양으로 올라와 효령대군의 간청으로 세조의 불경언해(佛經諺解)를 도와 내불당에서 교정을 봤다.

시습은 영주하기 위해 경주 금오산을 들어가 금오산실을 복축하고 3년 동안 금오산실에 은거하며 『금오신화』를 지었다.

「금오신화」를 지어 석실에 보관하면서 이것이 1백년 뒤에야 세상에 알려지기를 바란다고 기록하기도 했다. 그 뒤 「금오신화」는 흔적도 없이 사라졌다가 그의 유언대로 뒤늦게 1933년 동경제대 고서 창고에서 발견되어 비로소 세상에 알려져 화제가 되었다.

세조 10년, 그는 초청장을 보내지도 않았는데 이를 예측하고 미리 경주를 출발해 상경해서 늦지 않게 원각사 낙성법회에 참석하기도 했으며 또 낙향했다가 성종이 즉위하자 한양으로 돌아왔으나 의도대로 되지 않아 재차 방랑의 길로 들어선다.

성의 동쪽에 폭천정사(瀑泉精舍)란 작은 암자를 지어 도성을 출입하면서 기행을 자행했다. 때로는 광태를 자행하기도 했다고 한다.

시습은 수락산으로 들어가서는 정사를 짓고 은거도 했다.

47세 때는 우인들의 권고로 과부 안 씨와 결혼했으나 3년도 못되어 안 씨가 병사하자 또다시 삭발하고 방랑생활로 들어서서 관동유람 길에 올랐으며 양양에 암자를 지어 호구하기도 했다.

그는 10년만에 상경해 남효온(南孝溫), 김일손(金日孫) 등과 교류하다가 설악산으로 잠적하기도 했다. 57세 때는 동학사를 찾아 단종의 초혼각에 참배했으며 만수산 무량사에서 59세로 일생을 마쳤다.

좌의정인 서거정에게 오물 투척 사건은 특히 유명한 일화다

인간상

일생을 방랑으로 일관했던 김시습은 자가 열경(悅卿), 호는 설잠(雪岑), 매월당(每月堂), 동봉(東峰) 등이다.

김시습은 신동으로 태어나긴 했으나 풍채가 왜소해서 위엄이 없었으며 용모마저 불미해서 남의 호감을 사지도 못했다.

또한 성격이 강직해서 친구마저 없었고 남의 과실마저 용납하지 않은 점으로 보아 도량이 넓은 위인은 아닌 듯하다고 평한다.

그는 호매한 성격 탓으로 60여 평생을 방랑으로 일관했고 편벽한 성품은 세조의 왕위찬탈을 용납할 수 없었으며 성종과 같은 성군을 만났으나

출사할 용기를 내지 못했다고 한다. 성격 그대로 불우한 일생을 보냈으며 몸마저 약했으니 신동의 불행 그대로라고 할 수 있겠다.

이런 불행은 오만했던 젊은 날의 장심(壯心)도 아니었으며 인간 김시습의 자탄이라고 할 수밖에 없겠다. 그는 젊은 시절에 공명에 뜻을 두었다가 진흙 속의 거북이 꼴이 되었으며 인간적인 모든 것조차 파탄에 직면한 비극의 인생, 바로 그것이라고 할 수 있다.

그러나 이런 평은 재야의 처사적(處士的) 인간들에게 긍지와 명분을 주기 위한 기도된 정치적 작위임을 알아야 하며, 사류들의 관계 진출에 의욕을 상실케 하기 위한 자보책으로, 제한된 정치무대에서 기득권층의 지위유지를 위한 대응책이라고 볼 수도 있다.

따라서 이들에 의해 기록된 김시습의 면목이나 사실이 다른 방향으로 기술될 수도 있어 신빙성이 약하다고 하겠다.

『상류양양진정서』마저도 그러하며 율곡의 『김시습전』도 사후 90년만에 완성된 것이며 야담이나 일화도 그러하다.

요컨대 그의 시작과 시의 내용을 더듬어 전기류와 대조하면서 고찰해야 올바른 그의 인간상을 도출할 수 있을 것이다.

문학사상

연구자들은 그를 흔히 불적유행('佛跡儒行')이라고도 하고 '유심불적(儒心佛跡)'이라고 평하기도 한다. 이유는 유가에서 태어나 유신들에게 사사했으며 20세를 전후해서 감시에 합격했으나 중광시에 응시해 출사하려다 실패한 뒤, 삼각산 중흥사로 들어가 수도까지 했기 때문이다.

또한 불승의 행색으로 전국을 유람했으며 불사에 거주하면서 독경과 참선을 생활화했다. 그러면서 『묘법연화경별찬(妙法蓮華經別讚)』, 『화음

일승법계도(華音一乘法界圖)』등을 저술했다.

　제자들은 그를 신승으로 받든 데는 불교사상이 매우 깊었기 때문이다.

　시습은 도교사상에도 관심을 드러냈다.

　『남화경(南華經)』,『도덕경(道德經)』,『황정경(黃庭經)』등에 심취했다. 그런 탓으로 신선술이 풍부했으며 도교의 장생술을 몸소 시험하기도 했다. 당시 박학자라면 유·불·선 삼교에 통달한 것이 관례였듯이 동봉도 예외는 아닌 듯하다. 그리고 유심불적의 동기는 단종 폐위, 왕위찬탈에서 영향을 받은 듯하다. 마침내 그는 금오산에 은거하면서 지은『금오신화』야말로 한국소설문학사상 획기적인 획(劃)을 긋게 된다.

작품에 나타난 문학사상

　「만복사저포기(萬福寺樗蒲記)」의 배경은 남원이다.

　일찍 부모를 여읜 양생은 불전을 찾아가 가연을 맺어 달라고 발원한다. 발원하면서 마음속으로 부처님과 저포놀이를 해서 이기면 소원을 들어 주기로 일방적으로 약속하고 승부에서 이긴다.

　저포놀이로 승부를 걸어 이김으로써 가연을 맺은 놀이는 작자가 좋아하는 유희(興善行鬪樗蒲喜題)라고 할 수 있다.

　부처님은 약속대로 최 씨를 점지해 준다. 양생은 그녀와 3일을 함께 산다. 3일이 지나자 그녀는 왜구를 만나 정절을 훼손하기 전에 자살을 해 절개를 지킨 원귀임을 밝히고 신원해 줄 것을 부탁하고 사라진다.

　그녀는 이별연을 베푼 다음, 사라졌다가 이틀 뒤 보련사에서 양생을 다시 만나 침식을 같이 하고 또 사라진다.

　이는 인귀교환설화(人鬼交歡說話)로 우리나라 중국 문헌에 자주 등장하는 설화에서 소재를 취했다고 할 수 있다.

도교에서는 죽어도 죽지 않는 영생설을 이상으로 여기고 있다.

양생이 절에 가서 제를 지낸 뒤 3일 만에 여인이 공중에 나타나 '당신의 정성으로 내가 타국에 가 남자로 태어나게 되었으니 당신도 정업을 닦아 윤회를 벗어나소서.' 한다.

이는 불교의 영험사상(靈驗思想)을 반영한 것이며 불교의 윤회사상을 가미했다고 하겠다.

따라서 불교적인 소설의 성격이며 불교사상의 반영이라 할 수 있다.

「만복사저포기」의 줄거리는 『전등신화』의 「등목취유취경원기(騰穆醉遊聚景園記)」의 줄거리와 유사하다고 할 수 있다.

「이생규장전(李生窺墻傳)」은 고려의 송도를 배경으로 했으며 홍건적의 난이 그 배경이다. 18세의 수려한 선비 이생은 16세의 재원이며 시문에 능한 규수 최랑을 만나 사랑을 나누는 이야기다.

전반부 -이생이 자수를 놓고 있는 담장 안의 최랑을 엿보다 그 미모에 반해 만나자는 짧은 메모를 써서 던져 준다.

최랑은 이생을 월담케 해서 그 밤으로 가연을 맺으며 밤마다 담을 넘나들면서 두 사람은 사랑을 만끽하게 된다.

이런 사실을 안 이생의 부친이 아들을 울주로 내려 보내어 두 사람은 자신들의 의지와는 상관없이 이별하게 된다.

최랑이 상사병으로 몸겨눕자 이를 안 최랑의 부친은 딸을 살리기 위해 체면불구하고 이생의 부친에게 청혼한다.

이생의 부친도 남의 딸을 애매하게 죽게 할 수 없다고 생각해서 결혼을 승낙한다. 해서 두 사람은 결혼해서 행복하게 산다.

후반부 -호사다마라고 홍건적이 난입하자 최랑은 피난을 가지 못하고 적에게 붙잡혀 항거하다 죽임을 당해 원귀가 된다.

어느 날 깊은 밤, 최랑이 이생을 찾아온다. 이생은 그녀가 원귀인 줄 알면서도 그녀를 맞아들여 함께 산다.

하루는 그녀가 자기는 원귀며 부모의 시신이 들판에 버려져 있으니 거두어 장사 지내 줄 것이며 보물을 숨겨둔 장소를 알려주면서 이를 찾아 장례비용으로 쓰라고 한다.

이생은 그녀의 말대로 양가 부모의 시신을 거둬 안장하며 숨겨둔 보물을 찾아 행복한 생활을 한다.

그러다 운이 다했는지 최랑은 영결을 아뢰고 어디론지 사라진다.

전반부는 남녀가 자유연애 끝에 결혼해서 행복하게 산다는 줄거리로 현실적이라고 할 수 있다. 그러나 후반부는 죽은 아내와 재회해서 살았기 때문에 이는 인귀교환설화로 비현실적이다.

사상적으로는 유교적이나 부모들이 용납할 수 없는 자유연애사상이 짙으며 인귀교환의 구조는 도교적 숙명론이라 할 수 있다.

원귀환신(寃鬼幻身)은 죽어도 죽지 않는 도교의 영생설과도 부합되며 후반부의 재결합의 당위성을 부여한다.

소설의 말미는 허무하게 끝나는데 이는 불교의 무상관에서 유래했다.

「이생규장전」을 소설의 구조로 보면 2중 순환구조라고 할 수 있다.

1차 순환은 현실로 행복의 성취를 다뤘으며 가연(구애로 결합), 행복(자유연애), 부모에 의한 이별은 불행(도덕적 신분적 갈등)이며 최랑의 목숨을 건 투쟁으로 결혼해서 행복을 쟁취(자아성취 의지)한다.

이로 보면 행·불행이 교차하는 현실순환 형이 된다.

2차 순환은 비현실적으로 행복의 좌절이다.

홍건적에 의한 이별은 불행(인간악의 전형, 전쟁)이며 생자와 사자와 결합은 행복(사자인 줄 알면서. 이는 인간악의 항거)이며 생자와 사자와의 이별은 불행(이생이 득병해 죽는다)이다.

주자학의 이기이원론으로 보면, 주기론을 거부한 셈이다. 또한 만물을 기의 대립적 운동으로 파악하는 주기론의 존재를 확립한 셈이며 미신적·종교적 세계관을 부정하고 일원론적 세계관을 정립한 것이 된다.

민담은 재치 있게

백사와 한음

백사(白沙) 이항복(李恒福)과 한음(漢陰) 이덕형(李德馨)은 어려서부터 서로 이웃해 살았다. 그런 탓으로 죽마고우가 되어 공부에 힘을 쏟기 보다는 장난이 너무 심해 어른들의 걱정이 이만저만이 아니었다.

생각다 못한 두 집안 어른들은 여덟 살 난 아이를 저 먼, 깊은 산골에 있는 월정사 주지 스님에게 보내 공부를 맡기기로 했다.

그들은 월정사 주지 스님 밑에서 공부를 하면서도 장난은 여전했다.

폭우가 쏟아지고 노성벽력이 치는 한밤중이었다.

그들은 공부를 하다가 심심해지자 특유의 장난기가 발동했다. 그래서 생각해 낸 것이 내기, 지는 쪽이 내일 아침을 굶기로 했다.

내기는 다름 아닌 어른들도 섬뜩해 하는, 해가 지면 변을 보러 가지 않는다는 절 뒤쪽 뒷간에 가 대변을 보는 것이었다.

가위 바위 보를 해서 진 쪽이 먼저 가 대변을 누고 오기로.

한음이 져서 먼저 대변을 누러 가야 했는데 바깥은 뇌성벽력이 치며 번개가 번쩍였으며 한 치 앞도 내대볼 수 없을 정도로 어두웠다.

그런데도 한음은 어둠 속을 더듬어 절 뒤 뒷간으로 갔다. 가서는 번개를 이용해 뒷간 나무틀에 걸터앉아 바지를 간신히 내리고 대변을 보려고 짜장 힘을 주려고 하는 찰나였다.

바로 그때였다. 밑에서 시커먼 물건이 쑥 솟아오르더니 잠지를 거머잡고 무지막지하게 당기는 것이 아닌가.

한음은 변을 보기는커녕 죽을 힘을 다해 이를 뿌리치고 일어나는 길로 방으로 뛰어들었는데도 너무 놀란 나머지 마음이 진정되지 않았다.

백사가 불안해하는 한음을 보고 물었다.

"그래 대변은 보고 온 게야?"

한음은 여전히 떨어대면서도 시침을 뚝 따고 대답했다.

"누고 왔지. 내가 누군데…"

"누고 왔다면서 왜 그렇게 덜덜 떨긴 떨어대?"

"떨긴 누가 떨었다고 그래."

"별 일은 없었겠지?"

"별 일은 무슨 일? 아무 일도 없었어."

"좋았어. 나도 가서 누고 오지."

백사는 무섭기야 했지만 태연한 척하면서 뒷간으로 가서 바지를 내리고 한참 변을 보려고 힘을 잔뜩 쓰고 있는 찰나였다.

바로 그 찰나였다. 또 뒷간 나무틀 밑에서 시커먼 물건이 불쑥 올라오더니 잠지를 검어 쥐고 사정없이 당기는 것이 아닌가.

그런데도 백사는 당황하지 않은 채 점잖게 한 마디 던졌다.

"여보게. 장차 이 나라의 정승이 될 사람의 물건을 함부로 당기면 되겠는가? 좋은 말로 할 때 빨리 놓게나."

그 말에 시커먼 물체는 신통하게도 잠지를 잡고 늘어졌던 손을 슬그머니 빼치더니 흔적도 없이 사라져 버렸다.

백사는 느긋하게 볼 일을 보고 태연스레 방으로 돌아왔다.

이런 태연한 백사를 보고 한음은 궁금했다.

뒷간에서 자기가 당한 것처럼 무슨 일이 일어났는지 아닌지, 무엇보다 그것이 궁금했다. 궁금해 견디다 못한 한음이 말을 붙였다.

"너 대변을 볼 때, 아무 일도 없었어?"

"일은 무슨 일, 아무 일도 없었는데…"

백사는 한음이 어떻게 나오는지 보기 위해 시치미를 뚝 뗐다.

"정말 아무 일도 없었어? 내가 볼 일을 볼 때는 밑에서 시커먼 것이 솟아올라 내 물건을 잡아당겨서 겨우 빼내 도망쳐 왔는데…"

"그랬었어? 실은 나도 일을 당했어. 나는 네가 장난치는 줄 알고, 장차 정승이 될 사람의 물건을 함부로 당긴다고 점잖게 한 마디 했더니 놓아주더라. 그래서 볼 일을 보고 왔지."

"난 방안에 죽 박혀 있었는데. 그렇다면 물건을 잡아당긴 것은 동자승 귀신이 아닐까. 동자승이 뒷간에서 변을 보다가 빠져 죽었다는데 그런 귀신이 우리에게 한 짓인지도 몰라."

그들은 이야기 끝에 새삼 무서워 오들오들 떨면서 밤새 잠 한숨 자지 못하고 꼬박 밤을 새웠다.

실은 주지승이 한밤중에 아이들이 뭘 하고 있는지 알아보기 위해 몰래 방안을 엿보았다. 엿보다가 아이들의 대화를 엿듣고 미리 뒷간 밑으로 들어가서 기다리고 있었던 것이다.

애들이 바지를 내리고 변을 보는 틈을 타 물건을 잡아당기면 어떻게 대처하는지, 그 배포를 알아보려고 했던 것임을.

한음의 물건을 잡아당기자, 이를 강제로 뿌리치고 일어서서 급히 달아나는 것을 보고는 "이놈의 배짱은 판서밖에 못하겠어." 하고 생각했으나 백사는 한음과는 달리 오히려 점잖게 손을 놓으라는 배짱에 "이놈은 장차 정승을 하고도 남겠어." 하고 예언까지 했다나.

주지승의 예언은 그대로 적중해서 한음은 판서밖에 되지 못했으나 백사는 승차를 거듭해서 영의정에 제수되었다.

점심 내기

백사와 한음이 여주를 갔다가 돌아오는 길에 이천의 한 고갯길에 이르렀을 때, 백사는 배가 몹시 고팠으나 주머니가 비어 점심을 사 먹을 수도 없었다. 그때 밭에서 노파와 손녀인 듯한 아가씨가 목화를 따고 있었다.

이를 보고 백사가 한음에게 점심 사기 내기를 제안했다.

내기는 다름 아닌 아가씨에게 키스하고 오기.

백사가 한음 보고 "자네가 먼저 가서 키스하고 오지. 그러면 점심은 내가 사지." 하고 제안했으나 한음이 못하겠다면서 거절했다.

백사는 미소를 지으며 "그렇다면 내가 가서 키스를 하고 오지. 자네는 점심 살 준비나 하고 있어." 하더니 밭으로 뚜벅뚜벅 걸어가지 않는가.

할머니에게 다가간 백사는 능청스럽게 말을 붙였다.

"할머니, 허리가 몹시 아프시지요. 제가 좀 도와 드릴까요?"

할머니는 웬 젊은인가 해서 의아해 하다가 "젊은이가 도와주면 고맙지." 하고 요청을 받아들였다.

백사는 할머니 곁에서 부지런히 목화를 땄다.

얼마나 시간이 흘렀을까.

갑자기 백사가 드러누워 데굴데굴 구르며 죽어가는 시늉을 했다.

"할머니, 제 눈에 티가 들었는지 눈을 뜰 수 없어요."

"그렇다면, 어디 봄세."

할머니가 백사의 눈에 들어간 티를 빼주려고 눈을 이리저리 들여다보았으나 시력이 나빠 눈에 들어간 티눈이 보일 리가 없었다.

그러자 할머니는 손녀를 보고 말했다.

"난 눈이 나빠 보이지 않으니 니가 티 좀 빼줘라."

아가씨는 젊은이가 아프다고 죽어가는 시늉을 보다 못해 못 이긴 듯이 눈에 들어간 티를 빼주려고 얼굴 가까이 입을 대고 훅훅 불어대는 것이 아닌가. 멀리서 보면 영락없이 키스를 하는 것과 다름없었다.

이를 지켜보던 한음은 놀라 수밖에.

그것도 백사가 키스를 하는 것이 아니라 아가씨 스스로가 백사에게 다가가 키스를 하는 데야.

그래서 한음이 내기에 진 것은 물론이고 점심까지 사야 했다.

백사와 이여송

명나라 구원대장 이여송은 조선의 국경인 압록강에 도착하자마자 갖가지 생트집을 잡는 설화가 소설적인 전이를 입어 「임진록」에 수록되었다. 더욱이 임진왜란 이후로도 원병에 대한 부정적인 면을 단적으로 보여주는 설화가 수없이 잉태하기도 했다.

하나의 예를 든다. 구원장 이여송이 조선 국경에 이르자 환영 나온 조선 신하들에게 일언반구도 없이 바위 같은 주먹을 불쑥 내밀었다. 이에 도열한 조선 신하들은 영문을 몰라 당황할 수밖에.

선견지명이 뛰어난 백사는 그보다 한 술 더 떠 소매 속에 미리 준비해 간 두루마리를 꺼내어 이여송의 손에다 턱 쥐어주었다.

그런데도 여전히 기고만장하던 이여송은 두루마리를 펴보는 순간, 갑자기 사색이 되어 부들부들 떠는 것이 아닌가.

백사가 불쑥 내민 것은 두루마리, 두루마리가 이여송의 기대를 완전히 무너뜨렸으며 더욱이 조선에도 인재 있음에 놀랐기 때문이다.

이여송은 조선에 도착하는 즉시 조선 신하들의 기를 꺾어놓으려고 단단히 별났다. 해서 말 한 마디 없이 손을 불쑥 내밀어 조선의 전략지도를 요구했던 것이다. 만약 요구했던 전략지도를 쥐어주지 않으면 천군만마를 호령하던 대갈일성으로 조선 신하들의 기를 팍 꺾으려고 했었는데 그런 기고만장을 꺾여 버렸으니 기가 죽을 수밖에.

백사는 이런 일이 있을 것을 예지하고 대비했으니 오히려 이여송의 콧대를 납작해하게 만들었던 것이다.

소설 「임진록」은 이여송이 갖가지 생트집을 잡는 것을 소설화해서 원병에 대한 당 시대 사람들의 부정적인 일면을 여실히 보여 주고 있다.

선조 독 안에 들어가다

그 뿐만이 아니었다. 이여송은 한양으로 진군하자 더 이상 군을 재촉해 남진하려 하지 않았다. 이유는 조선왕이 자기를 직접 맞이하지 않았다고 해서 생트집을 잡았기 때문이었다. 그런 짓거리는 구원장의 오만이었고 왜병을 두려워한 핑계에 지나지 않았는데도.

이여송의 마음을 쉽게 돌릴 수 없음을 안 백사는 만반의 대비책을 세우고 선조에게 이여송을 만나줄 것을 간청했다.

그리고 이여송을 속이기 위해 조선은 전쟁으로 말미암아 염병이 돌아 왕도 괴질에 걸렸다. 그런 중병인데도 장군을 만나려 한다.

그런데 장군은 전염병에 감염되면 원병장으로서 큰일이 아닐 수 없다. 그래서 전염을 예방하기 위해 중간에 병풍이라도 가리고 만나는 것이 보다 안전하겠다며 이여송을 굉장히 생각해 주는 척했다.

그러자 오히려 배알을 청한 이여송이 내심 당황했다.

선조를 배알하던 날, 이여송은 천군만마를 호령하던 야전 사령관답게 우렁찬 목소리를 한껏 뽑아 문안을 올렸다.

"대명 구원장 이여송이 조선 왕께 문안을 드리오."

그랬는데 웬걸, 염병에 걸려 앓고 있다는 조선왕의 목소리가 되레 천지를 진동하듯 쾅쾅 울려나오는 것이 아닌가.

실은 여자 같은 가냘픈 음성을 가진 선조였는데 불충이긴 했으나 백사가 기지를 발휘해 선조를 큰 독 속에 들어가게 해서 그 속에서 말을 하니 소리가 우렁차게 울려나올 수밖에.

이여송은 평소 건강하다면 선조의 목소리가 얼마나 클까 하는 생각이 들자 그만 기가 팍 꺾이고 말았다. 기가 팍 꺾인 이여송은 "선조야말로 정말 왕상답다." 고 혀를 내둘렀다.

이런 냉소적인 구비전승도 소설로 전이되었다.

「임진록(국도본)」에는 "이여송이 조선왕은 왕상이 아니라는 핑계로 회군하려 하자, 선조는 신하들의 간청을 받아들여 칠성단을 쌓고 그 위에 독을 올려놓고 독 속에 들어가서 통곡을 해 회군을 멈추게 했다." 는 민담을 그대로 소설로 전이한 대목이 보인다.

이여송과 소년

『청구야담(靑邱野談)』에 수록되어 전해지는 '노옹기우범제독(老翁騎牛犯提督)'은 임진왜란에 얽힌 설화 중 압권의 하나라고 할 수 있다.

이여송은 평양 대첩 후 평양성으로 들어간다. 평양성으로 들어가 성벽을 살피다가 문득 조선의 산천이 너무나 빼어나 은근히 시기심이 부글부글 끓었다.

하루는 참모들을 대동하고 연광정 아래에 펼쳐진 강변 모래밭에서 잔치를 베풀었다. 그 때 한 노인이 흑우를 타고 지나갔다.

이여송은 군교를 불러 노인을 잡아오게 했다.

군교가 노인의 가던 길을 가로막았다. 그러나 노인은 들은 체 만 체하며 가던 길을 계속 가는 것이 아닌가.

이를 본 이여송은 크게 노했다. 그는 천리마를 타고 노인의 뒤를 추격했다. 노인을 추격하다 보니 외진 산촌에 이르렀다.

그런데 노인은 보이지 않고 흑우 한 마리가 매여 있었다.

이여송은 대뜸 칼을 빼어들고 집안으로 뛰어들었다. 그제야 비로소 흑우를 탔던 노인이 나와 이여송을 맞이하는 것이었다.

이여송은 몹시 화가 나 노인을 겁박했다.

"너는 어떤 노인이건대 황상의 명을 받들고 너의 나라를 구원하러 온 이여송에게 무례를 범할 수 있느냐! 죽음이 있을 뿐이로다."

그러자 노인이 웃으며 응대했다.

"내 비록 산야의 이름 없는 노인이나 어찌 천장(天將)을 존중하지 않으리오. 매우 존중하고 있소. 그런데 오늘의 행동은 그대에게 내 두 아들의 비행을 깨우쳐 달라고 부탁하기 위함이었소."

이여송이 그 까닭을 물었다.

노인이 "내게는 두 아들이 있는데 농사는 힘쓰지 아니하고 나쁜 짓만 하고 있는데도 내 기력이 다해 어떻게 할 수 없으니, 장군께서 그런 아들의 나쁜 버릇을 좀 고쳐 주시오." 하고 부탁했다.

이여송은 아들이 있다는 후원 별당으로 갔다. 가니 두 아이가 책을 읽고 있었다. 이를 보자 이여송은 칼부터 빼들고 대갈일성을 내지르며 뛰어들었다. 그런데도 아이들은 얼굴색 하나 변하지 않은 채 묵묵히 책만 읽고 있는데도 이여송은 아이들을 제어할 수 없었다.

이여송이 계속 칼을 휘둘러대자 보다 못한 한 아이가 대나무로 그의 칼을 받아치자 이여송의 칼이 두 쪽으로 동강나며 땅에 떨어졌다.

그 바람에 이여송은 쓰러져 땀을 흘리다가 뒤늦게 일어나서 노인에게로 돌아갔다. 가서는 멋쩍게 말했다.

"아이들의 용력이 비범해서 나로서는 도저히 당할 수가 없었소."

그러면서 이여송은 노인에게 되레 구명을 청하는 게 아닌가.

그제야 노인이 이여송에게 말했다.

"내 잠시 그대를 희롱했을 뿐이네. 그 아이들은 비록 어리나 열 사람을 당하고도 남을 힘을 가졌네. 장군은 원병으로 왔으니 왜병을 무찌르고 조선의 국기를 튼튼히 다진 뒤에 개선하는 것이 대장부의 도리가 아니겠소. 그런데도 장군은 조선에 와서 행패만 부렸소. 금일의 내 행동은 다른 뜻이 있는 게 아니오. 다만 조선에도 인재 있음을 그대에게 깨우쳐주기 위함이었으니, 그만 노여움을 푸시오."

뒤늦게 이여송은 예를 차린 뒤 노인 앞을 물러났다.

삼배구곡두

병자호란 때 인조는 강화도로 피난 가는 길이 막히자 남한산성으로 들어가 저항한다. 왕은 49일 동안이나 저항하다가 식량은 떨어지고 외부의 도움은 전혀 기대할 수 없게 되자 엄동설한에 삼전도로 내려가 청 태조에게 단을 쌓아 무릎을 꿇고 항복을 청한다.

이때 인조의 삼배구곡두(三拜九曲頭)는 그야말로 치욕의 압권이었다.

청 태조는 9단의 높은 제단을 쌓게 해서는 그 위에 떡 버티고 앉아 있고 인조는 절을 한번 하는데 따라 머리를 꽁꽁 언 땅에 세 번이나 박아야 했으니 그보다 더한 치욕은 이 세상에 도시 없을 것이다.

약하게 박으면, "다시 세게 박아라." 고 했으니 아홉 번을 박기도 전에 곤룡포가 피로 흥건했다고 한다.

이런 인조의 치욕스런 항복은 난국 타개의 방안이었으며 백성의 안위를 생각한 구국의 영단이었다.

주화파의 수장인 최명길(崔鳴吉)이나 척화파 수장 격인 김상헌(金尙憲)은 대처방안은 달랐으나 위국충절의 일념은 한결같았다.

김상헌이 심양으로 끌려가면서 읊은 시조를 소개한다.

가노라 삼각산아 다시 보자 한강수야
故國 山川을 떠나고자 하랴마는
시절이 하 수상하니 올동말동 하여라.

신 사임당의 태몽

신 사임당(師任堂)이 시집을 간 지 얼마 되지 않은 탓으로 시집에서 들고 나는 행동거지 하나하나가 매우 조심스러울 때였다.

하루는 종친회가 열려 신 씨도 종부로서 말석에 참석하게 되었다.

그네는 말석에 앉자 회의를 지켜보고 있는데 그날따라 왠지 모르게 졸리기만 하는 것이었다. 졸음을 참다못해 깜빡 잠이 들었는데 꿈까지 꿨다. 청룡이 나타나 갈 곳을 몰라 이리저리 헤매고 있는 꿈이었다. 그 순간, 신 씨는 잠에서 깨어나자마자 뒷간에 갈 겨를이 없었던지 본능적으로 윗목에 있는 요강을 끌어당겨 소피를 보는 것이 아닌가.

이런 종부의 돌출 행동에 문중의 고로(古老)들이 이를 보고 눈살을 찌푸리며 모두 못마땅해 했으나 막상 소피를 본 신 씨는 아무 일도 없었다는 듯 제 자리로 돌아가 좀 전처럼 문중 회의를 지켜보고 있었다.

고로들도 한번쯤은 그네의 무례한 행동을 참아줄 수 있었다.

그런데 신 씨는 또 졸다가 문득 깨어나더니 윗목에 있는 요강을 끌어다 한번도 아닌 두 번이나 소피를 보는 것이 아닌가.

순간, 고로들은 문중 회의고 뭐고 당장 집어 치우고 난리를 피웠다. 벌떡 일어나 각자 집으로 돌아가면서 "당장 종부를 친정으로 쫓아 버리게. 사람 잘못 들어와 종가가 망하게 됐으니. 종손, 당장 돌려보내게. 우리 말 알아들었는가?" 하고 화가 나서 돌아갔다.

사랑에 홀로 남은 시아버지는 곰곰이 생각했다.

평소에 그렇게 얌전하고 정숙하며 예의가 한없이 바르던 며느리가 왜 하필이면 문중 회의 중에 요강을 끌어다 소피를 보았는지 생각하고 또 생각해도 납득이 가지 않았다. 해서 며느리가 무슨 변명을 하러 올 것이라고 기대하면서 하마나 하고 기다리고 있었다.

아니나 다를까. 밤이 깊어지자 사랑 문 바깥에서 바튼 기침 소리가 나더니 며느리가 방으로 들어서는 것이 아닌가.

며느리는 방으로 들어서서 잠자기 전의 문안 인사를 평소처럼 올리고 나서 자리에 앉더니 낮에 있었던 일을 설명하는 것이었다.

"아버님, 낮에는 매우 죄송했습니다. 그날따라 문중회의라서 정신을 차리고 지켜보고 있었는데 저도 모르게 잠이 깜빡 들었습니다. 그런데 꿈속에 청룡이 나타나 갈 곳을 몰라 헤매기에 청룡을 제 몸으로 끌어들이긴 끌어들여야 했는데 뒷간까지 가려니 그 사이 청룡이 달아날까 봐 저도 모르게 요강을 당겨 소피를 봤답니다. 또한 두 번째 꿈에도 청룡이 나타나 헤매는 데야 그렇게 할 수밖에 없었습니다. 아버님, 모든 것이 저의 불찰이오니 용서해 주셔요. 죽을죄를 지었사옵니다."

그러자 시아버지는 무릎을 탁 치며 말했다.

"그러면 그렇지. 내 판단이 틀리지 않았어. 이는 바로 태몽이 아니겠는가. 내가 며느리의 용단에 오히려 감복해야지."

그로부터 시아버지는 문중의 고로들이 무슨 소리를 하던 며느리 편에서서 감싸고 옹호해서 보호했던 것이다.

우연의 일치였는지 그런 꿈을 꾼 뒤 율곡(栗谷) 형제가 태어났으며 율곡은 조선을 대표하는 큰 인물, 퇴계(退溪)와 버금가는 이기철학의 대가가 되었으며 동생도 형에 버금가는 인물이 되었던 것이다.

이성계와 무학대사

조선을 개국하고 한양에 도읍까지 정한 이성계는 그제야 여유도 생기고 마음마저 느긋해졌다. 개국의 터전을 마련하자 한 시름 놓게 된 이성계는 무학 대사를 향해 허심탄회하게 농담을 제안했다.

"대사, 도읍도 정해졌으니 지금부터 스승과 제왕의 관계를 떠나 우리 친구 사이로 허심탄회하게 농담 한번 하지."

그러면서 이성계가 먼저 무학 대사를 보고 "당신은 뚱뚱하기가 돼지 같이 생겼어." 하고 조롱했다.

태조의 말은 받아서 무학 대사는 이성계에게 "당신은 좌로 보니 우로 보나 어디로 보나 영락없이 부처님 같이 생겼습니다." 하고 응수했다.

이성계는 농담을 하자고 제안해서 무학대사에게 '돼지 같이 생긴 놈'이라고 농을 했는데 자기를 부처님 같다고 치켜세우니 의아해 물었다.

무학 대사는 빙그레 미소를 지으면서 "돼지 눈에는 돼지만 보이고, 부처님 눈에는 부처님만 보인다네." 하고 대답했다

그제야 이성계는 무안을 당한 것을 알고 홍당무가 되었다고 한다.

도미설화

전해오는 도미설화(都彌說話)는 이렇다.

백제의 개로왕(蓋鹵王)은 도미 부인이 절세미인이라는 소문을 듣고 그네를 궁중으로 불러들인다. 왕은 도미 부인이 절세미인임을 확인하고 수청을 들라고 한다. 그런데 부인은 왕의 수청을 거부했다.

왕은 아무리 금은보화며 온갖 영화를 다 누릴 수 있도록 해 주겠다고 다짐했으나 막무가내, 그네의 마음을 돌릴 수 없었다.

"부인은 어째서 지엄한 왕의 수청을 이토록 거절한단 말이오. 부인은 그것이 불충인 줄 모르오? 불충은 죽음이 있을 따름이오."

"소인이 수청을 들지 않는 것은 지아비가 있기 때문인데 어찌 불충이라고 일방적으로 몰아세우십니까?"

이에 개로왕은 부인의 남편인 도미를 잡아들여 두 눈을 빼고는 한강으로 데려가 나룻배에 태워 하류로 떠내려 보냈다.

"이제 부인의 남편은 없어졌소. 그래도 수청을 아니 들까?"

그런데도 도미 부인은 월경을 핑계로 수청을 거부했다.

그러면서 기회를 엿보다 감시가 소홀한 틈을 타 궁을 탈출해서 수소문 끝에 남편이 흘러간 곳을 뒤따라갔다고 한다.

이를 소재로 월탄(月灘) 박종화는 단편소설을 썼다.

관중의 유언

때는 춘추전국시대. 관포지교(管鮑之交)로 유명한 관중(管仲)이 임종에 이르러 제나라 환공(桓公)에게 유언을 남겼다.

"개방(開方)이라는 자는 위나라의 태자라는 지위마저 버리고 송나라로 가서 신하가 되었습니다. 뿐만 아니라 부모상을 당하고도 고향에 가지 않을 정도로 굳은 충성심을 보여 주었습니다.

또한 수도(豎刀) 같은 신하는 왕을 섬기기 위해 신체의 주요 부위까지 칼로 베어 바칠 정도로 충성심이 강합니다.

역아(易牙 또는 狄牙)란 신하 역시 진기한 요리를 잘합니다. 역아증자식군(易牙蒸子食君)이라는 말 그대로 자기 자식을 죽여서 살을 베어 국을 끓여서는 임금께 먹일 정도로 충성심이 매우 강합니다.

역사를 상고해 봐도 이들보다 더한 충신은 없다고 하겠습니다.

그런데 비록 그런 충성심을 보여준 사람일지라도 그 속을 들여다보면 내심은 그렇지 않을 수도 있습니다.

개방은 천승(千乘)을 버렸기 때문에 당연히 만승(萬乘)의 지위를 탐할 자입니다. 수도 또한 자해할 정도라면 임금을 해칠 수 있는 인물이며, 역아는 자식을 죽일 정도라면 임금을 살해할 수 있는 자입니다.

이런 사람들을 경계하고 멀리 해야 나라가 비로소 튼튼해지며 또한 오래도록 사직을 지속시킬 수 있습니다." 하는.

이삭은 주어야 보배

황현의 절명시(絕命詩)

한말 한시 4대가의 한 사람 중에 황현(黃玹) 매천(梅泉)이 있다.

매천은 20대부터 임오군란(壬午軍亂), 갑신정변(甲申政變), 갑오경장(甲午更張) 등 격변을 거치면서 대한제국이 망하는 것을 두 눈으로 똑똑히 지켜보았으며 나라의 멸망과 함께 생을 마감했다.

매천의 저 유명한 「절명시(絕命詩)」의 결연인 '난작인간식자인(難作人間識字人)'은 나라가 망하는 상황에서 글을 배운 지식인이 어떻게 처신해야 할 것인가를 고민한 흔적이 역력하게 드러나 있다.

그는 이 「절명시」를 남기고 자결했다.

새 짐승 슬피 울고 바다와 산악마저 신음하니
무궁화 세계는 이미 가라앉아 버린 데야.
가을 밤 등잔 아래 책 덮고 천년을 회고하니
글 아는 이로서 사람 노릇하기 정말 어렵구려.

조수애명해악빈(鳥獸哀鳴海岳嚬)

근화세계이침윤(槿花世界已沈淪)
추등엄권회천고(秋燈掩卷懷千古)
난작인간식자인(難作人間識字人)

허생전(許生傳)

박지원(朴趾源)의 한문소설「허생전」을 잠시 생각해 본다.

저 남산골에는 샌님 한 분, 허 생원이 살고 있었다.

그는 밤낮 책만 읽어 아내가 침선(針線)과 날품팔이로 생계를 겨우겨우 지탱했으니 굶기를 밥 먹듯이 할 수밖에.

하루는 생활에 지친 아내가 참다못해 "허구 한 날 책만 읽는데 책에서 돈이 나와요, 벼슬이 떨어져요." 하고 바가지를 긁어댔다.

그러자 생원은 책을 덮더니 "내 10년을 작정하고 공부를 하기로 했는데 7년 만에 중단하다니 안타까운 일이로다." 하고 탄식했다.

그 길로 생원은 장안의 갑부인 변 부자를 찾아가 돈 일만 양을 차용해서는 안성으로 내려가 과일 사재기를 한다.

지금으로 보면 매점매석 행위에 해당된다.

그런데 얼마 가지 않아 양반들은 과일이 없어 제사나 대사를 치르지 못하게 되자 과일 값이 몇 배로 급등했다. 그제야 생원은 사재기한 과일을 석달만에 팔아서 10배의 이득을 본다.

생원은 "돈 일만 양으로 전국의 경제를 좌우할 수 있다니, 과연 이 나라의 심천(深淺)을 알겠구나." 하고 탄식한다.

이번에는 일만 양을 가지고 농기구며 의복 등을 구입해서 제주도로 건너가서 이를 팔아 또 몇 배의 이윤을 남긴다. 그렇게 번 돈으로 제주도에서 생산되는 말총이란 말총은 있는 대로 사서 비축한다.

몇 년 뒤, 말총 값이 앙등하자 이를 되팔아 10배의 이윤을 남겼다.

그 무렵, 변산 땅에는 도적들이 창궐했다.

생원은 도적의 괴수를 찾아가 돈 백 양씩을 주면서 계집과 소 한 마리를 사 오게 하며 2천 명이 일 년 동안 먹을 양식을 구입해서 사공에게 무인도 있는 데를 물어 도적들과 함께 그곳으로 들어갔다.

생원은 무인도에서 3년의 세월을 보낸다.

때마침 일본 장기 지방에 흉년이 든다. 생원은 장기 지방으로 곡식을 싣고 가서 팔아 백만 양의 거금을 마련한다.

그제야 생원은 데리고 갔던 사람들에게 살 방도를 마련해 주고 섬에서 나오면서 '본국에서는 백만 양의 돈은 쓸 데가 없다.'며 오십만 양은 바다에 버리고 나머지 돈으로 전국을 돌아다니면서 의지할 곳이 없는 사람에게 도와주거나 나누어주었다.

그러고도 남은 십만 양의 돈은 빌려준 변 부자에게 몽땅 준다.

변 부자는 10분의 1로 쳐서 이자만 받겠다고 하자, 생원은 나를 장사치로 아느냐고 되레 호통을 친다.

생원이 가 버리자 변 씨는 그의 뒤를 몰래 밟아 집을 알아 놓고 다음날 생원을 찾아가 돈을 돌려주려고 한다.

이를 거절한 생원은 겨우 생활비만 받겠다고 해서 이를 변 씨가 받아들이며 수년 동안이나 지기(知己)로 지낸다.

어영대장 이완(李浣)을 알고 있는 변 씨는 생원을 소개하려고 이완과 함께 찾아간다. 그런데 이완은 오히려 삼난(三難)만 당하고 돌아온다.

다음날 찾아갔더니 허 생원은 간 곳이 없고 빈집만 남아 있었다.

삼난설화(三難說話)

허 생원은 효종의 북벌계획의 중심인 이완에게 삼난을 제시했다.

"내 와룡(臥龍) 선생과 같은 어진 이를 조정에 천거할 테니, 임금께 건의해서 삼고초려(三顧草廬)토록 청할 수 있겠소?"

어여대장 이완은 못하겠다고 고개를 흔들었다.

그러자 허 생원은 또 다른 안을 제시했다.

"그렇다면 명나라 장수의 후예들에게 종실의 딸을 시집보내고 김유(金鎏) 같은 썩어빠진 호족들의 저택을 즉시 징발해서 마련한 돈으로 그들의 살 방도를 마련해 줄 수 있겠소?"

이완은 한참 생각하다가 그것도 못하겠다고 고개를 절래절래 저었다.

허 생원은 마지막으로 조건을 제시했다.

"그렇다면 좋소. 나라 안의 자제를 뽑아 머리를 깎고 호복(胡服)을 입혀서 중원으로 들여보내어 장사를 하게 하시오. 그리고 그들로 하여금 오랑캐들을 염탐케 하시오. 또한 재주 있는 자제를 뽑아 유학을 보내어 저들과 교류하게 한다면, 대의를 도모할 수 있을 것이니, 못 된다 하더라도 백구(白駒- 어떻게 하면 숨어 사는 어진 선비를 불러내 벼슬을 맡길 수 있을까 하는 고사로 백성을 생각한다는 의미?)의 나라는 될 것이야. 어영대장인 그대이니 그 정도의 일은 할 수 있지 않겠소?"

허 생원은 엄하게 추궁하는데도 이완은 난색을 나타냈다.

"생원, 그것마저도 어렵겠습니다."

급기야 허 생원은 벌컥 화를 내며 "임금 곁을 지키며 북벌을 하겠다는 어영대장이라는 사람이 셋 중 하나도 해결하지 못하는 주제에 북벌을 하겠고…" 하면서 벽에 걸어둔 칼을 벗겨 이완을 향해 내려치려고 했다.

그러자 이완은 허겁지겁 방을 뛰쳐나와 도망을 쳤다.

한중록(閑中錄)

혜경궁 홍 씨의 부친인 홍봉한(洪鳳漢)은 낙과하다가 홍 씨가 9세에 세자빈으로 간택된 후에야 비로소 급제를 하게 된다.

그로부터 홍봉한은 승차해 노론의 영수가 되었으며 세자빈에게 당론을 요구한다. 그러자 소론은 세손의 왕위 보장을 내세우며 노론과 대립했다. 이 두 당파는 적대관계였다.

사도세자(思悼世子)가 뒤주에 유폐된 결정적인 계기는 홍봉한이 유폐를 주장하고 세자빈 홍 씨가 두둔하면서 관철되었다.

그로 인해 홍 씨 집안은 멸망의 길로 접어든다.

숙부인 홍인한(洪仁漢)과 외족인 정후겸(鄭厚謙)은 사약을 받았으며 김귀주(金龜柱)는 먼 변방으로 귀양을 갔다.

부부인데도 남편인 사도세자와는 정적이었던 홍 씨는 이런 저간의 친정 과거사를 어떤 수단으로든 청산할 필요성을 느꼈으며 이를 정리하기 위해 집필하게 된 것이 「한중록」의 집필 동기라고 할 수 있다.

『한중록』의 집필 동기는 다음과 같다.

유례를 찾아볼 수 없는 사도세자의 비극은 정신병에 가까운 세자가 자초한 일이며 아버지 영조와의 충돌로 말미암아 뒤주에 갇혀 죽음에 이른 것이지, 자기 친정집과는 전혀 무관하다고 친가를 적극적으로 옹호한 부분을 곳곳에 숨겨 놓았다.

이런 부분에서 집필 동기를 유추할 수 있는데 이렇게 보면 세도세자는 정적과 함께 삶을 살다가 비운을 맞은 셈이다.

정조 독살설

정조의 삶은 한 편의 드라마틱한 영화와 같다고 할 수 있다. 따라서 죽음 또한 안타까운 죽음이라고 할 수 있다.

정조가 재위에 오른 47세 때였다. 그해 6월 14일, 종기가 났는데 크기가 사발만 했으며 한 종지 넘게 고름을 뽑아냈을 정도였다고 한다. 종기 탓인지 발병 14일 만인 28일째에 이르러 정조는 승하했다.

정조가 승하하자 남인(영남인 중심)들이 정조의 독살설을 제기했다.

붕당 정치의 한 파인 노론파의 영수 심환지(沈煥之)와 영조의 부인 정순왕후(定順王后-김 씨)가 주도해서 독살했다고.

이런 주장은 임종 시 정조와는 정적인 정순왕후(김귀주(金龜柱)의 동생)가 홀로 정조의 임종을 지킴으로써 오해의 소지를 낳았기 때문이다.

정조는 24세에 왕위에 올라 19년 2개월 동안 재위에 있었으며 47세에 세상을 하직했다. 이런 수명은 조선조의 평균 수명과 대개 일치한다.

독살설은 세도정치가 기승을 부릴 때는 신빙성이 있었으나 정조와 심환지가 주고받은 서찰이 발견되면서 설득력을 잃게 된다.

서찰에 의하면, 정조는 심환지를 신뢰했으며 서로 정치적인 영향력을 공유하게 된 것이 드러났기 때문이다.

하가꾸래 일화

일본 열도에서 있었던 하가꾸래 일화를 아래에 간단히 소개한다.

무사(武士) 하나가 어떤 골동품 가게에 들어가서 눈에 띄는 접시 하나를 들고서는 주인에게 값을 물었다.

"이거 값이 얼마쯤 하오?"

주인이 무사를 유심히 살피더니 대답했다.

"20냥은 받아야 합니다."

무사는 이런 접시 하나가 그렇게 비싸냐고 투덜거리면서 문을 열고 나가려 했다. 그러자 주인이 무사에게 벌컥 화를 내며 말했다.

"당신 같은 문외한에게 어찌 비싼 접시를 팔 수 있으리. 차라리 손해를 보더라도 깨뜨려 버리면 버렸지, 억만금을 줘도 팔지 않겠소."

그는 버럭 하고 소리치면서 접시를 바닥에다 내팽개쳤다. 그 바람에 접시는 산산 조각으로 박살이 났음은 물론이다.

이런 일화는 자긍심의 일단을 보여준 예가 아닌가 싶다.

낭인과 아들

좀체 믿어지지 않을 수도 있으나 실재 있었던 일화 하나를 소개한다.

매우 남루한 차림새의 낭인과 아들이 떡 가게 앞에서 떡을 구경하고 있었다. 그때에 주인이 떡 하나가 없어진 것을 뒤늦게 알고 구경하던 낭인의 아들에게 누명을 씌워 떡값을 내놓으라고 윽박질렀다. 해서 한바탕 낭인과 주인이 옥신각신 말다툼이 이어졌다.

급기야 낭인은 자기 아들이 한 짓이 아니라고 우기다 못해 떡을 훔쳐 먹었는지, 아니 먹었는지 증명해 보여 주겠다면서 그 자리에서 아들을 죽여 배를 갈라 창자 속을 뒤집어서 주인에게 보여주었다.

위에는 떡 고물, 고물의 고도 없었다.

낭인은 떡을 훔쳐 먹지 않았다는 것을 주인에게 확실하게 각인(刻印)시켜 준 다음, 가지고 다니던 칼을 허리에서 뽑아 떡 가게 주인을 베어 버렸다. 이어 가게 주인을 죽인 칼로 낭인도 자결했다.

이런 일화는 자존심이 무시를 당하면 얼마나 무서운 결과를 초래하는

지를 단적으로 보여준 예가 아닐 수 없겠다

서태후

서태후(西太后)는 안휘성의 몰락한 관리의 딸이며 서태후란 정비 동태후(東太后)가 있었기 때문에 구분하기 위해 붙여진 명칭이다.

그네는 만주족으로 성은 예흐나라라고 한다.

가난을 탈출하기 위해 사랑하는 사람을 버리고 16세에 궁녀가 된다. 그 나이에 남자를 어떻게 다뤄야 할 줄을 알고 있는 듯하다.

그랬기에 그네가 궁으로 들어가기 전, 북경 사창가에서 몇 달이나 노련한 창녀로부터 온갖 성의 테크닉을 익혔으며 남자를 즐겁게 해 줄 수 있는 기교를 마스터한 다음에야 자금성으로 들어갔다.

그네는 성이라는 무기와 젊음과 미모, 설득력으로 환관들의 환심을 사 황제에게 보다 쉽게 접근할 수 있었지 않았나 싶다.

그네는 함풍제(咸豊帝)의 눈에 띄어 수청을 들게 되며 그네의 성의 테크닉에 혹한 황제는 그네를 귀비로 승차시킨다.

이어 아들을 낳게 되자 효흠현황후(孝欽顯皇后)로 승차시키며 그네는 자희황태후(慈禧皇太后)가 되면서 야망을 불태운다.

황제는 뒤늦게 그네의 야망을 알고 그네를 제거하려 했으나 뜻을 이루지 못한 채 오히려 31세의 젊은 나이로 요절하고 만다.

황제가 죽자, 그네는 1898년, 무술정변을 일으켜 6세 아들을 황제에 올려놓고 동치제(同治帝)라 칭하며 수렴청정을 한다.

그네는 동치제마저 죽자 누이동생의 3세를 황제에 올려 광서제(光緖帝)로 칭하고 섭정을 주도했으며 47년 동안 청을 다스렸다.

광서제는 섭정을 반대해 신정을 실시하려 했다.

서태후는 이를 반대해 정변을 일으켰으나 실패하고 서안으로 달아나 일시 피신했다가 뒤에 북경으로 돌아왔으나 이미 황제의 권위(權威)는 실추될 대로 실추되어 몰락을 재촉하고 있었다.

광서제가 죽자 우연히도 하루 사이에 서태후마저 죽으면서 그네의 파란만장(波瀾萬丈)한 삶에 종지부를 찍는다.

세계 3대 악처

소크라테스의 마누라인 크산티페는 봄날 양지바른 곳에 앉자 사색하고 있는 남편에게 꼴도 보기 싫다고 위에서 물을 내리부었다.

그런데도 소크라테스는 청천 하늘에서 뇌성도 없이 폭우가 쏟아진다면서 자리를 옮겨 앉아 또 사색에 몰입했다.

톨스토이는 부인 소피아의 바가지와 악담을 견디다 못해 팔순이 넘어, 그것도 겨울에 가출했다가 이름 없는 시골의 역에서 동사했다.

요한 웨슬리 목사의 부인 메리는 임종 시, 죽어가고 있는 남편에게 '하느님을 저주하고 뒈지라.' 고 악담을 퍼부었다.

이밖에 나폴레옹의 부인 조세핀을 들거나 또는 욥의 아내 등등을 들어 세계 4대 악처라고 지칭들 한다.

앤 불린

영화『천일의 앤』은 찰스 재롯 감독의 작품으로 1969년에 제작되었으며 헨리 8세와 둘째 부인 앤과의 천일 동안의 사랑 이야기를 다뤘다.

헨리 8세는 형이 일찍 죽자 형의 부인 캐서린 여왕과 스페인과의 마찰을 고려해 정략적으로 결혼해서 왕위를 쟁취한다.

그런 헨리 8세는 앤에게 첫눈에 반해 신하의 반대에도 결혼을 강행하려고 한다. 처음에는 앤도 왕의 아이를 가진 언니를 생각해서 결혼을 반대했으나 왕궁에 들어가서 권세에 맛을 들인 뒤로는 결혼 조건인 첩이 아닌 왕비, 자신이 아들을 낳으면 왕위를 계승시킬 것 등의 결혼 조건을 제시하고 헨리 8세가 이를 수락하도록 한다.

헨리 8세는 아들 낳기를 열망했기 때문에 정략적으로 결혼한 왕비와 이혼하려고 했다. 그러나 교황이 반대를 하자, 국교인 가톨릭까지 바꾸어 가며 앤 불린과 결혼을 강행한다. 그런 우여곡절 끝에 앤 불린은 헨리 8세(아들을 얻기 위해 여섯 번째의 결혼)의 둘째 부인이 될 수 있었다. 이를 계기로 영국은 왕이 바뀔 때마다 개종문제로 반대파를 숙청했으며 청교도를 박해하기까지 이른다.

청교도들은 박해를 견디다 못해 미국으로 건너갔다. 그들이 오늘날 미국을 건설한 주역이 되는 역사의 아이러니를 보게 된다.

그런데 왕의 기대와는 달리 앤 불린은 결혼 3년 만에 딸을 낳는다. 그녀는 아들 대신 딸을 왕위에 앉히려고 반대자들을 죽인다.

그러자 헨리 8세는 앤과 이혼하기 위해 그녀에게 신하와의 간통죄를 뒤집어 씌어 런던탑에 감금된다. 감금된 뒤, 2주째 들어 처형당하지만 딸인 앤을 지킬 수 있었다.

앤이 죽음으로써 지킨 그 딸이 뒤에 엘리자베스 여왕이 되며 해가 지지 않는 나라, 당시 알려진 세계의 4분의 1을 지배하는 대영제국의 터전을 마련했는데 역사의 대 서사시를 그네에게서 보게 된다.

학이시습지(學而時習之)

사서삼경(四書三經)의 하나인 『논어』 모두(冒頭)에 나오는 명구다. 경전이라고 해서 거창한 진리나 심금을 울리는 명구를 기대했다가는 실망하기 쉬우나 음미하면 할수록 평범한 데서 범상함을 느끼게 한다.

'배우고 때로 익히면 기쁘지 아니한가.'

'또한 벗이 있어 멀리서 찾아오니, 이 또한 기쁘지 아니한가.'

학문과 벗은 뗄래야 뗄 수 없는 불가분의 관계.

우리는 이를 얼마나 소홀히 했는가.

『논어』는 2500여 년에 기록한 공자의 말씀을 수집해서 기록하고 또한 제자들의 언행을 곁들여 약 20여 편, 480장으로 묶어 놓았다.

그런 탓으로 공자가 직접 쓴 것도 아니고 어떤 사상에 대해 일관되게 기록한 것도 아니다. 공자의 말씀과 제자들의 언행을 모은 것이기 때문에 다른 경전과는 달리 격언이나 금언을 모아놓은 듯하다.

『논어』의 핵심은 효제(孝悌), 충서(忠恕), 인(仁)의 도에 있다.

공자의 깊고 숭고한 사상이 배어 있다. 게다가 그의 제자들을 비롯해서 많은 사람들의 심오한 뜻이 담겨 있기 때문에 씹고 또 씹고, 새기고 또 새길수록 오묘한 진리를 만끽할 수 있다.

그러므로 현대를 살아가는 우리들의 바로미터가 되며 그 뭔가가 오롯이 깃들어 있어 차지기가 옹달샘과도 같다.

    김장동은 동국대학교 국문학과 졸업 및 동 대학원을 수료, 한양대학교 대학원에서 문학박사를 취득. 경력으로는 국립대 교수, 대학원장, 전국 국공립대학교 대학원장 협의회 회장 등을 역임했음.

    저서로『조선조역사소설연구』,『조선조소설작품논고』,『고전소설의 이론』,『국문학개론』,『문학 강좌 27강』등.

    월간문학 소설부분으로 문단에 등단해 소설집으로『조용한 눈물』,『우리 시대의 神話』,『기파랑』,『천년 신비의 노래』,『향가를 소설로 오페라로 뮤지컬로』등. 장편소설로는『첫사랑 동화』,『후포의 등대』,『450년만의 외출』,『이 세상에서 가장 오랜 시간에 걸쳐 쓴 편지』,『대학괴담』. 문집으로는『시적 교감과 사랑의 미학』,『생의 이삭, 생의 앙금』이 있으며『김장동문학선집』9권을 출간하다.

    시집으로『내 마음에 내리는 하얀 실비』,『오늘 같은 먼 그날』,『간이역에서』,『하늘 밥상』,『하늘 꽃밭』. 미발간 시집으로『부끄러움의 떨림』,『사랑을 심다』,『작은 맛 큰 맛』. 시선집『한 잔 달빛을』,『산행시 메들리』,『살며 사랑하며』. 인문학 에세이집으로『마음을 움직이는 배려』,『이야기가 있는 국보 속으로』등이 있다.

창작의 길을 걷다

초판 1쇄 인쇄일	| 2023년 4월 10일
초판 1쇄 발행일	| 2023년 4월 24일
지은이	| 김장동
펴낸이	| 한선회
편집/디자인	| 정구형 우정민 김보선
마케팅	| 정찬용 이보은
영업관리	| 한선회
책임편집	| 정구형
인쇄처	| 으뜸사
펴낸곳	| 국학자료원 새미(주)
	등록일 2005 03 15 제25100-2005-000008호
	경기도 고양시 일산동구 중앙로 1261번길 79 하이베라스 405호
	Tel 02-442-4623 Fax 02-6499-3082
	www.kookhak.co.kr
	kookhak2010@hanmail.net
ISBN	| 979-11-6797-121-0 (94800)
	| 979-11-6797-109-8 (세트)
가격	| 20,000원

* 저자와의 협의하에 인지는 생략합니다.
  잘못된 책은 구입하신 곳에서 교환하여 드립니다.
  국학자료원·새미·북치는마을·LIE는 국학자료원 새미(주)의 브랜드입니다.